Paul Gauguin

Oviri

Écrits d'un sauvage

choisis et présentés
par Daniel Guérin

CHAPITRE PREMIER

GAUGUIN EN FRANCE

Paul Gauguin

Oviri
Écrits d'un sauvage

choisis et présentés
par Daniel Guérin

Gallimard

AVANT-PROPOS

Brièvement, pourquoi ce livre, pourquoi ce choix d'écrits d'un peintre ?

Tout d'abord parce que Gauguin a été les deux à la fois, un artiste, pour son temps révolutionnaire, aux moyens d'expression multiples (peinture, dessin, gravure, sculpture, céramique) en même temps qu'un écrivain faisant flèche de tout bois, polyvalent, autobiographe, critique et théoricien d'art, pourfendeur d'académisme, pamphlétaire non conformiste, et, plus il avança dans la vie, anticlérical, anticolonialiste, pacifiste, antimilitariste, anti-versaillais, chantre de l'amour libre et de l'émancipation féminine, voire, à l'occasion, de l'androgynie et de la bissexualité, d'humeur anarchiste, en lutte sur tous les terrains avec l'ordre établi, donc, sur ce chapitre, toujours révolutionnaire pour notre temps.

Sa puissante personnalité déborde largement les ressources de son art, si prodigieux qu'aient été sa palette, son crayon, son couteau, son burin. Il est impossible de l'appréhender pleinement sans s'initier à son œuvre écrite.

Laissons parler son biographe, le regretté Henri Perruchot, dont les livres, soldés ou épuisés, n'ont pas été réédités :

« Gauguin a beaucoup écrit. D'une part, il a entretenu une correspondance, suivie ou épisodique, avec bon nombre

de ses contemporains ; d'autre part, il lui est arrivé de
rédiger des articles pour des périodiques ; enfin, il a
composé de longs textes, voire des livres entiers. L'ensemble
ne représente pas moins de quinze cents pages. Malheureusement, il n'existe aucune publication globale de ces
écrits [1]. »

Ceci pour la quantité. Voici maintenant pour la qualité :
« Gauguin a laissé quelques écrits, confessions person-
nelles, remarques sur son art, dont le moins qu'on puisse
dire est qu'ils sont du plus haut intérêt. Gauguin, dans ses
écrits, ne cherche pas à mettre en forme ses réflexions,
ses souvenirs et ses rêveries. Mais, tout naturellement,
il atteint au style et justement peut-être par suite de ce
mépris supérieur qu'il a du style. Sa langue est rugueuse,
âpre, colorée, d'un mouvement rapide et incisif. La personnalité de l'artiste s'y affirme avec force [2]. »

Perruchot eût pu ajouter que nombre de ses contemporains, symbolistes ou autres, à part quelques éclatantes
exceptions, font démodé, voire illisible quand on compare
leur style, affecté, précieux, ampoulé, à celui-là.

L'œuvre écrite de Gauguin, qu'est-elle, sinon le long
cri de misère, de révolte, d'angoisse dans la recherche,
d'orgueil et de joie dans la création artistique, la contemplation et l'interprétation du Beau, de certitude du génie
dans l'incompréhension et la solitude, d'un artiste que la
bourgeoisie française et les trafiquants de peinture ont
fait crever de faim — tandis qu'aujourd'hui ses œuvres
atteignent des cotes astronomiques — pour ensuite laisser
passer à l'étranger la plus large part de son immense
héritage artistique ?

Les textes composant cette œuvre écrite sont presque
tous introuvables en librairie. Certains livres ou recueils de
lettres sont épuisés ou non encore réédités. D'autres n'ont

1. *La Vie de Gauguin*, 1961, Bibliographie, p. 409.
2. *Gauguin, sa vie ardente et misérable*, 1948, Bibliographie, p. 329-
332.

été publiés qu'à un petit nombre d'exemplaires en fac-
similés de manuscrits réservés à des privilégiés : biblio-
philes ou bibliothèques ; la correspondance intégrale en
trois volumes, projetée par John Rewald, Bengt Danielsson
et Merete Bodelsen, n'est pas près de voir le jour. De très
nombreux articles ou interviews sont dispersés parmi
divers périodiques des années 1890 ou ultérieurs, certains
fort difficiles à obtenir. Des collections privées ou publiques
gardent jalousement leurs trésors de manuscrits ou de
simples autographes, tandis que d'autres particuliers, de
nationalité étrangère, tenant pour nulle et non avenue
l'entrée de l'œuvre écrite de Gauguin dans le domaine
public, entendent se réserver comme leur chose une ultérieure et trop tardive publication de tels ou tels inédits.
A quoi s'ajoute que le tronquage de son œuvre littéraire
essentielle, le récit tahitien de Noa Noa, par ce malfai-
teur de la chose écrite qu'était Charles Morice, a longtemps
laissé ignorer la pure saveur du texte original : il a fallu
attendre 1966 pour que Jean Loize rétablisse celui-ci, en
une édition érudite, mais déjà épuisée à ce jour.

Dans le cadre éditorial de notre anthologie, œuvre de
vulgarisation dans le meilleur sens du terme, aucun texte
accessible n'a été omis, mais il n'a été possible, pour les
plus longs et pour la correspondance, d'en donner que de
larges extraits. En compensation, ils se trouvent ainsi
allégés de maintes scories. Mais que le lecteur veuille
bien nous faire confiance : ils sont la quintessence, le
florilège de l'œuvre écrite de Paul Gauguin.

L'artiste-écrivain, précoce et nanti de solides études
secondaires, n'avait rien d'un autodidacte, malgré ses
débuts, comme il dit, de « grossier matelot », et il n'était
point, contrairement à ce que l'on a pu soutenir, inférieur
comme écrivain et théoricien d'art à certains peintres qui
furent ses contemporains, amis ou disciples, tels que
Paul Sérusier, Émile Bernard ou, plus tard, Maurice
Denis. De ce seul point de vue, le présent recueil est révé-

lateur : un grand peintre explique sa peinture et livre ses
secrets. Mais, en lisant Gauguin, on ne peut qu'être frappé,
au-delà de la peinture, par la richesse de sa pensée, de ses
curiosités, l'étendue et la diversité de sa culture, la sûreté
de son jugement et de son goût. En témoigne le lexique
qui termine ce volume, index des très nombreux noms de
personnes cités, suivis d'une brève nomenclature.

Et maintenant, pourquoi le titre que nous avons cru
devoir donner à ce recueil ?

Oviri, qui veut dire en tahitien « sauvage », est le titre
d'une sculpture céramique, étrange, barbare et androgyne,
que Gauguin avait cuite dans le four du céramiste Ernest
Chaplet et qui fut refusée au Salon de la Société nationale
des Beaux-Arts en 1895. C'est alors que Chaplet n'hésita
pas à placer la statuette dans sa propre vitrine. Il fut
sommé de la retirer, mais passa outre. Quand il sentit
approcher le terme de sa trop courte vie, Gauguin, de Polynésie, demanda à son ami Daniel de Monfreid de lui
expédier cette œuvre, qu'il avait laissée à Paris, afin
qu'elle fût plus tard érigée sur sa tombe. Le vœu vient
seulement d'être exaucé par son petit-fils, le peintre Paul-
René Gauguin, qui s'est rendu, pour ce faire, de Copenhague au petit cimetière des lointaines Marquises.

Gauguin, en effet, s'identifiait à ce dieu-déesse sauvage ;
sur un autoportrait, profil en plâtre patiné, il inscrivit
également ce simple mot : OVIRI. Dans les écrits de ce
civilisé par excellence, au sens de la culture la plus raffinée,
dont il proclame qu'il n'en « dédaigne pas les beautés »,
revient sans cesse — contradiction qui est au plus profond
de son être — le leitmotiv qu'il se voulait un sauvage.

Ses origines maternelles péruviennes :
— *Un sauvage du Pérou.*

En Bretagne :
— *Je vis là-bas comme un paysan sous le nom de sauvage.*
— *Moi je me promène en sauvage en cheveux longs.*

En Amérique :

— *Je vais à Panama pour y vivre en sauvage.*

A Tahiti :

— *Pour eux aussi j'étais le sauvage. Avec raison peut-être.*
— *Croyez-moi un peu (...) d'instinct de sauvage civilisé que je suis.*

Aux Marquises (peu avant sa mort) :

— *Je suis et resterai un sauvage.*
— *Tu t'es trompé un jour en disant que j'avais tort de dire que je suis un sauvage. Cela est cependant vrai : je suis un sauvage. Et les civilisés le pressentent : car dans mes œuvres il n'y a rien qui surprenne, déroute, si ce n'est ce « malgré-moi-de sauvage ». C'est pourquoi c'est inimitable.*

Il y a chez Gauguin une dualité essentielle : « sauvage civilisé », à la fois plébéien et aristocrate, « si dur, si aimant », « sensitif » et parfois mal embouché. Mais, dans son exil volontaire en Océanie, l'on perçoit aussi un calcul d'artiste : cet expatriement, ce n'est pas seulement pour Gauguin la désertion de la « culture »; c'est aussi la quête de thèmes picturaux inédits, susceptibles de faire s'évader son art du « déjà vu » et donc, finalement, d'enrichir la culture.

La recherche, aux antipodes, d'une inspiration nouvelle devait l'enfermer dans une dramatique contradiction. Il avait voulu fuir Paris et il ne pouvait pas couper le cordon ombilical qui, bon gré mal gré, le rivait à Paris. Il avait, sans cesse, toutes sortes de problèmes matériels pressants à régler avec la lointaine capitale, avec ses acheteurs, ses marchands, les éventuels éditeurs de ses écrits, les organisateurs de ses expositions, etc. Et, comme les absents ont toujours tort, le trop grand éloignement nuisait à la réussite de ses démarches par amis interposés. L'avion n'avait pas encore été inventé. Les relations maritimes, le courrier fonctionnaient avec une désespérante lenteur. Rien que l'expédition de ses toiles vers la France posait des problèmes délicats et lourds de risques ; de même, en sens in-

*verse, celle de telle œuvre, comme l'Oviri qu'il avait laissée
à Paris et désirait récupérer. Il recherchait la solitude et il
souffrait de la solitude. Lui manquaient, parfois cruellement, non seulement ses enfants sur lesquels il avait tiré
un trait, mais aussi la compagnie d'artistes et d'écrivains
qu'il appréciait, qui l'avaient entouré en France et que les
Polynésiennes de treize ans qu'il accueillait dans sa
couche ne remplaçaient point. Il voulait tourner le dos aux
artifices de la vie parisienne et il dévorait chaque mois
une revue symboliste raffinée comme le Mercure de France.
Il adorait vivre en « sauvage » et il enrageait de ne pouvoir
résoudre lui-même, sur place, les affaires qui se dénouaient,
sans lui, à Paris.*

*En revanche, le fait d'avoir pris de la distance, une telle
distance, lui conférait, certes, un recul qui lui permettait
de juger plus lucidement, plus profondément, le lointain
théâtre de la culture passée ou présente, et ses écrits doivent
certainement beaucoup à cette distanciation.*

*Des contradictions dans lesquelles il s'était lui-même
enlisé, les philistins n'en voudront apercevoir qu'une
autre, qu'une seule, dont ils ne manqueront pas de s'es-
claffer. Dans le* Bulletin de la Société d'études océaniennes [1], *publié à Tahiti, un* popaa *(Européen) du nom
de Jacquier, publiant la correspondance ultime de Gauguin
avec son avocat, osera écrire :* « Il y a d'ailleurs quelque
chose de pénible et de grotesque à la fois dans cette fuite
de Gauguin devant la civilisation et dans ses tentatives
d'un retour à l'état de nature. » *Et, pour tenter de justifier
ce sarcasme, le plumitif ajoutera :* « Au moment où il
pense avoir atteint le bout du monde, il va trouver devant
lui deux représentants caractéristiques de la civilisation
— le curé et le gendarme ! »

Mais, ce en quoi il est, d'étonnante façon, le précurseur

1. *Bulletin de la Société d'études océaniennes,* mars-juin, 1961,
p. 213-234.

*des contestataires d'aujourd'hui, Gauguin n'a pas déserté
délibérément la « société de consommation », pour ensuite
abdiquer, se taire, se laisser terrasser par la déception,
vaincre par le désespoir. Certes il n'a pas été un « héros »,
il a passé par des moments de faiblesse et d'inconséquence,
par des heures cruelles de découragement et de misère, il a
frôlé, une fois, le suicide. Mais jusqu'au dernier souffle,
malgré la maladie qui devait l'emporter, il aura combattu,
au service des autochtones et des petits colons, non seulement gouverneurs, procureurs, sangsues capitalistes, mais
les deux représentants « caractéristiques », aux Marquises,
d'une forme de société qui lui était intolérable : « le curé
et le gendarme ».*

*Le gouverneur Édouard Petit ne s'y méprit pas. Dans
un rapport au ministre des Colonies, que Bengt Danielsson
a retrouvé dans les Archives de la France d'outre-mer, il
écrivit, désignant nommément l'artiste, qu'il fallait débarrasser les îles des « mauvais Français » « venus au bout
du monde pour y cacher les turpitudes de leur existence »
et « ferments de désordre ».*

Daniel Guérin.

P.-S. — Nous ne nous en sommes pas tenus toujours à la
lettre des manuscrits de Gauguin comme l'ont fait des éditeurs à la fidélité religieuse, au scrupule peut-être excessif.
A part les coupures inévitables auxquelles nous avons dû
procéder, nous avons pris la liberté, pour une compréhension
plus aisée des textes, de faire disparaître les quelques défail-
lances d'orthographe, d'améliorer la ponctuation, de restituer
entre crochets des mots sautés par la plume ou victimes de
difficultés, si ce n'est d'erreurs de lecture, de rétablir des
noms propres déformés, et, en ce qui concerne les extraits
d'*Avant et Après*, de présenter les « notes éparses » dont ce
livre est formé dans un ordre moins déconcertant que Gauguin, pressé par le temps, ne l'avait fait. Parfois nous avons
déplacé et intercalé dans un écrit les morceaux d'un autre
écrit quand l'un complétait l'autre ou était de la même veine.
Nous avons dû aussi éviter les doubles emplois car Gauguin

insère un même fragment dans plusieurs de ses ouvrages ou commente telle de ses toiles à diverses reprises.

Enfin nous avons combiné, en suivant l'ordre chronologique, les extraits de la correspondance avec ceux des articles, essais ou livres contemporains des lettres qui souvent y font référence, méthode qui donne à notre recueil un caractère tant soit peu biographique. D'assez nombreuses notes explicatives en bas de page essaient d'éclairer ou d'éclaircir certains passages, tandis que les œuvres les plus importantes sont précédées de courtes présentations.

Le lecteur trouvera en fin d'ouvrage un lexique des noms de personnes mentionnés par Gauguin à l'exclusion d'un certain nombre de célébrités.

GAUGUIN EN FRANCE

LES DÉBUTS DE GAUGUIN

Paul Gauguin, ancien de la marine marchande et de la marine de guerre, a fait, à l'âge de vingt-cinq ans, la connaissance à Paris d'une jeune Danoise de vingt-trois ans, en visite dans la capitale, Mette Gad, et il l'a épousée, le 22 novembre 1873. Il exerce, depuis 1871, le métier lucratif de remisier chez l'agent de change Paul Bertin (plus tard, Galichon, successeur), 1, rue Laffitte, office dirigé par Adolphe Calzado, gendre de Gustave Arosa, vieil ami et voisin de sa mère à Saint-Cloud, photographe et collectionneur émérite de peinture, parrain et tuteur de Paul.

Gauguin, en 1880, joue à la Bourse avec succès. Il peut acheter ainsi, à bon marché, des tableaux de Manet, Renoir, Degas, Sisley, Cézanne, Pissarro et Guillaumin. Et il commence lui-même à être pris par le démon de la peinture. Sa première toile date de l'été 1873 et, à partir de 1875, il se met à l'école de Camille Pissarro. En 1876, un tableau de lui est accepté au Salon; il s'est marié à la peinture en même temps qu'il épousait Mette. Et, plus tard, il abandonnera Mette, ses cinq enfants, pour la peinture.

En janvier 1883, il fausse compagnie aux boursicoteurs pour se consacrer à sa passion nouvelle. Mais ce brusque tarissement de ses revenus amène sa femme, en août 1884, à retourner, avec les cinq enfants qu'elle a eus de lui, au Danemark. Gauguin, à la fin de l'année, la rejoint à contrecœur mais il ne s'y plaît pas et, en juin 1885, il n'hésite pas à se séparer des siens et à regagner la France, en emmenant avec lui, pour quelque temps, un seul de ses fils, Clovis.

La première lettre de ce recueil, dont nous donnons un frag-
ment, est encore écrite de Copenhague et elle est adressée à Émile
Schuffenecker que Gauguin avait connu chez Bertin et qui avait
renoncé à son tour à la Bourse pour se consacrer à la peinture.

A ÉMILE SCHUFFENECKER

(...) Il me semble par moments que je suis fou et
cependant plus je réfléchis le soir dans mon lit plus je
crois avoir raison. Depuis longtemps les philosophes
raisonnent les phénomènes qui nous paraissent surna-
turels et dont on a cependant la sensation. Tout est là,
dans ce mot. Les Raphaël et autres, des gens chez qui
la sensation était formulée bien avant la pensée, ce qui
leur a permis, tout en étudiant, de ne jamais détruire
cette sensation, et rester des artistes. Et pour moi le
grand artiste est la formule de la plus grande intelligence, à lui arrivent les sentiments, les traductions les
plus délicates et par suite les plus invisibles du cerveau.

(...) Les couleurs sont encore plus explicatives
quoique moins multiples que les lignes par suite de
leur puissance sur l'œil. Il y a des tons nobles, d'autres
communs, des harmonies tranquilles, consolantes,
d'autres qui vous excitent par leur hardiesse (...). Voyez
Cézanne, l'incompris, la nature essentiellement mystique de l'Orient (son visage ressemble à un ancien du
Levant) ; il affectionne dans la forme un mystère et une
tranquillité lourde de l'homme couché pour rêver ;
sa couleur est grave comme le caractère des Orientaux ;
homme du Midi il passe des journées entières au sommet
des montagnes à lire Virgile et à regarder le ciel. Aussi
ses horizons sont élevés, ses bleus très intenses et le
rouge chez lui est d'une vibration étonnante (...). La
littérature de ses tableaux a un sens parabolique à deux
fins ; ses fonds sont aussi imaginatifs que réels. Pour

résumer : quand on voit un tableau de lui, on s'écrie :
« Étrange! »

(...) Je suis ici plus que jamais tourmenté d'art, et
mes tourments d'argent aussi bien que mes recherches
d'affaires ne peuvent m'en détourner. Vous me dites
que je ferai bien de me mettre de votre Société d'Indépendants [1] ; voulez-vous que je vous dise ce qui
arrivera? Vous êtes une centaine, vous serez demain
deux cents. Les commerçants artistes forment [pour]
les deux tiers [des] intrigants ; en peu de temps vous
verrez prendre de l'importance [à] des Gervex et autres.
Que ferons-nous, les rêveurs, les incompris ? Vous avez
eu cette année une presse favorable, l'année prochaine
les malins (il y a partout des Raffaelli) auront remué
toute la boue pour vous en couvrir afin de paraître
propres.

Travaillez librement et follement, vous ferez des
progrès et tôt ou tard on saura reconnaître votre valeur
si vous en avez. Surtout ne transpirez pas sur un
tableau ; un grand sentiment peut être traduit immédiatement, rêvez dessus et cherchez-en la forme la
plus simple (...).

(*14 janvier 1885, Copenhague.*)

AU MÊME

(...) Je souris à votre idée d'aller chez Durand-Ruel
mais le bonhomme a une peine infinie à flotter et le
tout petit peu qu'il fait pour les Pissarro et autres, ce
n'est pas par amitié mais plutôt parce qu'il en a pour
près d'un million et qu'il a peur que les peintres impres-

1. Le Salon des Indépendants dont Schuffenecker avait été l'un des
fondateurs.

sionnistes avilissent la marchandise en vendant à tout
prix. Vous comprenez bien que ce sacré jésuite se fiche
de moi dans la misère comme de colin-tampon.

(...) Ici j'ai été sapé par en dessous par quelques
bigotes protestantes, on sait que je suis un impie, aussi
on voudrait me voir tomber. Les jésuites sont de la
saint-Jean auprès des religieux protestants. Aussi,
pour commencer, la comtesse de Moltke, qui payait
la pension de mon fils Émil, a supprimé immédiatement
pour cause religieuse. Vous comprenez, rien à dire.
Beaucoup de leçons de français ne sont pas venues
pour la même cause, etc. Moi je commence à en avoir
assez [1] et je songe à lâcher tout pour venir à Paris,
travailler, seulement pour ma subsistance, mais ouvrier
sculpteur chez Bouillot et je suis libre. Le devoir! Eh
bien qu'on y vienne à ma place, je l'ai mené jusqu'au
bout, et c'est devant l'impossibilité matérielle que
j'aurai cédé et encore une fois merci de tout l'intérêt
que vous nous portez ; il n'y en a pas déjà tant qui
vous estiment quand on est dans la dèche!

Si vous voyez Guillaumin dites-lui que dans ce moment
une lettre de lui me ferait plaisir ; quand je reçois une
lettre de France, je respire toujours un peu. Voilà six
mois que je ne parle. L'isolement le plus complet.
Naturellement pour la famille, je suis un monstre de
ne pas gagner d'argent. A notre époque on n'estime
que celui qui réussit.

Envoyez-moi une photo de la *Barque de Don Juan*,
de Delacroix, si toutefois cela ne coûte pas trop cher.
J'avoue qu'en ce moment, mes seuls moments, c'est
quand je peux me renfermer dans la maison artistique.
Avez-vous remarqué combien cet homme avait le
tempérament des fauves ? C'est pourquoi il les a si bien

---

1. Voir plus loin p. 66 et dans les extraits d'*Avant et Après*,
pp. 280-83, les amers souvenirs que Gauguin conservera de son séjour au
Danemark.

peints. Le dessin de Delacroix me rappelle toujours
le tigre aux mouvements souples et forts. On ne sait
jamais dans ce superbe animal où les muscles s'atta-
chent, et les contorsions d'une patte donnent l'image
de l'impossible, cependant dans le réel. De même chez
Delacroix les bras et les épaules se retournent toujours
d'une façon insensée et impossible au raisonnement,
mais cependant expriment le réel dans la passion.

Les draperies s'enroulent comme un serpent et c'est
d'un tigré ! Quoi qu'il en soit et quoi que vous en pensiez,
la barque de son Don Juan est le souffle d'un monstre
puissant et j'aimerais bien à me repaître de ce spectacle.
Tous ces affamés au milieu de cet océan sinistre (...).
Tout disparaît devant la faim. Rien que de la peinture,
pas de trompe-l'œil. La barque est un joujou qui n'a
été construit dans aucun port de mer. Pas marin M. Delacroix, mais aussi quel poète, et il a ma foi bien raison
de ne pas imiter Gérôme, l'exactitude archéologue.

Et dire que M. Wolff a écrit dans *Le Figaro* que pas
un tableau de Delacroix [n'] était un chef-d'œuvre,
toujours incomplet, dit-il. Maintenant qu'il est mort,
c'est un tempérament de génie, mais ses tableaux ne
sont pas parfaits. Voyez Bastien-Lepage voilà un homme
consciencieux, fouillant la nature dans son atelier.
Il ne pense pas, M. Wolff, que Delacroix est non seulement un grand dessinateur de la forme, mais encore
un innovateur (...).

J'ai fait ici une exposition de mes œuvres, je vous
raconterai un jour comment au bout de cinq jours on
a fait fermer l'exposition, par ordre académique,
comment des articles sérieux et en ma faveur ont été
arrêtés dans les journaux. Toutes les basses intrigues !
Tout le vieux clan académique a tremblé comme s'il
s'agissait d'un Rochefort dans l'art. C'est flatteur pour
un artiste, mais désastreux comme effet.

A Copenhague, je suis obligé de faire faire un cadre

par un menuisier, les encadreurs perdraient leur clientèle s'ils travaillaient pour moi, et cela au XIX⁰ siècle!
Mais si nous ne sommes rien, pourquoi tout ce
tapage? (...) Sentir qu'on est un élément imparfait,
mais enfin un élément, et avoir les portes fermées partout. Il faut avouer que nous sommes les martyrs de
la peinture (...).

(24 mai 1885, Copenhague.)

A METIE GAUGUIN

(...) Tu me demandes ce que je ferai cet hiver, je
n'en sais rien moi-même, tout dépendra des ressources
que j'aurai. On ne fonde rien avec rien. Je n'ai ni argent,
ni maison, ni meubles, du travail, qu'en promesse chez
Bouillot s'il y en a. En ce cas je louerai un petit atelier
chez lui et j'y coucherai. Quant à la nourriture j'achè-
terai selon mes moyens de quoi me nourrir. Si je vends
quelques tableaux j'irai l'été prochain me mettre à
l'auberge dans un trou de Bretagne faire des tableaux
et vivre économiquement. C'est encore en Bretagne
qu'on vit le meilleur marché. La tourmente passée, si
les affaires reprennent [1], et que mon talent aille en
croissant tout en étant rétribué, je songerai à me fixer
tout à fait quelque part (...).

(19 août 1885, Paris.)

NOTES SYNTHÉTIQUES
(Extraits)

La date de ces Notes est controversée. Les uns la situent
« vers 1890 », les autres dès 1884, lors du séjour de Gauguin à

---

1. Allusion à la crise économique et financière qui sévissait depuis
le krach de l'Union générale, banque catholique, en janvier 1882, qui
avait fait perdre beaucoup d'argent à Gauguin.

Rouen ou, au cours de l'hiver 1885, durant son voyage au Dane-
mark. Il semble que ces dernières dates soient les plus vraisem-
blables, car l'écrit figure en tête d'un carnet que Gauguin avait
acheté à Rouen en 1884. D'autre part l'artiste se réclamera
publiquement du « synthétisme » dès 1886. Ces « Notes » ont été
publiées pour la première fois, en 1910, par Henri Mahaut, dans
la revue Vers et Prose *du poète Paul Fort.*

(...) « Cette œuvre est de mon goût et faite tout à
fait comme je l'aurais conçue. » Toute la critique d'art
est là [1]. Être d'accord avec le public, chercher une
œuvre à son image. Oui, messieurs les littérateurs, vous
êtes incapables de critiquer une œuvre d'art, fût-elle
un livre. Parce que vous êtes juges déjà corrompus ;
vous avez d'avance une idée toute faite, celle du littérateur, et vous vous croyez trop de valeur pour regarder
la pensée d'un autre. Vous n'aimez pas le bleu car vous
condamnez tous les tableaux bleus. Sensible et mélancolique poète, vous voulez tous les morceaux en mineur.
Un tel aime le gracieux, il lui faut tout dans ce sens. Un
autre aime la gaieté et ne conçoit pas une sonate.

Pour juger un livre, il faut de l'intelligence et de
l'instruction. Pour juger la peinture et la musique, il
faut — en outre de l'intelligence et de [la] science artistique — des sensations spéciales dans la nature, il
faut être, en un mot, né artiste et peu sont élus parmi
tous les appelés.

(...) La littérature est la pensée humaine décrite
par la parole. Quelque talent que vous ayez pour me
raconter comment Othello arrive, le cœur dévoré de
jalousie, tuer Desdémone, mon âme ne sera jamais
aussi impressionnée que lorsque j'aurai vu de mes yeux
Othello s'avançant dans la chambre, le front couvert
d'orage [2]. Aussi avez-vous besoin du théâtre pour

1. Voir plus loin pp. 251-64 le pamphlet de Gauguin contre la critique d'art : *Racontars de rapin*, 1902.
2. Gauguin avait vu dans la collection de son tuteur Gustave Arosa
le tableau de Delacroix : *Desdémone*.

compléter votre œuvre. Vous pouvez décrire avec
talent une tempête, vous n'arriverez jamais à m'en
donner la sensation.

La musique instrumentale a, comme les nombres,
une unité pour base (...). Dans un instrument vous
partez d'un ton. Dans la peinture vous partez de plusieurs. Ainsi vous commencez par le noir et divisez
jusqu'au blanc : première unité ; c'est la plus facile,
aussi c'est la plus usitée ; par suite la mieux comprise.
Mais prenez autant d'unités qu'il y a de couleurs dans
l'arc-en-ciel, ajoutez-y celles faites par les couleurs
composées, et vous arrivez à un chiffre assez respectable d'unités. Quelle accumulation de nombres, véritable casse-tête chinois, et il n'est pas étonnant que la
science du coloriste soit si peu approfondie par les
peintres et si peu comprise du public. Mais aussi quelle
richesse de moyens pour entrer en relation intime avec
la nature !

On blâme chez nous les couleurs sans mélange, à
côté les unes des autres. Sur ce terrain nous sommes
forcément vainqueurs, aidés puissamment par la nature
qui ne procède pas autrement. Un vert à côté d'un
rouge ne donne pas du brun rouge comme le mélange,
mais deux notes vibrantes. A côté de ce rouge, mettez-y
du jaune de chrome, vous avez trois notes s'enrichissant
l'une par l'autre et augmentant l'intensité du premier
ton, le vert. A la place du jaune mettez un bleu, vous
retrouvez trois tons différents, mais vibrants les uns
par les autres. A la place du bleu mettez un violet,
vous retombez dans un ton unique, mais composé,
entrant dans les rouges.

Les combinaisons sont illimitées. Le mélange des
couleurs donne un ton sale. Une couleur seule est une
crudité et n'existe pas dans la nature. Elles existent
seulement dans un arc-en-ciel apparent ; mais comme la
riche nature a bien eu soin de vous les montrer à côté

les unes des autres dans un ordre voulu et immuable, comme si chaque couleur naissait l'une de l'autre!

Or, vous avez moins de moyens que la nature et vous vous condamnez à vous priver de tous ceux qu'elle met sous votre main. Aurez-vous jamais autant de lumière que la nature, autant de chaleur que le soleil? Et vous parlez d'exagération, mais comment voulez-vous être exagéré puisque vous restez au-dessous de la nature?

Ah! si vous entendez par exagérée toute œuvre mal équilibrée, alors dans ce sens vous auriez raison, mais je vous ferai remarquer que, toute timide et pâle que soit votre œuvre, elle sera taxée d'exagération lorsqu'il y aura une faute d'harmonie. Il y a donc une science [de l'] harmonie? Oui.

A ce propos le sens du coloriste est justement l'harmonie naturelle. Comme les chanteurs, les peintres chantent faux quelquefois, leur œil n'a pas l'harmonie. Vient plus tard, par l'étude, toute une méthode d'harmonie, à moins qu'on ne s'en préoccupe pas, comme dans les académies et la plupart du temps dans les ateliers. En effet, on a divisé l'étude de la peinture en deux catégories. On apprend à dessiner et ensuite à peindre, ce qui revient à dire que l'on vient colorier dans un contour déjà préparé, à peu près comme une statue peinte ensuite. J'avoue que jusqu'à présent je n'ai compris dans cet exercice qu'une chose, c'est que la couleur n'est plus qu'un accessoire. « Il faut, monsieur, dessiner convenablement avant de peindre », et ceci est dit d'un ton doctoral ; du reste, les grosses bêtises sont toujours dites ainsi.

Est-ce que les souliers se mettent en guise de gants ? Pouvez-vous réellement me faire croire que le dessin ne dérive pas de la couleur, et vice versa ? Et pour preuve je me charge de vous rapetisser ou agrandir le même dessin selon la couleur avec laquelle je le rem-

plirai. Essayez donc de dessiner dans les mêmes proportions exactes une tête de Rembrandt et mettez-y le
coloris de Rubens : vous verrez quelle chose informe
vous aurez, en même temps que la couleur sera devenue
désharmonieuse.

Depuis un siècle on dépense des sommes importantes
pour la propagation du dessin et on augmente la masse
des peintres sans faire un pas en avant. Quels sont les
peintres que nous admirons en ce moment? Tous
ceux qui ont blâmé les écoles, tous ceux qui ont tiré
leur science de l'observation personnelle de la nature.

SUR L'ART DÉCORATIF

Nous donnons après ces Notes synthétiques *les extraits
d'un inédit sans titre dont des fragments importants d'un manuscrit déchiré ont été publiés par le journal* Arts *le 8 juillet 1949.
N'ayant aucun moyen de lui assigner une date, nous le plaçons
ici, en quelque sorte hors chronologie. Le titre « Sur l'art décoratif » est de nous. Les crochets indiquent des mots manquants ou
non lisibles.*

Faut-il se louer d'avoir accordé dans notre pays qui
a enfanté [Clouet] autant d'importance à cette école
hollandaise, dont [le Bamboche] qui a créé tant de
petits tableaux minuscules mais précieux [1]? Je sais
bien que la Hollande est la première à tailler le diamant,
que les riches commerçants revenus des Indes devaient,
dans un hôtel en somme minuscule, amasser là autant
de tableaux que de tulipes.

De cet engouement-là à perdre la notion du grand
art décoratif il n'y a qu'un pas. Et quel rôle joue la

---

1. Clouet est une hypothèse de lecture, car *Arts* avait lu « Chloé ». De
même *Arts* avait lu « Le... », ce qui est peut-être le Bamboche, peintre
hollandais de scènes populaires.

nature ou la copie de la nature (j'entends la nature qui se voit)? Dans l'art décoratif, rien ou à peu près rien ; seul le rôle que veut bien lui assigner le peintre, pauvre en imagination créatrice (je dis bien créatrice et non ordonnatrice).

La couleur devient dans cet art essentiellement musicale. Nous aimons dans la cathédrale entendre cet ordre, traduction auditive de nos pensées ; la couleur est, au même point, une musique, polyphonie, symphonie, le nom qu'on voudra (...).

Entrons à l'intérieur de la cathédrale, faisons un signe de croix, signe qui vraiment lui est dû. Là, les fenêtres sont décorées de vitraux dont la base fondamentale est la lumière colorée. C'est bien là, en effet, que la lumière doit arriver en riches rameaux portés par des anges, des personnes célestes venant de la voûte céleste. Mais les murs sont et doivent rester des murs allongés tous par des séries de colonnes liées entre elles, toutes unies pour supporter l'édifice ; force et élégance. Et vous viendrez sur ces murs faire de nouvelles fenêtres ouvertes sur la nature ; nous croyons pouvoir établir comme un principe décoratif : sur ces murs-là, si décoration il y a, faites en sorte que pas un centimètre de surface de votre tableau ne sorte de sa surface murale.

L'État ou la Ville de Paris dans leurs commandes se sont éloignés du but véritable : conserver les monuments qui leur appartiennent. Et cela pour devenir une branche de l'Assistance publique, assister le plus possible et dans le plus grand nombre les artistes fidèles à la soumission. Depuis cela les notions de la décoration monumentale semblent se perdre dans l'oubli.

(...) Puisque tout dans la nature, le monde organique et visuel aussi bien qu'imaginatif et mystérieux, a certaines lois de grandeur relative, il est nécessaire, en art décoratif, de bien établir la grandeur des surfaces à remplir. Un nain comme un géant sont deux

êtres au-dessous et en dessus de la moyenne supposée
et il [l'art décoratif] semble voir, par une dérisoire
compréhension [des] choses, les nains sur des murs
gigantesques et, [par] contre, les géants dans des appar-
tements minuscules.

Tel orne des opéras de statures gigantesques par de
petites colonnes et des bustes ou statuettes de cheminée,
tel autre sculpte la guerre de Troie sur une noisette,
modèle un laboureur dans [un] champ sur une toile
de dix mètres. (...)

Et ce serait une longue étude à développer, [ce] n'est
pas encore notre but... Nous avons voulu seulement
éveiller l'attention [sur] un art qui s'en va et, sans établir de formules, indiquer par quelques mots quelles
en sont les causes.

(*in* Arts, *8 juillet 1949.*)

A METTE

(...) Je ne suis pas étonné du refus de mes tableaux
au milieu des croûtes de Noël et n'en suis pas chagrin,
mais si on n'envoie pas on ne peut rien dire. Il faut
constater la malveillance, voilà tout et pour cela n'en
pas faire un secret. Si tu peux même le faire constater
par la presse, c'est de la publicité et un jour on verra
bien quel est le bon côté.

Nous allons faire au mois de mars une exposition [1]
très complète avec des nouveaux impressionnistes qui
ont du talent. Depuis quelques années toutes les écoles,
les ateliers s'en préoccupent, et on estime que cette
exposition fera beaucoup de tapage, peut-être ce sera

1. Ce fut la huitième exposition de peinture de la Société anonyme
des artistes peintres, sculpteurs, graveurs (15 mai-15 juin 1886).

le point de départ de notre succès. Attendons. Plus
que tout le commerce de tableaux est ici complètement
mort et il est impossible de vendre de la peinture surtout
celle officielle. (...) C'est un grand indice en notre faveur,
mais dans l'avenir. (...)

(*29 décembre 1885, Paris.*)

A LA MÊME

(...) La nécessité fait loi ; quelquefois aussi elle
fait sortir l'homme des limites que la société lui impose.
Lorsque le petit est tombé malade de la petite vérole,
j'avais vingt centimes dans ma poche et [nous] man-
gions à crédit depuis trois jours du pain sec.

Affolé, j'eus l'idée de me proposer à une société
d'affichage dans les gares, comme colleur d'affiches.
Ma mine bourgeoise fit rire le directeur. Mais je lui
dis très sérieusement que j'avais un enfant malade
et que je voulais travailler. J'ai donc collé des affiches
pour cinq francs par jour ; pendant ce temps-là Clovis
était enfermé dans son lit avec la fièvre, et le soir je
rentrais le soigner.

(...) Ton amour-propre de Danoise sera blessé d'avoir
un mari colleur d'affiches. Qu'est-ce que tu veux, tout
le monde n'a pas du talent. Ne t'inquiète pas du petit :
il va de mieux en mieux, et je ne songe pas à te l'envoyer,
au contraire, je compte bien, à mesure que mes affiches
iront mieux, reprendre d'autres enfants. C'est mon
droit, tu le sais.

Tu me demandes de te répondre avec douceur comme
tu le fais, aussi c'est avec beaucoup de calme que j'examine toutes tes lettres qui me disent avec beaucoup
de sang-froid et de raison du reste que je t'ai aimée,
mais que tu n'es que mère et non épouse, etc., ce sont

des souvenirs pour moi très agréables, mais qui ont
un très grand désavantage de ne me laisser aucune
illusion pour l'avenir ; aussi ne faudra-t-il pas t'étonner
qu'un jour, lorsque ma position sera meilleure, je trouve
une femme qui soit pour moi autre chose que mère, etc.

Je sais bien que tu me considères dépourvu de tout
charme, mais alors c'est pour moi un aiguillon à te
prouver le contraire. (...) En attendant, continue,
comme tu le fais maintenant, à regarder le monde la
tête haute, pénétrée de tes devoirs, la conscience
nette, il n'y a du reste qu'un crime, l'adultère. En
dehors de cela tout est droit. Il n'est pas juste que tu
sois chassée de ta maison, mais il est raisonnable que
je sois chassé de la mienne. Aussi ne trouvez-vous pas
mauvais que je fasse une autre maison. Et dans celle-là
je pourrai coller des affiches. Chacun rougit à sa façon.(...)

(Vers le 25 avril 1886, Paris.)

A LA MÊME

(...) Notre exposition a remis toute la question
de l'impressionnisme sur le tapis et favorablement.
J'ai eu beaucoup de succès près des artistes. M. Bracquemond le graveur m'a acheté avec enthousiasme
un tableau 250 francs et m'a mis en relation avec un
céramiste [1] qui compte faire des vases d'art. Enchanté
de ma sculpture il m'a prié de lui faire à mon gré cet
hiver des travaux qui vendus seraient partagés de
moitié. Peut-être est-ce dans l'avenir une grande
ressource.

(...) On m'offre en Océanie une place d'ouvrier dans
la culture mais c'est l'abandon de tout avenir et je

1. Ernest Chaplet (voir lexique).

n'ose m'y résigner quand je sens que l'art peut avec
de la patience et un peu d'aide me réserver encore
quelques beaux jours. (...)

(*Sans date, fin mai 1886, Paris.*)

A LA MÊME

(...) Je viens de chez Schuffenecker qui est toujours
bon garçon et qui m'est reconnaissant de lui avoir fait
faire des progrès. Malheureusement il est de plus en
plus embêté par sa femme qui, loin d'être une compagne,
devient pour lui de plus en plus une harpie. C'est curieux
comme le mariage réussit : ou il mène à la ruine ou au
suicide. Mais *Pot Bouille* [1] n'est qu'un adoucissement
de la vérité. (...)

(*Sans date, début juin 1886, Paris.*)

A LA MÊME

J'ai fini par trouver l'argent de mon voyage en Bretagne et je vis ici à crédit [2]. (...) Ma peinture soulève
beaucoup de discussion, et je dois le dire trouve un
accueil assez favorable chez les Américains. C'est un
espoir pour l'avenir. Il est vrai que je fais beaucoup de
croquis et tu reconnaîtras à peine ma peinture. (...) Tu
te figures qu'on est isolés. Pas du tout. Il y a des peintres

1. Le roman d'Émile Zola.
2. Le peintre Jobbé-Duval, qui fréquentait l'auberge de Marie-
Jeanne Gloanec à Pont-Aven, avait dit à Gauguin que la vie y était très
bon marché et que l'hôtelière lui ferait crédit.

hiver comme été. (...) Si plus tard j'arrive à avoir un
petit écoulement certain et continuel de mes tableaux,
je viendrai m'y installer toute l'année. (...) Je prendrai
un petit atelier près de l'église de Vaugirard où je travaillerai, pour la céramique à sculpter des pots comme
le faisait autrefois Aubé. M. Bracquemond, qui m'a pris
en amitié à cause de mon talent m'a procuré cette industrie et m'a dit que cela pourrait devenir lucratif.

Espérons que j'aurai le talent dans la sculpture
comme dans la peinture que je travaillerai du reste
en même temps.

(Sans date, fin juin 1886, Pont-Aven.)

A LA MÊME

(...) Je travaille ici beaucoup et avec succès on me
respecte comme le peintre le plus fort de Pont-Aven [1];
il est vrai que cela ne me donne pas un sou de plus.
Mais cela prépare peut-être l'avenir. En tout cas cela
me fait une réputation respectable et tout le monde ici
(...) se dispute mon conseil, que je suis assez bête de
donner parce qu'en définitive on se sert de nous sans
juste reconnaissance.

Je n'engraisse pas à ce métier; je pèse maintenant
moins que toi. Je redeviens sec comme un hareng mais
en revanche je rajeunis. Plus j'ai de tracas plus mes
forces reprennent sans m'encourager. Je ne sais pas où
je vais et je vis ici à crédit. Les ennuis d'argent me
découragent totalement et je voudrais bien en voir la
fin.

---

1. Le jeune peintre Émile Bernard, présent à Pont-Aven, parla, dans
une lettre à ses parents du 19 août 1886, du peintre Gauguin comme
d' « un garçon très fort ».

Enfin, résignons-nous et advienne que pourra et peut-être qu'un jour, quand mon art aura crevé les yeux à tout le monde, alors un homme enthousiaste me ramassera dans le ruisseau.

(Sans date, juillet 1886, Pont-Aven.)

A LA MÊME

(...) Demande à Schuffenecker ce que pensent les peintres de ma peinture, et cependant rien. L'homme qui n'a rien est fui!

Je fais de la sculpture céramique. Schuffenecker dit que ce sont des chefs-d'œuvre et le fabricant aussi mais c'est probablement trop artistique pour être vendu. Cependant il dit que, dans un temps donné, cette idée, à l'exposition des arts industriels, cela aura un succès fou. Que Satan l'entende! En attendant toute ma garde-robe est au mont-de-piété et je ne peux même pas faire de visite.

(26 décembre 1886, Paris.)

A LA MÊME

(...) Mon nom d'artiste grandit tous les jours mais en attendant je reste quelquefois des trois jours sans manger ce qui détruit non seulement ma santé mais mon énergie. Cette dernière chose je veux la reprendre et je m'en vais à Panama pour vivre en sauvage. Je connais à une lieue en mer de Panama une petite île (Taboga) dans le Pacifique, elle est presque inhabitée,

libre et fertile. J'emporte mes couleurs et mes pinceaux
et je me retremperai loin de tous les hommes.

J'aurai toujours à souffrir de l'absence de ma famille
mais je n'aurai plus cette mendicité qui me dégoûte.
Ne redoute rien pour ma santé, l'air y est très sain, et
comme nourriture les poissons et les fruits qu'on a pour
rien. (...)

(*Sans date, début avril 1887, Paris.*)

A LA MÊME

(...) J'ai bien des choses à te raconter ; tout cela est
bien diffus dans ma tête. Notre voyage a été aussi bête-
ment exécuté que possible et nous sommes, comme on
dit, dans la mélasse. Que le diable emporte tous les gens
qui vous renseignent de travers. Nous avons fait escale
à la Guadeloupe et à la Martinique, pays merveilleux
où il y a à faire pour un artiste et où la vie est bon marché, facile et du monde affable. C'est là où nous aurions
dû aller, cela nous aurait coûté la moitié comme voyage
et nous n'aurions pas perdu du temps. Malheureusement
nous avons été à Panama. (...) Ces imbéciles de Colom-
biens, depuis le percement du canal, ne vous céderont
pas un mètre de terrain à moins de 6 francs le mètre.
C'est complètement inculte et tout pousse cependant ;
malgré cela impossible de se bâtir une cave et vivre de
fruits, sinon ils vous tombent dessus, vous traitant de
voleur. Pour avoir pissé dans un trou infect rempli de
tessons de bouteilles et de caca, on m'a fait traverser
tout Panama pendant une demi-heure, conduit par deux
gendarmes et on m'a fait finalement payer une piastre.
Pas moyen de dire non. J'avais envie de fiche quelque
chose au gendarme mais ici la justice est expéditive :

ils vous suivent à cinq pas, et si vous bougez ils vous fichent une balle dans la tête.

Enfin la bêtise est faite ; il faut la réparer. Je m'en vais demain remuer la pioche dans l'isthme pour le percement du canal moyennant 150 piastres par mois et quand j'aurai mis de côté 150 piastres, c'est-à-dire 600 francs (c'est l'affaire de deux mois), je partirai pour la Martinique.

(...) Ne te plains pas de travailler. Il faut qu'ici je remue la terre depuis cinq heures trente du matin jusqu'à six heures du soir, au soleil des tropiques, et la pluie tous les jours. La nuit dévoré par les moustiques.

Quant à la mortalité elle n'est pas aussi effrayante qu'on le dit en Europe ; les nègres qui ont le mauvais ouvrage meurent neuf sur douze, mais les autres sont de moitié.

Pour en revenir à la Martinique, voilà une jolie existence. Si je pouvais seulement avoir en France un débouché pour 8 000 francs de tableaux, nous pourrions y vivre toute la famille aussi heureux que possible et je crois même que tu pourrais avoir des leçons. Les gens sont si affables et si gais. (...)

(Sans date, début mai 1887, Panama.)

A LA MÊME

(...) Je t'écris cette fois de la Martinique et je comptais y aller bien plus tard. Voilà longtemps que la mauvaise chance est contre moi et je ne fais pas ce que je veux. Il y avait quinze jours que je travaillais à la Société quand il est venu des ordres de Paris de suspendre beaucoup de travail et dans la même journée on a renvoyé quatre-vingt-dix employés, et ainsi de suite. Naturelle-

ment j'ai passé dans la liste comme nouveau venu. J'ai
pris ma malle et je suis parti ici.

(...) Actuellement nous sommes installés dans une
case à nègres et c'est un paradis à côté de l'isthme.
Au-dessous de nous la mer bordée de cocotiers, au-dessus
des arbres fruitiers de toutes espèces, à vingt-cinq minutes de la ville.

Des nègres et négresses circulent toute la journée
avec leurs chansons créoles et un bavardage éternel.
Ne pas croire que c'est monotone, au contraire très
varié. (...) La nature la plus riche, le climat chaud mais
avec intermittence de fraîcheur.

(...) Nous avons commencé à travailler et j'espère
envoyer d'ici quelque temps des tableaux intéressants.
(...) Je te promets qu'ici un Blanc a du mal à conserver
sa robe intacte car les dames Putiphar ne manquent pas.
Presque toutes sont de couleur depuis l'ébène jusqu'au
blanc mat des races noires et elles vont jusqu'à opérer
des charmes sur les fruits qu'elles vous donnent pour
vous enlacer. Avant-hier une jeune négresse de seize ans,
jolie ma foi, vient m'offrir une goyave fendue et pressée
sur le bout. J'allais la manger une fois la jeune fille
partie lorsqu'un avocat jaunâtre qui se trouvait là me
prend le fruit des mains et le jette : « Vous êtes Européen, monsieur, et ne connaissez pas le pays, me dit-il,
il ne faut pas manger un fruit sans connaître la provenance. Ainsi ce fruit a un sort ; la négresse l'a écrasé
sur sa poitrine et sûrement vous seriez à sa discrétion
après. » Je croyais à une plaisanterie. Pas du tout ; ce
malheureux mulâtre (qui avait fait ses études cependant) croyait à ce qu'il disait. (...)

(20 juin 1887, Saint-Pierre, Martinique.)

A LA MÊME

(...) Je sors presque de la tombe et me suis levé de
dessus ma paillasse pour t'écrire. J'ai reçu pour la première fois aujourd'hui de vos nouvelles ; toutes tes
lettres s'étaient promenées partout.

Pendant mon séjour à Colon, j'ai contracté [une] maladie, empoisonné par les miasmes marécageux du canal.
Mon énergie avait suffi pour résister mais une fois arrivé
à la Martinique j'ai commencé à faiblir de jour en jour.
Bref il y a un mois je suis tombé sans pouvoir me relever
avec la dysenterie et la fièvre paludéenne. Mon corps
est en ce moment un squelette et j'ai la voix éteinte
dans le gosier, après avoir été très bas prêt à succomber
toutes les nuits, j'ai enfin pris le dessus mais j'ai souffert
le martyre du ventre. Actuellement le peu que je mange
me donne au foie des douleurs atroces et je fais des efforts
pour t'écrire : ma tête déménage. Tu comprends que
mes dernières ressources d'argent ont passé en phar-
macie et quelques visites du médecin. Il dit qu'il est
absolument nécessaire que je retourne en France, sinon
je serai à tout jamais malade du foie et des fièvres.

Ah! ma pauvre Mette, que je regrette donc, [de ne] pas
être mort. Tout serait fini. Tes lettres m'ont fait plaisir
et avec cela elles m'ont donné un chagrin qui en ce
moment m'accable. Si au moins nous nous détestions
(la haine soutient) mais tu commences à sentir la nécessité
du mari juste au moment où c'est impossible. Et, pauvre
Mette affolée par le travail, tu me demandes de te
secourir.

Le puis-je ? En ce moment je suis dans une case à
nègre couché, sans force, sur une paillasse de varech et
je n'ai pas de quoi m'en retourner en France. (...) Je

cesse ma lettre car la tête me tourne et j'ai le front couvert de transpiration avec des frissons dans le dos. (...)

(*Sans date, août 1887, Saint-Pierre,*
Martinique.)

A LA MÊME

(...) Si je sortais de prison je trouverais plus facilement
une position ; que veux-tu je ne peux pas cependant me
faire condamner pour intéresser le monde à mon sort.
Le devoir d'un artiste c'est de travailler pour devenir
fort ; ce devoir je l'ai accompli et tout ce que je rapporte
de là-bas ne trouve que des admirateurs ; cependant je
n'aboutis pas. (...)

(*24 novembre 1887, Paris.*)

A LA MÊME

(...) Je vois dans ta lettre qu'il y a chez toi un mur
toujours debout, tout bonnement comme la première
bourgeoise venue. Il y a deux classes dans la société,
une qui possède un capital de naissance, permettant à
l'individu d'être rentier, employé par association ou
patron commerçant. L'autre classe sans capital doit
vivre de quoi ? Du fruit de son travail. (...) En quoi les
enfants ont-ils à souffrir dans une famille d'artiste plutôt
que chez un employé ? Où sont-ils les employés qui
n'ont pas à souffrir de la pauvreté (au moins pendant une
période) ?
Et quelle est la plus belle partie de la nation vivante,

fructifiant, amenant le progrès, enrichissant le pays ?
C'est l'artiste. Tu n'aimes pas l'art, qu'est-ce que tu
aimes alors ? L'argent. Et quand l'artiste gagne, vous
en êtes. Dans le jeu il y a bénéfice, il y a perte et vous
ne devez pas participer à la joie si vous ne participez pas
à la peine.

(...) Depuis mon départ, afin de conserver mes forces
morales, j'ai fermé petit à petit le cœur sensible. Tout
est endormi de ce côté-là et il serait dangereux pour
moi de voir mes enfants à côté de moi pour m'en aller
après. Il faut te souvenir qu'il y a deux natures chez moi :
l'Indien et la sensitive. La sensitive a disparu ce qui
permet à l'Indien de marcher tout droit et fermement.

Il a paru dernièrement dans *Le Figaro* un long article
sur la petite révolution qui s'opère en Norvège et en
Suède : Björnson et consort viennent de publier un livre
dans lequel ils réclament pour la femme le droit de
coucher avec qui bon lui semble. Le mariage est supprimé
et ne devient plus qu'une association, etc. As-tu vu
cela ? Qu'en dit-on en Danemark ? Vois si le livre est
traduit en français ; s'il ne l'est pas tu ferais bien de le
traduire et me l'envoyer, je le ferai corriger et publier.
(...)

(Février 1888, Paris.)

A SCHUFFENECKER

Voilà bientôt un mois que je suis ici sans vous donner
de mes nouvelles. Il est vrai que, trois jours sur six, je
suis au lit, peu enclin au travail, avec des souffrances
horribles qui ne me laissent pas de répit. Je me laisse
vivre dans la muette contemplation de la nature, tout
entier à mon art. Hors cela, point de salut et c'est encore

le meilleur moyen de chasser la douleur physique. (...)
Vous êtes parisianiste. Et à moi la campagne. J'aime
la Bretagne : j'y trouve le sauvage, le primitif. Quand
mes sabots résonnent sur ce sol de granit, j'entends le
ton sourd, mat et puissant que je cherche en peinture.
(...)

(*Février 1888, Pont-Aven.*)

AU MÊME

(...) Mes forces sont revenues. Aussi je viens de faire
quelques nus, dont vous serez contents. Et ce n'est pas
du tout des Degas. Le dernier est une lutte de deux
gamins près de la rivière, tout à fait japonais, par un
sauvage du Pérou. Très peu exécuté, pelouse verte et
le haut blanc. (...)

(*8 juillet 1888, Pont-Aven.*)

AU MÊME

(...) Un conseil, ne peignez pas trop d'après nature.
L'art est une abstraction, tirez-la de la nature en rêvant
devant et pensez plus à la création qui résultera.

(...) Mes derniers travaux sont en bonne marche et je
crois que vous trouverez une note particulière, ou plutôt
l'affirmation de mes recherches antérieures. (...) L'estime
qu'on acquiert de soi-même et le sentiment mérité de
sa force sont, en ce monde, la seule consolation. Les
rentes, après tout, la majorité des brutes en possède.

(*14 août 1888, Pont-Aven.*)

AU MÊME

(...) Quelles belles pensées on peut invoquer avec la forme et la couleur ! Comme ils sont bien sur la terre, ces pompiers, avec leur trompe-l'œil de la nature. Nous seuls voguons sur le vaisseau fantôme avec toute notre imperfection fantaisiste. Comme l'infini nous paraît plus tangible, devant une chose non définie. Les musiciens jouissent de l'oreille, mais nous, avec notre œil insatiable et en rut, goûtons des plaisirs sans fin. Tout à l'heure, quand je vais dîner, la bête sera repue, mais ma soif d'art jamais rassasiée. (...)

(Septembre 1888, Pont-Aven.)

AU MÊME

(...) J'ai fait pour une église un tableau, naturellement il a été refusé, aussi je le renvoie à [Théo] van Gogh. Inutile de vous le décrire, vous le verrez [1].

J'ai cette année tout sacrifié, l'exécution, la couleur, pour le style, voulant m'imposer autre chose que ce que je sais faire. C'est je crois une transformation qui n'a pas porté ses fruits mais qui les portera.

J'ai fait un portrait de moi pour Vincent [van Gogh] qui me l'avait demandé. C'est je crois une de mes meil-

1. *La Vision après le Sermon* ou *La Lutte de Jacob avec l'Ange*, que Gauguin, aidé de Charles Laval et d'Émile Bernard, avait transportée à Nizon, près de Pont-Aven, afin d'en orner l'église. Mais le curé, déclarant, selon Émile Bernard, « l'interprétation non religieuse et inintéressante pour les fidèles », refusa le don de ce chef-d'œuvre.

leures choses : absolument incompréhensible (par
exemple) tellement il est abstrait. Tête de bandit au
premier abord, un Jean Valjean (*Les Misérables*),
personnifiant aussi un peintre impressionniste déconsi-
déré et portant toujours une chaîne pour le monde. Le
dessin en est tout à fait spécial, abstraction complète.
Les yeux, la bouche, le nez sont comme des fleurs de
tapis persan personnifiant aussi le côté symbolique. La
couleur est une couleur loin de la nature ; figurez-vous
un vague souvenir de la poterie tordue par le grand feu !
Tous les rouges, les violets, rayés par les éclats de feu
comme une fournaise rayonnant aux yeux, siège des
luttes de la pensée du peintre. Le tout sur un fond
chrome parsemé de bouquets enfantins. Chambre de
jeune fille pure. L'impressionniste est un pur, non souillé
encore par le baiser putride [de l'École] des Beaux-Arts.

(...) [Théo] van Gogh vient de me prendre pour
300 francs de poteries. Aussi je pars à la fin du mois
pour Arles où je resterai longtemps je crois, attendu que
ce séjour a pour but de me faciliter le travail sans souci
d'argent jusqu'à ce qu'il soit arrivé à me lancer.

(*8 octobre 1888, Quimperlé.*)

A VINCENT VAN GOGH

(...) Je crois avoir atteint dans les figures une grande
simplicité rustique et superstitieuse. Le tout très sévère.
Pour moi, dans ce tableau, le paysage et la lutte [de
Jacob avec l'ange] n'existent que dans l'imagination
des gens en prière, par suite du sermon. C'est pourquoi
il y a contraste entre les gens nature et la lutte dans son
paysage, non nature et disproportionné.

(*Sans date, septembre-octobre 1888,*
Pont-Aven.)

A ÉMILE BERNARD

(...) [Théo] van Gogh a écrit à Vincent [van Gogh] une chose bien curieuse. J'ai été, dit-il, chez Seurat qui a fait des bonnes études dénotant un bon ouvrier aimant son morceau. Chez Signac toujours aussi froid : il me paraît un voyageur en petits points [1]. Ils doivent commencer une campagne (ayant *La Revue indépendante* comme siège de leur propagande) contre nous autres. On y représentera Degas, Gauguin surtout, Bernard, etc., pire que des diables dont il faut s'écarter comme des pestiférés. Voilà *grosso modo* ce qui se dit. Tenez-vous le pour dit et n'en dites rien à [Théo] van Gogh, sinon vous me feriez passer pour indiscret.

Je suis aussi satisfait que possible du résultat de mes études de Pont-Aven. Degas doit m'acheter celui des *Deux Bretonnes aux Avins* [2]. C'est pour moi la plus grande flatterie : j'ai, comme vous le savez, la plus grande confiance dans le jugement de Degas. En outre c'est commercialement un très bon point de départ. Tous les amis de Degas ont confiance en lui.

[Théo] van Gogh espère vendre tous mes tableaux. Si j'ai ce bonheur j'irai à la Martinique, je suis convaincu que maintenant j'y ferai de belles choses. Et même je trouverais une plus grosse somme que j'y achèterais une maison pour y fonder un atelier où les amis trouveraient la vie toute préparée avec presque rien. Je suis un peu de l'avis de Vincent, l'avenir est aux peintres des tropiques qui n'ont pas été encore peints et il faut du nouveau comme motifs pour le public, stupide acheteur. (...)

(Octobre 1888, Pont-Aven.)

1. Allusion à la peinture dite pointilliste.
2. Répertorié par Georges Wildenstein sous le titre *Les premières fleurs* et le n° 249.

A SCHUFFENECKER

(...) Que me parlez-vous de mon mysticisme terrible.
Soyez impressionniste jusqu'au bout et ne vous effrayez
de rien! Évidemment cette voie sympathique est pleine
d'écueils, et je n'y ai mis encore que le bout du pied,
mais elle est au fond dans ma nature et il faut toujours
suivre son tempérament. Je sais bien que l'on me
comprendra de moins en moins. Qu'importe si je m'éloigne des autres : pour la masse je serai un rébus, pour
quelques-uns je serai un poète, et tôt ou tard le bon
prend sa place.

Qu'importe, quoi qu'il en soit, je vous dis que j'arri-
verai à faire des choses de premier ordre, je le sais et
nous verrons. Vous savez bien qu'en art, j'ai toujours
raison dans le fond. Faites-y bien attention, il circule
en ce moment parmi les artistes un vent favorable très
prononcé pour moi ; je le sais par quelques indiscrétions
et, soyez tranquille, tout amoureux de moi que soit
[Théo] van Gogh, il ne se lancerait pas à me nourrir dans
le Midi pour mes beaux yeux. Il a étudié le terrain en
froid Hollandais et a l'intention de pousser la chose
autant que possible et exclusivement. (...)

(*16 octobre 1888, Quimperlé.*)

A ÉMILE BERNARD

(...) Examinez les Japonais qui dessinent pourtant
admirablement et vous verrez la vie en plein air et au
soleil sans ombres. (...) Je m'éloignerai autant que pos-

sible de ce qui donne l'illusion d'une chose et, l'ombre
étant le *trompe-l'œil* du soleil, je suis porté à la supprimer.

(...) Telle que la voie est préparée par [Théo] van
Gogh, je crois qu'il est possible pour tous les artistes
de talent de notre groupe de s'en tirer ; aussi vous n'avez
qu'à marcher tout droit. J'ai causé de vous avec le
zouave [1] et je crois que vous aurez en Afrique une
existence très utile à votre art et assez facile.

(...) C'est drôle, Vincent voit ici du Daumier à faire,
moi au contraire je vois du Puvis coloré à faire mélangé
de Japon. Les femmes sont ici avec leur coiffure élégante, leur beauté grecque. Leurs châles formant plis
comme les primitifs, sont, dis-je, des défilés grecs. La
fille qui passe dans la rue est aussi dame que n'importe
quelle autre et d'une apparence aussi vierge que la
Junon. (...)

(Décembre 1888, Arles.)

AU MÊME

(...) Je suis à Arles tout dépaysé, tellement je trouve
tout petit, mesquin, le paysage et les gens. Vincent et
moi nous sommes bien peu d'accord en général surtout
en peinture. Il admire Daumier, Daubigny, Ziem et le
grand Théodore Rousseau, tous gens que je ne peux pas
sentir. Et par contre il déteste Ingres, Raphaël, Degas,
tous, gens que j'admire ; moi je réponds, brigadier vous
avez raison, pour avoir la tranquillité. Il aime beaucoup
mes tableaux mais, quand je les fais, il trouve toujours
que j'ai tort, de ceci, de cela. Il est romantique et moi
je suis plutôt porté à un état primitif. (...)

(Sans date, décembre 1888, Arles.)

1. Gauguin surnommait ainsi Vincent van Gogh parce qu'il avait
exécuté le portrait d'un zouave.

A SCHUFFENECKER

Vous m'attendez à bras ouverts. Je vous en remercie mais malheureusement je ne viens pas encore. Ma situation ici est très pénible ; je dois beaucoup à [Théo] van Gogh et Vincent et, malgré quelque discorde, je ne puis en vouloir à un cœur excellent qui est malade, qui souffre et qui me demande. Rappelez-vous la vie d'Edgar Poe qui, par suite de chagrins, d'états nerveux, était devenu alcoolique. Un jour je vous expliquerai à fond. En tout cas je reste ici, mais mon départ sera toujours à l'état latent. (...) Vincent m'appelle quelquefois l'homme qui vient de loin et qui ira loin. (...)

(*Fin décembre 1888, avant le 24* [1].)

A METTE

(...) Je voulais, malgré la certitude que me donnait ma conscience, consulter les autres (des hommes qui comptent aussi) pour savoir si je faisais mon devoir. Tous sont de mon avis, que mon affaire c'est l'art, c'est mon capital, l'avenir de mes enfants, c'est l'honneur du nom que je leur ai donné, toutes choses qui un jour leur servent. Quand il s'agit de les placer, un père honorable connu de tous peut se présenter pour les caser. En conséquence, je travaille à mon art qui n'est

---

1. Peu de jours après, le 24, éclatait le drame entre Vincent Van Gogh et Gauguin, qui amena ce dernier à quitter précipitamment Arles pour Paris (voir plus loin extraits d'*Avant et Après*, pp. 295-97).

rien (en argent) pour le présent (les temps sont difficiles),
qui se dessine pour l'avenir.

(...) Je suis au bord de la mer dans une auberge de
pêcheurs près d'un village de cent cinquante habitants ;
je vis là comme un paysan sous le nom de sauvage. Et
j'ai travaillé journellement avec [un] pantalon de toile
(tous ceux d'il y a cinq ans sont usés). Je dépense
un franc par jour pour ma nourriture et deux sous de
tabac. Donc on ne peut me reprocher de jouir de la vie.
Je ne cause avec personne et je ne reçois pas de nouvelles
des enfants. Seul, tout seul, j'expose mes œuvres chez
Goupil à Paris, et elles font beaucoup de sensation, mais
on ne les achète que très difficilement. Quand cela
viendra je ne puis le dire, mais ce que je puis dire, c'est
que je suis aujourd'hui un des artistes qui étonnent le
plus. (...)

*(Sans date, fin juin 1889,
Le Pouldu.)*

Et voici le premier écrit imprimé de Gauguin :

NOTES SUR L'ART
L'EXPOSITION UNIVERSELLE
(Extraits)

Évidemment cette exposition est le triomphe du
fer, non seulement au point de vue des machines mais
encore au point de vue de l'architecture. Et cependant
l'architecture est au début, en ce sens qu'il lui manque
en art une décoration homogène avec sa matière. Pourquoi, à côté de ce fer, rude, sévère, des matières molles,
comme la terre à peine cuite ; pourquoi, à côté de
ces lignes géométriques d'un caractère nouveau, tout

cet ancien stock d'ornements anciens modernisés par
le naturalisme ? Aux ingénieurs-architectes appartient
un art nouveau de décoration, tel que boulons d'ornements, coins de fer dépassant la grande ligne, en quelque
sorte une dentelle gothique en fer. Nous retrouvons cela
un peu dans la tour Eiffel [1].

Les statues en simili bronze jurent à côté du fer.
Toujours de l'imitation ! Mieux vaudrait des monstres
en fer boulonné.

Pourquoi aussi repeindre le fer en beurre, pourquoi
cette dorure comme à l'Opéra. Non ce n'est pas là le
bon goût. Le fer, du fer, et encore du fer ! Des couleurs
graves comme la matière et vous aurez une construction
imposante et suggestive du métal en fusion.

Nous sommes obstinés dans nos recherches de l'art et,
en entrant à la section des Beaux-Arts, si chèrement
payée par l'État, c'est-à-dire par nous tous, nous restons écœurés plutôt qu'étonnés. Je dis bien, étonnés,
car depuis longtemps nous savons à quoi nous en tenir
sur la mauvaise qualité si peu rachetée par le bon marché. Tout ce monde vaniteux étale à plaisir leurs croûtes
avec une désinvolture qui n'a pas de nom.

(...) Heureux les peintres anciens qui n'avaient
pas d'académie. Depuis cinquante ans il en est autrement, l'État protège de plus en plus la médiocrité
et il a fallu inventer des professeurs à l'usage de tout
le monde. Pourtant, à côté de tous ces pédants, des
lutteurs courageux sont venus et ont osé montrer :
de la peinture sans recettes. Rousseau qu'ils ont bafoué
est aujourd'hui au Louvre, malgré eux, Millet aussi ;
et que n'a-t-on pas vomi contre ce grand poète qui est
presque mort de faim. Rappelez-vous l'Exposition

---

1. Beaucoup plus tard, dans un article du journal tahitien *Les Guêpes*
de février 1901, Gauguin sera moins convaincu des mérites de la tour.
Il posera la question : « La tour Eiffel serait-elle par hasard un progrès,
comparée au Temple de Jérusalem ? »

de 1867 : Courbet et Manet ont fait une exposition à
leurs frais aux Champs-Élysées. Encore eux, les vainqueurs. Toujours ceux-là à côté de l'Institut. Où sont
les gloires d'artistes dont la France puisse s'enorgueil-
lir ? Parmi cette pléiade de penseurs sans réclame, à
l'instinct royal : Rousseau, Delacroix, Millet, Corot,
Courbet, Manet, tous gens contredits à leur époque.

Que faire à cela, rien ! s'indigner pourtant. Comme ces
artistes que nous venons de nommer, il y a aussi, en
1889, sans doute toute une pléiade d'artistes indépendants que les peintres officiels suivent d'un œil inquiet,
depuis quinze ans, et que tous les gens délicats, assoiffés
d'art pur, d'art vrai, regardent avec intérêt. Et ce
mouvement est en tout, en littérature comme en peinture. Tout l'art du xxᵉ siècle dérivera d'eux. Et vous
voulez, messieurs de l'Institut, les passer sous silence.
Nous aurions voulu voir ces artistes indépendants avec
une section à part dans l'Exposition. Nous sommes
étonnés que l'État et la ville de Paris persistent à
obéir aussi servilement à M. Bouguereau et consorts.

Puisqu'ils invitent à l'Exposition toutes les différentes branches d'industrie française et étrangère, leur
devoir était, il me semble, de faire une petite place à
une classe d'artistes indépendants qu'ils connaissent
aussi bien que moi. L'étranger regarde et, moins léger
que le Français, cherche à se rendre compte. Aussi [l'] un
d'eux me disait dernièrement que le musée du Luxembourg était un déshonneur pour la France. « L'argent
y est représenté, disait-il, par une aquarelle de
Mᵐᵉ de Rothschild et le talent n'y est nulle part ! »
Comment se fait-il que Manet n'y soit pas ? Il a fallu
la croix et la bannière pour y mettre un Puvis de Chavannes.

(...) Pourquoi de vraies roses, de vraies feuilles ?
Que de poésie comporte la décoration. Oui, messieurs,
il faut une imagination formidable pour décorer une

surface quelconque avec goût et c'est un art autrement
abstrait que l'imitation servile de la nature. Examinez
attentivement au Louvre, dans la galerie Dieulafoy,
les bas-reliefs des Lions. Je prétends qu'il a fállu un
immense génie pour imaginer des fleurs qui soient des
muscles d'animaux ou des muscles qui soient des fleurs.
Tout l'Orient mystique rêveur se retrouve là-dedans.

La décoration appropriée à la matière et à la place
où doit se trouver cette matière est un art qui semble
disparaître et demande de longues études, un génie
spécial. Il est vrai que là aussi l'officiel est venu fausser
le goût. Sèvres, pour ne point nommer, a tué la céramique. Personne n'en veut et quand un ambassadeur
canaque arrive, v'lan on lui colle un vase comme une
belle-mère vous collerait sa fille pour s'en défaire. Tout
le monde le sait mais on ne touche pas à Sèvres : c'est
la gloire de la France.

La céramique n'est pas une futilité. Aux époques
les plus reculées, chez les Indiens de l'Amérique, on
trouve cet art constamment en faveur. Dieu fit l'homme
avec un peu de boue. Avec un peu de boue on peut faire
du métal, des pierres précieuses, avec un peu de boue
et aussi un peu de génie! N'est-ce donc point là une
matière intéressante? Ce qui n'empêche pas que, sur
dix personnes instruites, neuf passent devant cette
section avec une indifférence extrême. Que voulez-vous
il n'y a rien à dire : ils ne savent pas.

Examinons la question et prenons un petit morceau
d'argile. Tel qu'il est là, il n'a rien de bien intéressant ;
vous le mettez dans un four, il cuit comme un homard
et change de couleur. Une petite cuisson le transforme,
mais peu. Il faut attendre une chaleur très élevée pour
que le métal qu'il renferme entre en fusion. Je serai
loin de faire là-dessus un cours scientifique, mais par
un petit aperçu nous cherchons à faire comprendre
que la qualité de la céramique est dans la cuis-

son. Un amateur dira : ceci est mal cuit ou bien cuit.

La matière sortie du feu revêt donc le caractère de la fournaise et devient donc plus grave, plus sérieuse à mesure qu'elle passe par l'enfer. Aussi toutes ces saloperies exposées, parce qu'une légère cuisson est plus coquette et plus facile à faire. Il s'ensuit de là que toute décoration céramique doit être faite dans un caractère analogue à sa cuisson. Parce que la grande base du beau est l'harmonie. En conséquence des fades coquetteries de ligne de sujets ne sont pas homogènes avec une matière sévère. Des couleurs creuses à côté de couleurs pleines ne sont pas en harmonie. Et voyez comme la nature est artiste. Les couleurs obtenues dans un même feu sont toujours en harmonie. Aussi un céramiste artiste n'appliquera pas des émaux colorés les uns par-dessus les autres à des feux différents. A l'Exposition universelle, c'est le cas de la plupart des céramistes. Il y en a même un qui a dépassé la mesure en appliquant de la peinture à la détrempe ou à l'essence sur une matière cuite [1]. Poussant l'impudence plus loin, il intitule son navet « Fresque de grand feu ». Et l'État commande ces énormités à la fabrique de Longwy. Une fresque n'est une fresque qu'autant que la couleur entre à frais dans du plâtre. La fresque ne s'applique donc pas à la céramique. « Grand feu » est un mensonge puisque pas une couleur n'a passé au feu. Et l'État autorise ces mensonges.

Revenons à nos moutons. La sculpture, comme le dessin, dans la céramique, doit aussi être modelée « harmoniquement avec la matière ». Je prierai les sculpteurs de bien étudier cette question d'adaptation. Le plâtre, le bois, le marbre, le bronze et l'argile cuite ne doivent pas être modelés de la même façon, attendu que chaque matière a un caractère différent de solidité,

---

1. Sans doute Dalpayrat, peintre sur faïence.

de dureté, d'aspect. Tout cela, ce sont bien des finesses, dira-t-on ; mais en art, il en faut, sinon ce n'est plus un art complet, ce n'est plus de l'art. L'argile, en cuisant, a un retrait qui augmente avec le degré de feu et tend à affaisser les surfaces. En conséquence, un bras, une étoffe doivent être excessivement rigides.

Nous ne voyons à l'Exposition que deux véritables céramistes, MM. Chaplet et Delaherche. Le premier, avec ses porcelaines ; le deuxième, avec ses grès. A tous deux, nous ferons le même reproche. Puisqu'ils veulent faire du beau et du moderne, qu'ils le fassent complètement et qu'en dehors du beau côté de couleur qu'ils obtiennent, ils apportent des formes de vases autres que des formes mécaniques connues. Qu'ils s'associent avec un artiste.

Post-Scriptum. — Je me suis trompé quand j'ai écrit qu'il n'y avait plus d'art pictural à l'Exposition universelle. Aujourd'hui que l'Exposition centenaire est ouverte, je parle autrement. Et cependant, cela revient peut-être au même ; car cette Exposition est le triomphe des artistes que j'ai nommés comme ayant été réprouvés et méprisés : Corot, Millet, Daumier, et enfin, Manet. *L'Olympia*, qui a tant fait crier, est là comme un morceau de roi et appréciée déjà par plus d'un.

La conclusion : M. Huysmans l'a tirée, il y a beau temps. L'exemple et le talent des indépendants démontrent suffisamment l'inutilité d'un budget et le néant d'une Direction pour les Arts. Le mot de Courier est toujours juste : « Ce que l'État encourage languit, ce qu'il protège meurt. »

(*Le Moderniste illustré, 4 et 11 juillet 1889.*)

A ÉMILE BERNARD

(...) J'éprouve le plaisir non d'aller plus loin dans ce que j'ai préparé autrefois, mais de trouver quelque chose de plus. Je le sens et ne l'exprime pas encore. Je suis sûr d'y arriver, mais lentement malgré mon impatience. Dans ces conditions mes études de tâtonnement ne donnent qu'un résultat très maladroit et ignorant. Enfin, j'espère que cet hiver vous verrez de moi un Gauguin presque nouveau, je dis presque parce que tout se tient et que je n'ai pas la prétention d'inventer quelque chose de nouveau. Ce que je désire c'est un coin de moi-même encore inconnu.

(...) Je retourne dans trois jours à Pont-Aven, parce que j'ai crédit et que mon argent est épuisé. Je compte y rester jusqu'à l'hiver et si je puis à cette époque obtenir quoi que ce soit au Tonkin je file étudier les Annamites. Terrible démangeaison d'inconnu qui me fait faire des folies. (...)

(Sans date, août 1889, Le Pouldu.)

AU MÊME

Je vois, lisant votre lettre, que nous sommes tous un peu logés à la même enseigne. Les moments de doute, les résultats toujours en dessous de ce que nous rêvons ; et le peu d'encouragement des autres, tout cela contribue à nous écorcher aux ronces. Eh bien, après qu'y faire, si ce n'est rager, se battre avec toutes ces difficultés ; même terrassés, dire encore : toujours

et toujours. Au fond la peinture est comme l'homme,
mortel mais vivant toujours en lutte avec la matière.

(...) Vous savez si j'estime ce que fait Degas et
cependant je sens quelquefois qu'il lui manque du
« au-delà », un cœur qui remue.

(...) Je n'ai pas beaucoup été gâté par les autres et
je compte même devenir de plus en plus incompréhensible.

J'ai fait (...) un grand panneau de 30 en sculpture
pour l'exécuter plus tard sur bois, quand j'aurai de
l'argent pour acheter le bois. Pas un centime en caisse.
C'est aussi comme sculpture ce que j'ai fait de mieux
et de plus étrange. Gauguin (comme un monstre)
prenant la main d'une femme qui se défend, lui disant :
Soyez amoureuse, vous serez heureuse. Le renard symbole
indien de la perversité, puis dans les interstices des
petites figures. Le bois sera coloré. (...)

(*Sans date, début septembre 1889, Pont-Aven.*)

Et voici le deuxième article de Paul Gauguin :

QUI TROMPE-T-ON ICI ?
(*Extraits*)

L'État aime à disputer aux enchères, on le sait, des
tableaux de Millet dans les prix très doux de cinq cents
et quelque mille francs. Pareil achat fait le plus grand
honneur à la commission supérieure des Beaux-Arts ;
tout le monde l'a dit il faut bien le croire. Et cependant
je reste rêveur devant un dilemme : ou bien Millet n'a
positivement pas de talent, et dans ce cas il est stupide
de s'encombrer de ses productions à un prix exorbitant ;
ou bien ses chefs-d'œuvre ont été de tout temps des

chefs-d'œuvre, et alors que faisait jadis la commission
des Beaux-Arts, représentée par les honorables prédécesseurs des membres actuels qui les continuent ? Pourquoi n'a-t-elle pas acheté deux ou trois mille francs un
tableau comme *L'Angelus*, à son auteur, de son vivant,
au lieu de nous laisser le soin de le payer bien plus tard
un demi-million à un spéculateur qui palpe la différence ?
Tout le monde n'y aurait-il pas gagné, le peintre, sa
famille, l'État et le public qui aurait joui de cette toile
infiniment plus tôt dans nos musées ? Je n'ai même pas
besoin de me placer au point de vue de l'art, qui pourtant compte bien pour quelque chose dans l'occurrence.

M. Bouguereau (...), dans un discours prononcé aux
Beaux-Arts, le jour de l'ouverture de l'exposition Millet
a osé dire : « Millet ne manquait pas tout à fait de talent,
mais gardez-vous de le regarder. Il ignorait les premiers
principes du dessin, à tel point qu'on serait obligé de
le refuser aujourd'hui au Salon s'il se présentait! »

Si les vrais peintres vous échappent, Messieurs, en
revanche vous avez créé les médiocrités officielles, qui
ont leur place dans les musées, aux frais du contribuable. Quoi de surprenant à ce que la France soit obligée
de payer un prix fou pour retenir les œuvres de ses
maîtres, après les avoir laissés mourir de faim! De ce
pas, nous revenons tout droit à la commission supérieure des Beaux-Arts. Son rôle est bien utile, au point
qu'on ne saurait s'en passer. D'abord elle est tirée
dans ce qu'il y a de meilleur, de plus subtil et de plus
savant dans la critique. C'en est l'élite ; n'est-elle pas
assermentée ? Elle a de l'esprit, en fait de compétence,
et même des fonctions. Déployée en cordon sanitaire
autour des musées de l'État, elle veille, nous avons vu
comme, à la contrebande du talent ; c'est la douane de
l'Esthétique.

(...) Préposés au mécénat officiel, votre mission est-
elle de découvrir l'artiste et de le soulager dans sa tâche

ou bien, quand son mérite est inconnu par la foule,
de légaliser les succès posthumes par des trafics à grand
tapage, en vous couvrant de l'auréole des grands mots
transformée en banderole de réclame ?

Des gens méchants parlent de pots-de-vin ; nous
ne sommes pas si cruels pour d'honorables fonctionnaires, et nous croyons tout simplement que la commission supérieure des Beaux-Arts a été et sera toujours
imbécile et ignorante.

Que ces messieurs écoutent enfin le murmure qui
vient sans cesse à leur oreilles, répété par une foule de
voix. A côté de tout ce vil commerce, il y a un parti
toujours jeune, se renouvelant sans cesse, qui veut le
respect de ses maîtres. Tout artiste qui veut devenir
un maître, qui espère à un idéal si lointain, respecte
nécessairement cet idéal et s'indigne qu'on le foule aux
pieds. Vous entendez, chaque jour, le nom d'hommes
qui sont aussi des grands peintres, mais qui ont à vos
yeux le tort immense de s'être créé une place forte
dans l'art. Mais cette place forte n'est pas dans la ville
officielle. Votre devoir est d'aller les chercher et non
pas de les déterrer de leur tombe plus tard, au prix
de 500 000 francs.

Surtout ne venez pas dire que vous êtes inconscients
des grands hommes enfouis dans la mêlée. Les cris de
la médiocrité ameutée contre le génie ne vous ont-ils
pas avertis de tout temps ? Enfin ! c'est au vieux mot
de Beaumarchais qu'il faut en revenir : qui trompe-t-on
ici ?

(Le Moderniste illustré, *21 septembre 1889*.)

A ÉMILE BERNARD

(...) J'ai bien fait des demandes pour aller au Tonkin,
mais les réponses sont en ce moment presque négatives.

Les gens qu'on envoie aux colonies sont généralement
ceux qui font des bêtises, volent la caisse, etc. Mais
moi, un artiste impressionniste, c'est-à-dire un insurgé,
c'est impossible. En outre, toute cette bile, ce fiel que
j'amasse par les coups redoublés du malheur qui m'op-
presse me rendent malade et, en ce moment, j'ai à
peine la force, la volonté de travailler. Et le travail
autrefois me faisait oublier. A la fin, cet isolement, cette
concentration en moi-même — alors surtout que toutes
les joies principales de la vie sont dehors, et que la satisfaction intime fait défaut, crie de la faim en quelque
sorte, comme un estomac vide — à la fin cet isolement
est un leurre, en tant que bonheur, à moins d'être de
glace, absolument insensible. Malgré tous mes efforts
pour le devenir, je ne le suis point, la nature première
revient sans cesse. Tel le Gauguin du pot, la main étouffant dans la fournaise, le cri qui veut s'échapper. Enfin,
je passerais là-dessus, qu'est-ce que l'homme dans cette
immense création, et que suis-je de plus qu'un autre
pour réclamer ?

(...) Est-ce que vous m'avez envoyé ce numéro
[d']*Art et Critique* ? (...) La bêtise a cela de bon qu'elle
ne froisse pas. Fénéon a bien écrit que j'imitais Anquetin
que je ne connais pas [1]. (...)

(*Sans date, novembre 1889, Le Pouldu.*)

AU MÊME

(...) Les attaques contre l'originalité sont naturelles
de la part de ceux qui n'ont pas le pouvoir de créer et
secouer les épaules. (...) De tous mes efforts de cette

1. Dans son journal *La Cravache*, le critique d'art Félix Fénéon avait
écrit : « Il est probable que la manière de M. Anquetin (...) n'a pas été
sans influencer un peu M. Gauguin : influence seulement formelle. »

année il ne reste que des hurlements de Paris qui viennent ici me décourager, au point que je n'ose plus faire
de peinture et que je promène mon vieux corps par la
bise du Nord sur les rives du Pouldu! Machinalement
je fais quelques études (si l'on peut appeler études des
coups de pinceau en accord avec l'œil). Mais l'âme est
absente et regarde tristement le trou béant qui est devant
elle.

(...) Quant à faire de la peinture de commerce, même
impressionniste : non. J'entrevois dans tout le fond de
moi-même un sens plus élevé.

(...) Degas ne trouve pas (...) dans mes toiles ce qu'il
voit, lui (la mauvaise odeur du modèle). Il sent en nous
un mouvement contraire au sien. Ah! si j'avais comme
Cézanne de quoi entreprendre la lutte, je la ferais certes
avec plaisir. Degas se fait vieux et enrage de ne pas avoir
trouvé le dernier mot [1]. Nous ne sommes pas seuls à avoir
lutté ; vous voyez que Corot, etc., ont eu raison avec le
temps. Mais aujourd'hui quelle misère, quelles difficultés.
Quant à moi je me déclare vaincu, par les événements,
les hommes, la famille et non par l'opinion. Celle-là je
m'en moque et je me passe d'admirateurs. (...) Qu'ils
regardent attentivement mes tableaux derniers (si
toutefois ils ont un cœur pour sentir) et ils verront ce
qu'il y a de souffrance résignée. Ce n'est donc rien un cri
humain? (...) Que voulez-vous, ami, je suis dans une
phase tellement désillusionnée que je ne puis m'empêcher aujourd'hui de crier. (...)

(*Sans date, novembre 1889, Le Pouldu.*)

1. Voir plus loin p. 298-302 l'hommage rendu par Gauguin à Degas.

Et voici un article inédit exhumé par Les Nouvelles littéraires
du 7 mai 1953.

HUYSMANS ET REDON
(Extraits)

Huysmans est un artiste. Beaucoup de peintres voudraient être musiciens ou littérateurs. Lui voudrait être
peintre, il aime la peinture. Autrefois naturaliste, il
louait les naturalistes, Raffaelli en tête, critiquait les
autres. Depuis il s'est fait un grand changement en lui
car il a soif d'art·et ne craint pas de marcher sur ses
erreurs. Dans son livre *Certains*, il nous montre encore
une série de peintres. Comme toujours, il veut lui-même
faire un tableau.

Son tableau de Bianchi est très curieusement décrit.
Bianchi, comme tous les peintres anciens, a trouvé autour de lui, dans la nature, un type dans lequel il s'est
incarné, je dirai plus : qu'il a dû faire à son image.
Est-ce Dieu qui fit l'homme à son image ou l'homme
qui le fit à son image ? Je pencherai fortement pour
cette dernière opinion. Voyez l'œuvre de Rembrandt,
et quelle relation intime entre tous ses modèles, femmes
et hommes, et son portrait. Raphaël de même, et bien
d'autres.

Non, Bianchi n'a pas mis volontairement, dans ce
tableau décrit par Huysmans, autant de malice vicieuse [1].
Les trois personnages sont le même modèle, à quelque
sexe ou quelque âge qu'ils appartiennent. Tous trois

---

1. Dans son livre, paru en 1889, Huysmans avait ainsi décrit un
tableau : *La Vierge et l'enfant Jésus*, de Francesco Bianchi, au musée du
Louvre : de chaque côté du cadre, un vieillard, saint Benoît, et un jeune
homme, saint Quentin, « éphèbe au sexe indécis », « hybride aux formes
de garçonne », « androgyne à l'insinuante beauté ».

ont le même état d'âme qui est celui du peintre. Huysmans critiquant ce tableau a fait du Huysmans.

A ce propos, je doute fort que deux hommes de talent,
personnels tous deux, puissent s'associer : un peintre
et un littérateur. Je veux dire par là que le peintre ne
peut illustrer un livre, et vice versa. Il peut décorer son
livre, oui, y ajouter d'autres sensations qui s'y ratta-
chent.

Je ne vois pas en quoi Odilon Redon fait des monstres.
Ce sont des êtres imaginaires. C'est un rêveur, un imaginatif. De la laideur : question brûlante et qui est la
pierre de touche de notre art moderne et de sa critique.
A bien examiner l'art profond de Redon, nous y trouvons
peu la trace du « monstre », pas plus que dans les statues
de Notre-Dame. Certes, des animaux que nous ne voyons
pas ont l'aspect de monstres, mais par cette tendance
à ne reconnaître comme vrai et normal que la majorité
habituelle.

La nature a des infinis mystérieux, une puissance
d'imagination. Elle se manifeste en variant toujours ses
productions. L'artiste lui-même est un de ses moyens et,
pour moi, Odilon Redon est un de ses élus pour cette
continuation de création. Les rêves chez lui deviennent
une réalité par la vraisemblance qu'il leur donne. Toutes
ses plantes, êtres embryonnaires, essentiellement humains, ont vécu avec nous ; assurément, ils ont leur part
de souffrance.

Dans une atmosphère noire, on finit par apercevoir
un, deux troncs d'arbres : l'un d'eux est surmonté de
quelque chose, vraisemblablement une tête d'homme.
Avec une logique extrême, il nous laisse le doute sur
cette existence. Est-ce véritablement un homme ou
plutôt une vague ressemblance ? Quoi qu'il en soit, ils
vivent tous deux sur cette page, inséparables tous deux,
supportant les mêmes orages.

Et cette tête d'homme aux cheveux hérissés, le crâne
entrouvert, un œil immense à l'ouverture, est-ce un
monstre? Non! Dans le silence, la nuit, l'obscurité,
notre œil voit, notre oreille entend. (...) Je ne vois dans
toute son œuvre qu'un langage du cœur, bien humain
et non monstrueux.

En opposition avec cette critique, Huysmans parle
de Gustave Moreau avec une très grande estime. Bien ;
nous l'estimons aussi, mais à quel degré? Là, un esprit
essentiellement peu littéraire, avec le désir de l'être.
Ainsi Gustave Moreau ne parle qu'un langage déjà écrit
par les gens de lettres ; c'est en quelque sorte l'illustration de vieilles histoires. Son mouvement d'impulsion
est bien loin du cœur, aussi il aime la richesse des biens
matériels. Il en fourre partout. De tout être humain,
il en fait un bijou couvert de bijoux. En somme, Gustave Moreau est un beau ciseleur. (...)

                                        (*Fin 1889.*)

A METTE

(...) Puisse venir le jour (et peut-être bientôt) où
j'irai m'enfuir dans les bois sur une île de l'Océanie,
vivre là d'extase, de calme et d'art. Entouré d'une
nouvelle famille, loin de cette lutte européenne après
l'argent. Là à Tahiti je pourrai, au silence des belles
nuits tropicales, écouter la douce musique murmurante
des mouvements de mon cœur en harmonie amoureuse
avec les êtres mystérieux de mon entourage. Libre
enfin, sans souci d'argent et pourrai aimer, chanter et
mourir. (...)

                        (*Sans date, février 1890, Paris.*)

ÉMILE BERNARD

(...) Irrévocablement je vais à Madagascar. J'achète dans la campagne une maison en terre que j'agrandirai moi-même, planterai et vivrai simplement. Modèle et tout ce qu'il faut pour étudier. Je fonde alors l'Atelier des Tropiques. Viendra m'y trouver qui voudra. (...) La vie est pour rien pour celui qui veut vivre comme les habitants. La chasse seule vous donne facilement la nourriture. En conséquence, je vais, si une affaire est faite, fonder ce dont je vous parle et vivre libre et faire de l'art. (...)

(Sans date, avril 1890, Paris.)

AU MÊME

(...) Je ne vais pas là-bas chercher un emploi ni vous en offrir. Ce que je vais faire, c'est l'Atelier du tropique. Avec la somme que j'aurai, je peux acheter une case du pays comme celles que vous avez vues à l'Exposition universelle. En bois et terre, couverte de chaume (à proximité de la ville, mais cependant à la campagne). Cela ne coûte presque rien, je l'agrandis en coupant du bois et j'en fais une demeure à notre commodité, vache, poules et fruits, voilà les principaux agents de notre nourriture et nous finirons par vivre pour rien. Libres. (...)

Croyez-vous que je sois incapable d'aimer et que mes quarante-deux ans soient un obstacle à la jeunesse des impulsions ?

(...) Je partirai là-bas et je vivrai en homme retiré

du monde soi-disant civilisé pour ne fréquenter que les soi-disant sauvages.

(...) La femme là-bas est pour ainsi dire obligatoire, ce qui me donnera modèle tous les jours. Et je vous promets que la femme malgache a un cœur tout aussi bien qu'une Française avec beaucoup moins de calculs. (...)

(Sans date, juin 1890, Le Pouldu.)

AU MÊME

(...) Toutes ces choses qui sont proches du cœur me touchent plus que je ne saurais le dire malgré toute la peine que je prends pour fermer mon cœur. Quant aux coteries qui hurlent devant mes tableaux, cela me fait peu de chose, d'autant plus que moi-même je sais que c'est incomplet, plutôt un acheminement à des choses pareilles. Il faut en faire le sacrifice en art, périodes par périodes, essais ambiants, une pensée flottante sans expression directe et définitive. Mais bah! une minute où on touche le ciel qui fuit après; en revanche ce rêve entrevu est quelque chose de plus puissant que toute matière. Oui, nous sommes destinés (artistes chercheurs et penseurs) à périr sous les coups du monde, mais périr en tant que matière. La pierre périra, la parole restera. Nous sommes en pleine mélasse mais nous ne sommes pas encore morts. Quant à moi ils n'auront pas encore ma peau. Si je pense obtenir ce que je demande en ce moment, une bonne place au Tonkin où je travaillerai ma peinture et ferai des économies. Tout l'Orient, la grande pensée écrite en lettres d'or dans tout leur art, tout cela vaut la peine d'étudier et il me semble que je me retremperai là-bas. L'Occident est pourri en ce moment et tout ce qui est Hercule peut comme Antée

prendre des forces nouvelles en touchant le sol de là-bas.
Et on en revient un ou deux ans après, solide. (...)

(*Juin 1890, Le Pouldu.*)

AU MÊME

(...) J'ai eu la nouvelle de la mort de Vincent [1], et je
suis content que vous ayez été à son enterrement.

Si attristante que soit cette mort, elle me désole peu,
car je la prévoyais et je connaissais les souffrances de ce
pauvre garçon en lutte avec sa folie. Mourir dans ce
moment c'est un grand bonheur pour lui, c'est la fin
justement des souffrances, et s'il revient dans une autre
vie il portera le fruit de sa belle conduite en ce monde
(selon la loi de Bouddha). Il a emporté avec lui la consolation de n'avoir pas été abandonné par son frère et
d'avoir été compris de quelques artistes...

En ce moment je mets toute mon intelligence artistique au repos, et je sommeille, je ne suis (...) disposé
à rien comprendre.

(*Sans date, août 1890, Le Pouldu.*)

A ODILON REDON

(...) Les raisons que vous me donnez pour rester en
Europe sont plus flatteuses que faites pour me convain-
cre. Ma résolution est bien prise, et depuis que je suis en
Bretagne je l'ai modifiée. Madagascar est encore trop

1. Le 27 juillet 1890, Vincent Van Gogh s'était donné la mort.

près du monde civilisé ; je vais aller à Tahiti et j'espère
y finir mon existence. Je juge que mon art que vous
aimez n'est qu'un germe et j'espère là-bas le cultiver
pour moi-même à l'état primitif et sauvage. Il me faut
pour cela le calme. Qu'importe la gloire pour les autres !

Gauguin est fini pour ici, on ne verra plus rien de lui.
Vous voyez que je suis égoïste. J'emporte en photographies, dessins, tout un petit monde de camarades qui
me causeront tous les jours ; de vous j'ai un souvenir
dans ma tête de tout ce que vous avez fait à peu près,
et une étoile ; en la voyant, dans ma case à Tahiti, je
ne songerai pas, je vous le promets, à la mort, mais au
contraire à la vie éternelle. (...) En Europe, cette mort
avec sa queue de serpent [1] est vraisemblable, mais à
Tahiti, il faut la voir avec des racines qui repoussent
avec des fleurs. Je n'ai pas dit adieu aux artistes qui
sont en harmonie avec moi. (...) Donc, mon cher Redon,
nous nous reverrons.

(Septembre 1890, Le Pouldu.)

A METTE

(...) Schuffenecker m'encense, dis-tu, assurément
beaucoup trop et cependant il répète à peu de chose
près ce que beaucoup d'autres disent [de moi], voire
même Degas : « C'est un forban, dit-il, mais sacré.
C'est l'art incarné. » (...)

(Décembre 1890, Paris.)

1. Allusion à la planche III de l'Album d'Odilon Redon *A Gustave
Flaubert*, publié en 1888.

A J. F. WILLUMSEN [1]

(...) J'ai eu tellement à souffrir du Danemark et des Danois, que j'ai toujours conservé à leur égard une méfiance instinctive. Aussi, à Pont-Aven, j'ai été aimable avec l'artiste parce que vous l'êtes, et non avec le Danois dont je me méfiais. Il en est autrement au reçu de votre lettre, et j'ai grand plaisir à avouer que je me suis trompé, à revenir par exception sur ma décision de haïr les habitants du Danemark. Ceci établi, causons en bons amis. Vous êtes heureux de votre voyage en Hollande, et sur toutes vos appréciations des maîtres hollandais, je ne veux vous parler, si ce n'est sur Rembrandt et Hals. Sur les deux votre préférence est pour Hals. Nous autres Français, nous le connaissons peu : il me semble pourtant que la vie dans ses portraits se manifeste avec trop d'éclat par les choses extérieures traitées habilement (trop habilement peut-être). Je vous conseille alors de bien voir au Louvre les portraits du père Ingres. Chez ce maître français, vous trouvez la vie intérieure ; cette froideur apparente qu'on lui reproche cache une chaleur intense, une passion violente. Il y a, en outre, chez Ingres, un amour des lignes d'ensemble qui est grandiose, et une recherche de la beauté dans sa véritable essence, la forme. Et que dirait-on alors de Velasquez? Velasquez, le tigre royal. Voilà du portrait, avec toute la royauté inscrite sur la face. Et par quels moyens? une exécution des plus simples, quelques taches de couleur.

Rembrandt, celui-là, je le connais à fond. Rembrandt,

1. Et non Willemsen comme orthographié par Gauguin (revue *Les Marges*, 15 mars 1918).

un lion redoutable qui a tout osé. *La Ronde de nuit*, réputée chef-d'œuvre, est en effet d'un ordre inférieur, et je comprends que vous le jugiez mal d'après cela. Tous les maîtres ont des faiblesses et justement ces faiblesses passent pour des chefs-d'œuvre, ils les font du reste comme hommage à la foule pour prouver qu'ils savent. Sacrifice à la science! (...) Pour moi il n'y a pas de chef-d'œuvre, si ce n'est l'œuvre totale. Une ébauche annonce un maître. Et ce maître est de premier ou deuxième ordre. Vous verrez au Louvre des Rembrandt tout petits. Tels *Le bon Samaritain*, le *Tobie*. Connais-sez-vous des eaux-fortes de Rembrandt, tel le *Saint Jérôme* inachevé bien exprès, je le crois, un paysage comme on les rêve, un lion, un vrai lion pas empaillé qui rugit et domine? Dans un coin blanc une indication de *Saint Jérôme lisant*. A toutes choses Rembrandt a touché avec une griffe puissante et personnelle, il y a mis un mysticisme qui atteint les plus hauts faîtes de l'imagination humaine. Et j'admire chez lui ce grand cerveau.

J'estime que l'artiste inférieur tombe toujours dans les excès de la prétendue science de la facture. (...) Toutes les plus grandes souplesses du pinceau ne peuvent que nuire à une œuvre imaginative en rappelant la matière. N'est vraiment grand artiste que celui qui peut appli-quer heureusement ses préceptes les plus abstraits, et cela le plus simplement. Écoutez la musique de Haendel! (...) Quant à moi, ma résolution est prise, je vais aller dans quelque temps à Tahiti, une petite île de l'Océanie où la vie matérielle peut se passer d'argent. J'y veux oublier tout le mauvais du passé et mourir là-bas ignoré d'ici, libre de peindre sans gloire aucune pour les autres. (...) Une terrible époque se prépare en Europe pour la génération qui vient : le royaume de l'or. Tout est pourri, et les hommes, et les arts. Il faut se déchirer sans cesse. Là-bas au moins, sous un ciel sans hiver, sur une terre d'une fécondité merveilleuse, le Tahitien n'a qu'à lever

le bras pour cueillir sa nourriture ; aussi ne travaille-
t-il jamais. Pendant qu'en Europe les hommes et les
femmes n'obtiennent, qu'après un labeur sans répit,
la satisfaction de leurs besoins, pendant qu'ils se débat-
tent dans les convulsions du froid et de la faim, en proie
à la misère, les Tahitiens au contraire, heureux habitants
des paradis ignorés de l'Océanie, ne connaissent de la vie
que les douceurs. Pour eux vivre, c'est chanter et aimer [1].
(...) Aussi ma vie matérielle une fois bien organisée, je
puis, là-bas, me livrer aux grands travaux de l'art,
dégagé de toutes jalousies artistiques, sans aucune
nécessité de vils trafics. Dans l'art, l'état d'âme où
l'on est entre pour les trois quarts ; il faut donc le
soigner si on veut faire quelque chose de grand et de
durable. (...)

(Bretagne, fin 1890.)

PAUL GAUGUIN
DEVANT SES TABLEAUX

par Jules Huret.

L'article publié l'autre jour par notre éminent collaborateur Octave Mirbeau sur Paul Gauguin [2] m'avait
rendu extrêmement curieux de l'homme et de son œuvre.
On me l'avait bien montré, il y a un mois, au banquet
symboliste et j'avais conservé, très vivante, la vision

1. Ici Gauguin fait référence à une conférence sur Tahiti faite à Paris
par un certain van der Veene (voir lexique).
2. Avant de partir pour Tahiti, Gauguin avait exposé et vendu aux
enchères à l'Hôtel des Ventes une trentaine de ses toiles. L'écrivain
Octave Mirbeau publia dans *L'Écho de Paris* du 16 février un article où
il signalait « le cas d'un homme fuyant la civilisation ». Cet écrit devait
servir de préface au catalogue.

de cette belle tête bronzée, encadrée de longs cheveux bouclés, allumée par la clarté limpide, douce et chaude, de ses yeux profonds, de ses yeux de matelot, noyés de rêve. Mais je voulais l'approcher, lui parler, et surtout connaître sa peinture.

(...) Hier donc, la chance m'ayant servi, j'ai rencontré Paul Gauguin devant les tableaux qu'il expose, aujourd'hui dimanche, à l'Hôtel Drouot, pour sa vente de lundi. (...) Un ami commun me présenta à lui. Nous étions devant un tableau de la dernière manière de l'artiste, un de ceux devant lesquels je revenais constamment, dont je cherchais, avec une angoisse attentive, la signification. C'était un personnage coiffé d'un capulet rouge, à la barbe rouge, assis au pied d'un arbre dans une attitude d'abattement ; derrière lui, des arbres sous un ciel d'azur ; dans un ravin deux vagues formes humaines fuyant ; on m'avait dit : c'est le Christ sur la montagne des Oliviers. Je voyais bien en effet que la tête souffrait horriblement, mais elle me paraissait inadmissiblement laide pour un Jésus, et la barbe me semblait trop rouge, et pourquoi ces verts, ces rouges, ces bleus crus, et pourquoi ces arbres bizarres ? Et que signifiaient ces gens qui fuyaient ? Mais aussi pourquoi cette sensation opprimante de terreur qui me prenait aux moelles ?

Gauguin me répondit, de ce ton simple, modeste et caressant qui se marie si bien au rêve de ses yeux, à l'évangélique, à l'ineffable douceur de sa physionomie :

— C'est mon portrait que j'ai fait là... Mais cela veut représenter aussi l'écrasement d'un idéal, une douleur aussi divine qu'humaine, Jésus abandonné de tous, ses disciples le quittant, un cadre aussi triste que son âme.

(...) — Vous partez à Tahiti ? dis-je à M. Paul Gauguin. Pour peindre ?

— Je pars pour être tranquille, pour être débarrassé

de l'influence de la civilisation. Je ne veux faire que de
l'art simple, très simple ; pour cela j'ai besoin de me
retremper dans la nature vierge, de ne voir que des
sauvages, de vivre de leur vie, sans autre préoccupation
que de rendre, comme le ferait un enfant, les conceptions
de mon cerveau avec l'aide seulement des moyens d'art
primitifs, les seuls bons, les seuls vrais. (...)

(L'Écho de Paris, *23 février 1891*.)

CHAPITRE II

PREMIER SÉJOUR A TAHITI

A METTE

(...) Hier on a donné pour moi un dîner [1] où quarante-cinq personnes étaient présentes, des peintres et des écrivains, sous la présidence de Mallarmé. Des vers, des toasts et le plus chaud hommage pour moi. Je t'assure que d'ici trois ans j'aurai gagné une bataille qui nous permettra — à toi et à moi — de vivre à l'abri des difficultés. Tu te reposeras et moi je travaillerai. Peut-être comprendras-tu un jour quel homme tu as donné pour père à tes enfants. Je suis fier de mon nom. (...)

(24 mars 1891, Paris.)

A LA MÊME

(...) Dans deux jours je suis à Nouméa où le bateau pour Tahiti va me prendre et me conduire. Très heureuse traversée rapide avec un temps magnifique fait

1. Dîner en l'honneur de Gauguin peu avant son premier départ pour Tahiti, le 23 mars 1891, au café Voltaire, 1, place de l'Odéon.

exprès pour moi. Mais que de passagers extraordinaires
dans ces voyages. Je suis le seul payant. Tous sont des
employés du gouvernement, ce bon gouvernement qui
paie à tout le monde inutile des petites promenades
qui coûtent, femmes et enfants, frais de déplacement.
Au fond ce sont de très braves gens, qui n'ont qu'un
tort, assez commun du reste, d'être parfaitement
médiocres.

(...) Sur le pont de notre navire au milieu de tous
ces fonctionnaires en faux col, de leurs enfants etc.,
je suis vraiment bien étrangement seul avec mes cheveux longs. Moi aussi j'ai une famille, il paraît (et il
ne paraît guère). Pense-t-elle à moi ? Je l'espère. Aurai-je
à Tahiti là-bas des nouvelles quelquefois ? Sans compter
lettre pour lettre. J'espère cependant ne pas être toujours un paria. Il me tarde d'être installé au travail.

Voilà trente et quelques jours que je mange, bois et le
reste regardant stupidement l'horizon. Les marsouins
sortent quelquefois des lames pour nous dire bonjour
et c'est tout. Heureusement que je pense quelquefois
à vous, toi et les enfants. (...) Me voici depuis deux jours
à Nouméa et je repars le 21 pour Tahiti avec un navire
de guerre. Le gouvernement m'a très bien reçu et m'a
donné le passage sur le navire avec les officiers : ma
lettre de mission m'ouvre bien des portes. (...)

(*4 mai 1891, Océanie, 250 milles de Sydney.*)

A LA MÊME

(...) Voilà déjà vingt jours que je suis arrivé, j'ai déjà
tant vu de nouveau que je suis tout troublé. Il me
faudra encore quelque temps pour faire un bon tableau.
Petit à petit je m'y mets en étudiant chaque jour u n

peu. (...) Je t'écris le soir. Ce silence la nuit à Tahiti est
encore plus étrange que le reste. Il n'existe que là, sans
un cri d'oiseau pour troubler le repos. Par-ci, par-là,
une grande feuille sèche qui tombe mais qui ne donne
pas l'idée du bruit. C'est plutôt comme un frôlement
d'esprit. Les indigènes circulent souvent la nuit mais
pieds nus et silencieux. Toujours ce silence. Je comprends
pourquoi ces individus peuvent rester des heures, des
journées assis sans dire un mot et regarder le ciel avec
mélancolie. Je sens tout cela qui va m'envahir et je me
repose extraordinairement en ce moment.

Il me semble que tout ce trouble de la vie en Europe
n'existe plus et que demain toujours sera la même
chose, ainsi de suite jusqu'à la fin. Ne pense pas pour
cela que je suis égoïste et que je vous abandonne. Mais
laisse-moi quelque temps vivre ainsi. Ceux qui me font
des reproches ne savent pas tout ce qu'il y a dans une
nature d'artiste et pourquoi vouloir nous imposer des
devoirs semblables aux leurs. Nous ne leur imposons
pas les nôtres.

Quelle belle nuit ce soir. Des milliers d'individus font
comme moi cette nuit, ils se laissent vivre et leurs enfants s'élèvent tout seuls. Tous ces gens-là vont partout
dans n'importe quel village, n'importe quelle route,
couchent dans une maison, mangent, etc., sans même
dire merci, à charge de revanche. Et on les appelle des
sauvages ? Ils chantent, ne volent jamais, ma porte
n'est jamais fermée, n'assassinent pas. Deux mots
tahitiens les désignent *Ia orana* (bonjour), adieu,
merci, etc., et *Onatu* (je m'en fiche, qu'importe, etc.)
et on les appelle des sauvages ?

Le sol tahitien devient tout à fait français et petit à
petit tout cet ancien état de choses va disparaître. Nos
missionnaires avaient déjà beaucoup apporté d'hypocrisie protestante et enlèvent une partie de la poésie
sans compter la vérole qui a envahi toute la race (sans

trop l'abîmer ma foi). Toi qui aimes les beaux hommes, ils ne manquent pas ici, bien plus grands que moi et membrés comme des hercules.

Que je voudrais avoir ta mémoire pour apprendre vite la langue car très peu ici parlent le français. Et souvent je me dis, si Mette était ici, elle ne serait pas longue à parler le tahitien qui est du reste assez facile. (...)

(Juillet [1891], [Tahiti].)

A LA MÊME

Je reçois pour la première fois une lettre de France ; je commençais à croire que tout le monde m'oubliait. Oui, je suis un peu seul surtout maintenant où je suis à quarante-cinq kilomètres de la ville, sur le bord de la mer. J'ai commencé à travailler. Ce n'est pas sans peine et j'ai toujours du mal à mettre la machine en train dans un nouveau pays. Petit à petit je me ferai au caractère de chaque chose et chaque individu. Malheureusement la vie est très chère et cependant je suis d'une avarice sordide et je me nourris le plus mal possible. Enfin on n'a rien sans peine et je me consolerai si je réussis à ce que je veux dans mes travaux.

Tu dois être en ce moment à Paris. Tu entendras beaucoup de bien et beaucoup de mal de moi. Qu'importe tout cela, il ne faut pas vivre pour le monde et je me moque des autres comme de colin-tampon...

(Été 1891.)

A PAUL SÉRUSIER

(...) Merci de m'avoir écrit. Quand on est loin du pays natal, seul dans la campagne, les lettres font un plaisir très grand ; aussi écrivez-moi souvent. Depuis deux mois je n'ai reçu aucune nouvelle. (...) Toutes ces inquiétudes (les seules qui mordent sur moi) me gênent pour travailler. Quoique cela, je suis attelé au travail dur et ferme. Je ne puis dire si c'est bien, car c'est beaucoup et ce n'est rien. Pas encore un tableau, mais une foule de recherches qui peuvent être fructueuses, beaucoup de documents qui me serviront pour longtemps, je l'espère, en France. Par exemple, à force de simplifier, je ne sais bien juger le résultat maintenant. Il me semble que c'est dégoûtant. A mon retour, toiles bien sèches, des cadres, etc., tous vêtements qui parleront, et je jugerai.

Oui, mon cher Séruse, je suis bien seul dans la campagne, à quarante-cinq kilomètres de la ville, personne à qui causer art, ni même français, et je ne suis pas encore bien fort sur la langue du pays, malgré tous mes efforts. Que voulez-vous, pas de mémoire, et surtout la tête toujours ailleurs, perdue dans des rêveries sans fin.

(...) Vous faites des progrès, c'est que vous deviez en faire.

(...) Maintenant au travail ; j'ai eu une bonne idée d'emporter musique et mandoline, c'est pour moi une grande distraction. C'est à Filiger que je dois cette idée de jouer de cet instrument. Je crois que maintenant je dépasse Filiger haut la main comme virtuosité.

(*Novembre 1891, Tahiti.*)

A METTE

(...) Je suis un artiste et tu as raison, tu n'es pas
folle je suis un grand artiste et je le sais. C'est parce que
je le suis que j'ai tellement enduré de souffrances. Pour
poursuivre ma voie, sinon je me considérerai comme
un brigand. Ce que je suis du reste pour beaucoup de
personnes. Enfin, qu'importe. Ce qui me chagrine le
plus c'est moins la misère que les empêchements perpé-
tuels à mon art que je ne puis faire comme je le sens
et que je puis le faire sans la misère qui me lie les bras.
Tu me dis que j'ai tort de rester éloigné du centre artist-
t[ique]. Non, j'ai raison, je sais depuis longtemps ce que
je fais et pourquoi je le fais. Mon centre artistique est
dans mon cerveau et pas ailleurs et je suis fort parce
que je ne suis jamais dérouté par les autres et que je
fais ce qui est en moi.

Beethoven était sourd et aveugle, il était isolé de tout,
aussi ses œuvres sentent l'artiste vivant sur sa planète
à lui. Vois ce qui est arrivé à Pissarro : à force de vouloir
toujours être en avant, au courant de tout, il a perdu
toute espèce de personnalité et son œuvre entière
manque d'unité. Il suit toujours le mouvement depuis
Courbet, Millet, jusqu'à des petits jeunes gens chimistes
qui accumulent des petits points.

Non, j'ai un but et je le poursuis toujours accumulant
des documents. Il y a des transformations chaque année,
c'est vrai, mais elles se suivent toujours dans le même
chemin. Je suis seul logique. Aussi je trouve bien peu
qui me suivent longtemps.

Pauvre Schuffenecker qui me reproche d'être entier
dans mes volontés. Mais si je n'agissais pas ainsi, est-ce
que je pourrais supporter seulement un an la lutte à

outrance que j'ai entreprise ? Mes actes, ma peinture, etc.
sont toujours contredits au moment même, puis finalement on me donne raison. Je suis toujours à recommencer. Je crois faire mon devoir et, fort de cela, je
n'accepte aucun conseil, aucun reproche. Les conditions dans lesquelles je travaille sont défavorables et
il faut être un colosse pour faire ce que je fais dans ces
conditions. (...)

(...) J'ai bien des tracas et, si ce n'était nécessaire à
mon art (j'en suis sûr), je repartirais de suite. (...)

([*Mars 1892*], *Tahiti.*)

A DANIEL DE MONFREID

(...) J'ai reçu votre lettre avec plus de plaisir que
vous ne pensez. C'est que les lettres sont pour moi un
fruit rare : j'en reçois si peu depuis que je suis ici. (...)
Vous avez raison, mon cher, je suis un homme fort qui
sait faire plier le sort à mes goûts, je vous promets que
faire ce que j'ai fait depuis cinq ans c'est un joli tour
de force. Je ne parle pas de la lutte comme peintre ;
celle-là compte cependant pas mal, mais la lutte pour la
vie, sans jamais une chance pour! Quelquefois, je me
demande comment ça ne casse pas tellement j'entends
de craquements. Enfin allons toujours, il y a toujours
au bout le grand remède.

Je vais vous donner un peu mon secret. Il consiste
en une grande logique et j'agis avec beaucoup de méthode. Dès le début, je savais que ce serait une vie au
jour le jour, alors logiquement j'ai habitué mon tempérament à cela. Au lieu de perdre mes forces en travaux
et inquiétudes du lendemain, j'ai mis toutes mes forces
dans la journée même. Tel le lutteur qui ne remue son
corps qu'au moment où il lutte. Quand je me couche

le soir je me dis : voilà encore une journée de gagnée, demain je serai peut-être mort.

Dans mon travail de peintre, *dito*. Je ne m'occupe que de ma journée. Seulement, où consiste la méthode c'est de s'arranger à ce que tout se suive et de ne pas faire le 5 ce qui doit se faire le 20 du mois. Les madrépores [1] ne font pas autrement. Au bout d'un certain temps cela fait une assez jolie surface. Si les hommes ne perdaient pas leur temps en forces et travaux inutiles non reliés entre eux! Chaque jour un maillon. Voilà le grand point.

(...) Ma vie est maintenant celle d'un sauvage le corps nu sauf l'essentiel que les femmes n'aiment pas voir (disent-elles). Je travaille de plus en plus, mais jusqu'à présent des études seulement ou plutôt des documents qui s'accumulent. (...)

(11 mars 1892, Tahiti.)

A SÉRUSIER

(...) Ce que je fais ici, je n'ose en parler tellement mes toiles m'épouvantent ; jamais le public ne l'admettra. C'est laid à tous les points de vue et je ne saurai vraiment ce que cela est qu'à Paris quand vous tous aurez vu. (...) Ce que je fais maintenant est bien laid, bien fou. Mon Dieu, pourquoi m'avoir bâti ainsi ? Je suis maudit.

Quelle religion que l'ancienne religion océanienne. Quelle merveille! Mon cerveau en claque et tout ce que cela me suggère va bien effrayer. Si donc on redoute mes œuvres anciennes dans un salon, que dire alors des nouvelles ?

(25 mars 1892, Papeete.)

---

1. Colonies animales dites de polypiers qui, en Océanie, produisent des récifs immenses de corail, les uns autour des îles d'origine volcanique, les autres donnant naissance à des atolls en forme d'anneaux.

A METTE

(...) Je suis assez content de mes derniers travaux
et je sens que je commence à posséder le caractère
océanien et je puis assurer que ce que je fais ici n'a été
fait par personne et qu'on ne connaît pas en France
cela. J'espère que ce nouveau pourra décider en ma
faveur. Tahiti n'est pas dénué de charme et les femmes,
à défaut de beauté proprement dite, ont un je ne sais
quoi de pénétrant, de mystérieux à l'infini.

([*Juin 1892*], *Tahiti.*)

A LA MÊME

(...) Je suis en plein travail, maintenant je connais
le sol, son odeur et les Tahitiens que je fais d'une façon
très énigmatique n'en sont pas moins des Maoris et non
des Orientaux des Batignolles. Il m'a fallu presque un
an pour arriver à le comprendre. (...)

([*Juillet 1892*], *Tahiti.*)

Ancien culte maori

(Extraits)

Ce cahier de notes, illustré à l'aquarelle d'exquise façon, a été inspiré à Gauguin par la lecture de l'ouvrage de Jacques-Antoine Moerenhout, qui fut successivement consul des Etats-Unis, puis consul de France en Océanie : Voyages aux Iles du Grand Océan, *publié à Paris en 1837 et qui a été réédité, en reproduction de la première édition, en 1942, chez l'éditeur Adrien Maisonneuve. Le cahier a été reproduit en fac-similé en 1951, par La Palme (depuis Hermann), suivi d'une présentation par René Huyghe.*

(...) Légende de Roua hatou

Ce dieu, espèce de Neptune, dormait au fond des mers dans un endroit qui lui était consacré. Un pêcheur commit l'imprudence d'y aller pêcher, et son hameçon, s'étant accroché aux cheveux du dieu, le dieu fut éveillé. Furieux, il monta à la surface, pour voir qui avait eu l'audace de troubler ainsi son sommeil ; et, quand il vit que le coupable était un homme, il décida aussitôt que toute la race humaine périrait pour cette insulte. Par cet esprit de justice qui distingue assez ordinairement les dieux d'un grand nombre de peuples, les innocents furent punis et le seul coupable fut aussi le seul épargné.

Le dieu lui dit d'aller, avec toute sa famille, sur le *toa marama*, qui, d'après les uns, est une pirogue, d'après les autres une île ou une montagne, mais que je nommerai arche, remarquant seulement que *toa marama* signifie guerrier de la lune, ce qui me fait supposer que l'arche quelconque et l'ensemble de l'événement du cataclysme ont quelque rapport avec la lune. Quand le pêcheur et sa famille se furent rendus à l'endroit indiqué, les eaux de la mer commencèrent à monter et, couvrant jusqu'aux montagnes les plus élevées, firent périr tous les êtres, à l'exception de ceux qui étaient sur ou dans le *toa marama*, et qui, plus tard, repeuplèrent les îles ou la terre.

(...) *Naissance des étoiles*

Ils ont dû avoir des connaissances assez étendues en astronomie. Pour le prouver on pourrait rappeler les fêtes périodiques des *Aréois ;* je pourrais dire qu'ils n'ignoraient pas la cause de la clarté de la lune qu'ils croyaient, d'ailleurs, être un globe à peu près pareil au nôtre, habité comme notre globe, et riche en productions analogues aux siennes sans parler même de l'idée qu'ils paraissaient avoir de la distance de ce satellite à la terre. (La semence de l'arbre Ora leur avait été, disaient-ils, apportée de la lune par un pigeon blanc. Il lui avait fallu deux lunes afin d'y aller, et deux pour en revenir, et il n'avait plus de plumes, lorsqu'il retomba sur la terre.) Cet oiseau est, de tous ceux qu'ils connaissent, celui qui passe pour avoir le vol le plus rapide.

La preuve la plus positive de ce que j'avance à cet égard serait le fragment suivant, trouvé dans la Polynésie, et où je crois voir un système raisonné d'astronomie, d'après lequel on pourrait penser que la marche régulière des corps célestes leur était connue.

Ce fragment est très énigmatique.

Je me bornerai à en citer quelques phrases textuelles qui donneront tout à la fois une idée et des difficultés qu'en présente l'explication, et du parti qu'on en pourra tirer, quand des découvertes ultérieures auront démontré qu'une telle conception ne peut être un simple jeu de l'imagination exaltée et doit se rattacher à un ordre d'idées dont la suite suppose un certain degré de réflexion et d'aptitude aux plus hautes spéculations de la science :

Roua (grande est son origine) (...) dormait avec sa femme, la terre ténébreuse ; elle donna naissance à son roi le sol, puis au crépuscule, puis aux ténèbres ; mais, alors, Roua répudia cette femme. Roua (grande est son origine) dormait avec la femme dite grande réunion. Elle donna naissance aux reines des cieux, les étoiles, puis à l'étoile Faïti, étoile du soir. Le roi des cieux dorés, le seul roi, dormait avec sa femme Fanoui. D'elle est né l'astre Fauroua, Vénus (étoile du matin), le roi Fauroua, qui donne des lois à la nuit et au jour, aux étoiles, à la lune, au soleil et sert de guide aux marins. Il fit voile à gauche, vers le nord ; et là, dormant avec sa femme, le guide des marins, il donna naissance à l'étoile rouge, cette étoile rouge, qui brille le soir, sous deux faces. Étoile rouge, ce dieu, qui vole dans l'ouest, prépare sa pirogue, pirogue du grand jour, qui cingle vers les cieux. Il fit voile au lever du soleil.

(...) Il y aurait un singulier rapport entre ce système d'astronomie et celui de plusieurs autres nations.

Il est certain, par exemple, que leurs *houi tarara* ou Gémeaux sont les mêmes que nos Castor et Pollux. Voici ce qu'on raconte de ces deux enfants :

Ils étaient de Bora Bora et, ayant entendu leurs parents parler de les séparer, ils quittèrent la maison paternelle et allèrent ensemble à Raiatea, puis à Ouhamé, à Eïmeo

*et à Otaiti. Leur mère, inquiète, se mit à les chercher,
aussitôt après leur départ; mais elle arrivait toujours
trop tard dans ces différentes îles. Cependant, à Otaiti,
elle apprit qu'ils y étaient encore et se cachaient dans les
montagnes; enfin elle les découvrit; mais ils se sauvèrent
devant elle jusqu'au sommet de la plus haute montagne;
et de là, au moment où tout éplorée elle croyait enfin
les atteindre, ils s'envolèrent vers les cieux, où ils figurent
encore parmi les constellations.*

Il est certain aussi que leur *Atouahi*, qui vient dans
les nuages moutonnés, est notre étoile du Berger;
et que leur *Naounou oura*, qui brille le soir sous deux
faces, est notre Sagittaire, que les anciens ont quelquefois représenté sous cette forme.

(...) Nomination d'un roi

Le nouveau chef sortait de chez lui couvert de riches
vêtements, entouré de tous les dignitaires de l'île et
précédé des principaux *Aréois*, la tête ornée de plumes
les plus rares. Il se rendait au *maraé* [1].

Aussitôt que les prêtres qui avaient donné le signal
de la cérémonie par le son des trompettes et du tambour
étaient rentrés dans le temple, on plaçait une victime
humaine morte devant l'image du dieu. Le roi et les
prêtres commençaient alors des prières, des chants;
après quoi le grand prêtre s'approchait de la victime
humaine et lui arrachait les deux yeux dont il déposait
le droit devant l'image des dieux et offrait le gauche
au roi qui ouvrait la bouche comme pour l'avaler, mais
le prêtre le retirait de suite pour le joindre au reste
du corps comme il a déjà été dit d'ailleurs. Après ces
cérémonies l'image du dieu était posée sur un brancard
sculpté; et, précédé de cette image portée par des

---

1. *Aréois*, dignitaires ecclésiastiques et bardes; *maraé*, lieu sacré de
culte en plein air, rectangulaire, bordé de murettes sur trois côtés avec,
au fond, une sorte d'autel en forme de gradins de pyramide.

prêtres, le nouveau chef assis lui-même sur les épaules de quelques chefs partait en procession pour le rivage où se trouvait la pirogue sacrée accompagné comme à son départ de chez lui des chefs et des *Aréois*, suivi de la multitude du peuple ; et tous précédés par les prêtres qui sonnaient de leurs trompettes, battaient de leurs tambours et dansaient devant la divinité.

Quand on était arrivé à la pirogue sacrée ornée, dans cette occasion, de fleurs et de branches vertes, on y plaçait l'idole ; puis on ôtait les vêtements au nouveau chef que le grand prêtre conduisait tout nu dans la mer, où le peuple croyait que les *atouas mao*, les dieux requins, venaient le caresser et le laver. Peu de temps après il revenait près du grand prêtre qui l'aidait à monter dans la pirogue sacrée, lui ceignait autour des reins le *maro ourou*, et autour de la tête le *taoumata*, signes de souveraineté, et le conduisait sur l'avant de la pirogue pour le montrer au peuple lequel, à cette vue, rompait son long silence et faisait aussitôt entendre de toutes parts le cri mille fois répété de *maeva Arii !* (vive le roi).

Quand le tumulte de ce premier mouvement d'allégresse était passé, on plaçait le roi sur le lit sacré où avait été posée l'image du dieu, quand on était venu du *maraé* et on le ramenait au *maraé* en procession, à peu près dans l'ordre suivi pour en venir.

Les prêtres portaient l'image du dieu, des chefs portaient le roi. Comme en venant, les prêtres ouvraient la marche avec leur musique et leurs danses et le peuple suivait, mais se livrant alors à toute sa joie, et ne cessant de crier : *Maeva Arii ! Maeva Arii !*

De retour au *maraé*, l'idole était replacée sur l'autel et la fête finissait par une scène qui devait en ravaler singulièrement la solennité. Le chef ou roi, placé sur des nattes, près de l'image du dieu, y recevait ce qu'ils nommaient le dernier hommage du peuple. C'étaient

des danses et des représentations de la plus choquante
saleté, de l'obscénité la plus grossière, où plusieurs
hommes et femmes entièrement nus entouraient le
roi et s'efforçaient de le toucher des différentes parties
de leur corps, au point qu'il avait peine à se préserver
de leur urine et de leurs excréments dont ils cherchaient
à le couvrir. Cela durait jusqu'à ce que les prêtres recom-
mençassent à sonner de leurs trompettes et à battre de
leurs tambours, ce qui était le signal de la retraite et
de la fin de la fête. Le roi retournait alors à sa demeure,
accompagné de sa suite. (...)

(1892, Tahiti.)

A METTE

(...) En ce moment je suis toujours sur le qui-vive.
Je fais tous mes efforts pour obtenir un billet de
1 000 francs. Dans ce cas je vais aux Marquises, la
Dominique, petite île qui ne contient que trois Européens et où l'Océanien est moins abîmé par la civilisation européenne. Ici la vie est très chère et je m'abîme
la santé à ne pas manger. Aux Marquises je mangerai,
un bœuf coûte 3 francs, ou la peine de le chasser. Et
je travaillerai.

(...) Me voilà bientôt vieux et j'ai bien peu fait en
ce monde faute de temps. J'ai toujours la crainte d'être
vieux gaga avant d'avoir terminé ce que j'ai entrepris.
Non pas que je me sente affaibli moralement ; au
contraire je me sens le cerveau solide en ce moment.
Qui peut jurer du lendemain ? J'ai le cœur certainement
mal construit, tous les jours je sens un mauvais progrès.
La moindre surprise, la moindre émotion me décompo-
sent complètement. Quand je monte à cheval le moindre
écart me fait peur pendant quatre ou cinq minutes
et je suis furieux. Aussi la pauvre bête est molestée

d'importance. Ici on monte à cheval pour un rien, et c'est une distraction qui ne coûte rien. Quand je serai de retour, si j'ai un peu de tranquillité, je vais me soigner un peu. (...)

(Septembre 1892, Tahiti.)

A LA MÊME

(...) Je me sens vieillir et vite encore. A force de me priver de nourriture, mon estomac s'abîme atrocement et je maigris tous les jours. Mais il faut que je continue la lutte, toujours, toujours. Et la faute retombe sur la Société. Tu n'as pas de confiance dans l'avenir ; mais moi j'ai de la confiance parce que je veux en avoir. Sans cela il y a longtemps que je me serais fait sauter le caisson. Espérer c'est presque vivre. Il me faut vivre pour faire mon devoir jusqu'au bout et je ne le peux qu'en forçant mes illusions, en me créant dans le rêve des espérances. Quand je mange tous les jours ici mon pain sec avec un verre d'eau, j'arrive par la volonté à croire que c'est un bifteck. (...)

(5 novembre 1892, Tahiti.)

A LA MÊME

(...) J'ai trouvé une occasion pour envoyer huit toiles en France. Naturellement beaucoup de tableaux seront incompréhensibles et tu auras de quoi t'amuser. Afin que tu comprennes et puisses faire comme on dit (le malin), je vais te donner l'explication du plus raide et du reste, celui que je tiens à garder ou vendre cher : le *Manao tupapau* [1]. Je fis un nu de jeune fille. Dans

---

1. *Manao tupapau* (« Elle pense à l'esprit des morts »), Catalogue Wildenstein, n° 457.

cette position, un rien, et elle est indécente. Cependant je la veux ainsi, les lignes et le mouvement m'intéressent. Alors je lui donne dans la tête un peu d'effroi. Cet effroi il faut le prétexter sinon l'expliquer et cela dans le caractère de la personne, une Maorie. Ce peuple a de tradition une très grande peur de l'esprit des morts. Une jeune fille de chez nous aurait peur d'être surprise dans cette position. (La femme ici point.) Il me faut expliquer cet effroi avec le moins possible de moyens littéraires comme autrefois on le faisait. Alors je fais ceci. Harmonie générale, sombre, triste, effrayante sonnant dans l'œil comme un glas funèbre. Le violet, le bleu sombre et le jaune orangé. Je fais le linge jaune verdâtre, 1° parce que le linge de ce sauvage est un autre linge que le nôtre (écorce d'arbre battue) ; 2° parce qu'il suscite, suggère la lumière factice (la femme canaque ne couche jamais dans l'obscurité) et cependant je ne veux pas d'effet de lampe (c'est commun) ; 3° ce jaune reliant le jaune orangé et le bleu complète l'accord musical. Il y a quelques fleurs dans le fond, mais elles ne doivent pas être réelles, étant imaginatives. Je les fais ressemblant à des étincelles. Pour le Canaque les phosphorescences de la nuit sont de l'esprit des morts et ils y croient et en ont peur. Enfin, pour terminer, je fais le revenant tout simplement, une petite bonne femme ; parce que la jeune fille, ne connaissant pas les théâtres de spirites français, ne peut faire autrement que de voir lié à l'esprit du mort le mort lui-même, c'est-à-dire une personne comme elle. Voilà un petit texte qui te rendra savante auprès des critiques lorsqu'ils te bombarderont de leurs malicieuses questions. Pour terminer il faut de la peinture faite très simplement, le motif étant sauvage, enfant. (...)

(*8 décembre 1892, Tahiti.*)

Cahier pour Aline

A Tahiti, en 1892, Gauguin fit l'acquisition d'un modeste cahier dont il orna la couverture et les pages de garde d'aquarelles au ravissant coloris et il prit plaisir à y consigner un certain nombre de pensées, notations, copies de textes d'autrui auxquels il attachait du prix. Certaines n'étaient pas précisément conformes à ce qu'une jeune fille de cette époque était censée avoir la permission de lire. Il n'importait à Gauguin. Il lui dédicaça tendrement le cahier.

Aline, née en 1877, était de ses cinq enfants la préférée. Il l'avait revue pour la dernière fois, lors de sa courte visite à Copenhague en mars 1891. Elle avait alors quatorze ans. Il la trouva très jolie et lui ressemblant au physique comme au moral. « Plus tard, je serai ta femme », avait-elle dit à son père. A fin décembre 1893 il lui écrira : « Très chère Aline, que te voilà grande (...). Tu ne t'en souviens pas, et pour cause ; mais, moi je te vis toute petite, bien calme, tu ouvris de beaux yeux bien clairs. Telle tu es restée, je crois, pour toujours. Mademoiselle va au bal. Sais-tu bien danser ? J'espère que gracieusement oui ; et des jeunes messieurs te parlent beaucoup de moi, de ton père. C'est en quelque sorte pour te faire la cour indirectement. Te rappelles-tu il y a trois ans quand tu me disais que tu serais ma femme ? Je souris quelquefois dans mon souvenir à ta naïve pensée. (...) »

Aline, qui ne verra jamais le cahier qui lui était destiné, mourra, au début de l'hiver 1897, à Copenhague, terrassée en trois jours par une pneumonie contractée, précisément, à la sortie d'un bal. La nouvelle plongera Gauguin, alors à Tahiti, *dans le désespoir. Il écrira à Mette :* « *Je viens de perdre ma fille, je n'aime plus Dieu* (...). *Sa tombe est ici tout près de moi, mes larmes sont des fleurs vivantes.* »

Le Cahier pour Aline *n'a jamais été imprimé. Mais la Bibliothèque d'Art et d'Archéologie, fondée par Jacques Doucet, en détient le manuscrit, ce qui a permis à son conservateur, Suzanne Damiron, d'en faire publier, en 1963, une édition à tirage limité en fac-similé, qu'elle accompagna d'une présentation.*

DÉDICACE
(*Extrait*)

A ma fille Aline, ce cahier est dédié. Ces méditations sont un reflet de moi-même. Elle aussi est une sauvage, elle me comprendra. (...) Aline a Dieu merci la tête et le cœur assez haut placés pour ne pas être effarouchée et corrompue au contact du cerveau démoniaque que la nature m'a donné. (...)

(...) N'est-ce pas un faux calcul que de sacrifier tout aux enfants et n'est-ce pas priver la nation du génie de ses membres les plus actifs ? Vous vous sacrifiez pour votre enfant qui lui, à son tour, devenu homme, se sacrifiera. Ainsi de suite. Il n'y aura plus que des sacrifiés. Et la bêtise durera longtemps.

(...) Il est bon pour les jeunes gens d'avoir un modèle, mais qu'ils tirent le rideau sur lui pendant qu'ils le peignent.

(...) La femme veut être libre. C'est son droit. Et assurément ce n'est pas l'homme qui l'en empêche. Le jour où son honneur ne sera plus placé au-dessous du nombril, elle sera libre. Et peut-être aussi mieux portante.

(...) J'ai connu la misère extrême, c'est-à-dire avoir faim, avoir froid et tout ce qui s'ensuit. Ce n'est rien ou presque rien, on s'y habitue et avec de la volonté on finit par en rire. Mais ce qui est terrible dans la misère, c'est l'empêchement au travail, au développement des facultés intellectuelles. A Paris surtout, comme dans les grandes villes, la course à la monnaie vous prend les trois quarts de votre temps, la moitié de votre énergie. Il est vrai que par contre la souffrance vous aiguise le génie. Il n'en faut pas trop cependant, sinon elle vous tue.

Avec beaucoup d'orgueil j'ai fini par avoir beaucoup d'énergie et j'ai voulu vouloir! L'orgueil est-il une faute et faut-il le développer. Je crois que oui. C'est encore la meilleure chose pour lutter contre la bête humaine qui est en nous.

(...) La noblesse était héréditaire et on a eu son 93 pour abolir cet usage. La fortune aujourd'hui est héréditaire, n'est-ce pas le même privilège?

(...) Les grands monuments ont été faits sous le régime des potentats. Je crois que les grandes choses aussi ne seront faites qu'avec des potentats.

(...) On dit que Dieu prit dans sa main un peu d'argile et fit tout ce que vous savez. L'artiste à son tour (s'il veut réellement faire œuvre créatrice divine) ne doit pas copier la nature mais prendre les éléments de la nature et créer un nouvel élément.

(...) Napoléon Ier qui jeune homme avait vu le flot populaire déborder voulut le faire rentrer dans son lit. Il travailla toute sa vie à créer des rois. Les rois se sont coalisés pour détruire Napoléon. Les imbéciles ont travaillé contre eux-mêmes. Et le grand

despote avait raison quand il disait amèrement à
Sainte-Hélène : « Les rois me regretteront. »

Le public veut comprendre et apprendre en un seul
jour, une minute, ce que l'artiste a mis des années à
apprendre.

Mon opinion politique ? Je n'en ai pas, mais avec le
vote universel je dois en avoir une.

Je suis républicain parce que j'estime que la société
doit vivre en paix. La majorité est absolument républicaine en France, je suis donc républicain et d'ailleurs
si peu de gens aiment ce qui est grand et noble qu'il
faut un gouvernement démocrate.

Vive la démocratie! Il n'y a que ça. Philosophiquement je crois que la République est un trompe-l'œil
(expression picturale) et j'ai horreur du trompe-l'œil.
Je redeviens anti-républicain (philosophiquement pensant). Intuitivement d'instinct sans réflexion. J'aime
la noblesse, la beauté, les goûts délicats et cette devise
d'autrefois : « Noblesse oblige. » J'aime les bonnes
manières, la politesse même de Louis XIV. Je suis donc
(d'instinct et sans savoir pourquoi) aristo. Comme artiste.
L'art n'est que pour la minorité, lui-même doit être
noble. Les grands seigneurs seuls ont protégé l'art,
d'instinct, de devoir (par orgueil peut-être). N'importe
ils ont fait faire de grandes et belles choses. Les rois et les
papes traitaient un artiste pour ainsi dire d'égal à égal.

Les démocrates, banquiers, ministres, critiques d'art
prennent des airs protecteurs et ne protègent pas,
marchandent comme des acheteurs de poisson à la
halle. Et vous voulez qu'un artiste soit républicain!

Voilà toutes mes opinions politiques. J'estime que
dans une société tout homme a le droit de vivre et bien
vivre proportionnellement à son travail. L'artiste ne
peut vivre, donc la société est criminelle et mal organisée.

(...) Un jeune homme qui est incapable de faire une folie est déjà un vieillard.

(...) Peut-on dire que l'homme qui a écrit *Seraphitüs Seraphita*, *Louis Lambert*, soit un naturaliste? Non. Balzac [1] n'est pas un naturaliste.

(...) Dans l'art de la littérature deux partis sont en lutte.

Celui qui veut raconter des histoires plus ou moins bien imaginées. Et celui qui veut une belle langue, des belles formes. Ce procès pourra durer très longtemps avec d'égales chances. Seul le poète peut exiger avec raison que les vers soient de beaux vers et rien autre chose.

Le musicien lui est privilégié. Des sons, des harmonies. Rien autre. Il est dans un monde spécial. La peinture aussi devrait être à part ; sœur de la musique elle vit de formes et de couleurs. Ceux qui ont pensé autrement sont tout près de leur défaite.

(...) La liberté de la chair doit exister, sinon c'est un esclavage révoltant. En Europe l'accouplement humain est une conséquence de l'Amour. En Océanie l'Amour est la conséquence du coït.

(...) Vous trouverez toujours le lait nourricier dans les arts primitifs. Dans les arts de pleine civilisation j'en doute!

(...) Quel est l'homme qui peut dire qu'il n'a jamais eu envie d'un crime, une minute, une seconde?

1. Dans son livre *La Littérature de tout à l'heure*, 1889 (p. 153), l'ami de Gauguin, Charles Morice, chantre du symbolisme, avait vitupéré le naturalisme en ces termes : « Que font les naturalistes des œuvres philosophiques [Les *Études philosophiques* de Balzac] ? *Louis Lambert*, qu'en pensent-ils ? Que pensent-ils de *Seraphita* ? »

CHAPITRE III

RETOUR EN FRANCE

(...) Je suis débordé par les dépenses nécessaires à mon installation et à mon exposition qui ouvrira le 4 novembre, chez Durand-Ruel. Je prépare en outre un livre sur Tahiti et qui sera très utile pour faire comprendre ma peinture. Que de travail. Je vais enfin bientôt savoir si c'est une folie de partir pour Tahiti. (...)

(Sans date, octobre 1893, Paris.)

(...) Mon exposition n'a pas donné, en réalité, le résultat qu'on en pouvait attendre. (...) N'y pensons plus. Le plus important est que mon exposition a eu un très grand succès artistique, a même éveillé la fureur et la jalousie. La presse m'a traité comme elle n'a encore jamais traité personne, c'est-à-dire, raisonnablement et avec éloge. Pour le moment je passe auprès de bien des gens pour le plus grand peintre moderne.

Merci de ta proposition de venir au Danemark, mais je suis attaché ici tout l'hiver à un très grand travail. Beaucoup de réceptions. Des visiteurs qui veulent voir mes tableaux. Des acheteurs, je l'espère. Un livre sur mon voyage qui me donne beaucoup de travail.

(*Décembre 1893*, [*Paris*].)

Noa Noa

De retour en France, venant de Tahiti, le 3 août 1893, Gau-
guin, vers la fin de l'année, avait entrepris de rédiger des sou-
venirs sur sa première aventure océanienne. C'est l'écrit que
nous donnons ici presque intégralement.

Cependant l'artiste eut l'idée fâcheuse d'en confier le manus-
crit à son ami, le poète symboliste Charles Morice, sans doute
par une sous-estimation, combien injustifiée, de ses capacités
littéraires : il « n'était pas, comme on dit, du métier » confiera-
t-il, en mai 1902, à Daniel de Monfreid (voir p. 248). Morice
se hâta d'entreprendre une nouvelle rédaction de Noa Noa,
beaucoup moins authentique et plus emphatique que l'initiale,
dans laquelle il introduisit des poèmes redondants de son cru.
Gauguin, en 1894, crut devoir entériner cette prose remâchée
par Morice, en la recopiant de sa propre main afin de l'em-
porter avec lui à son retour en Océanie. C'est elle qui forme le
texte du manuscrit qui, préservé par Monfreid et grâce à lui,
est entré au Cabinet des dessins du Musée du Louvre. Fort
heureusement, ce texte est racheté par les admirables illustra-
tions, aquarelles, monotypes, bois gravés coloriés de sa main, etc.,
dont l'artiste orna l'album.

Plus tard, à la fin de 1897, Morice publia des extraits de
Noa Noa dans deux numéros de la Revue Blanche et c'est en
vain que Gauguin adjura par lettre Mme Morice de prier son
mari de ne pas continuer à surcharger le récit et de n'en point
gâter davantage, par de nouvelles contributions poétiques, la
saveur d'origine (lettre de février 1899, voir p. 219-21).
Morice passa outre et publia à compte d'auteur, aux éditions
de la Plume, en 1901, sous leurs deux noms, un Noa Noa
qui ne fit aucun plaisir à Gauguin.

*Cependant le littérateur avait tout de même conservé dans
ses archives le manuscrit original de Gauguin. Besogneux, il
se résolut, bien après la mort de l'artiste, en 1908, à le céder au
marchand d'estampes Edmond Sagot et sa fille, Berthe Le
Garrec, finit par en reproduire, à tirage réduit, le fac-similé
(1954).*

*C'est seulement en 1966 que Jean Loize publia une édition
imprimée du* Noa Noa *initial, qu'il fit suivre de très abondants
et précieux commentaires érudits. C'est ce texte, légèrement
allégé (de passages qui figurent déjà dans* Ancien culte Maori
*et d'un appendice sans intérêt, au moins littéraire), que l'on
va lire.*

Depuis soixante-trois jours je suis en route et je brûle
d'aborder la terre désirée. Le 8 juin nous apercevions des
feux bizarres se promenant en zigzag : [des] pêcheurs.
Sur un ciel sombre se détachait un cône noir à dentelures.
Nous tournions Moorea pour découvrir Tahiti. Quelques
heures après le petit jour s'annonçait et lentement nous
approchions des récifs de Tahiti pour entrer dans la
passe et mouiller sans avaries dans la rade. Pour quelqu'un qui a beaucoup voyagé, cette petite île n'a pas
comme la baie de Rio de Janeiro un aspect bien féeri-
que. Quelques pointes de montagne où, bien après le
déluge, une famille a grimpé là-haut, a fait souche ; les
coraux ont grimpé aussi, entouré la nouvelle île.

A mon arrivée à Papeete mon devoir (chargé d'une
mission) était d'aller faire ma visite au gouverneur le
nègre Lacascade, célèbre par sa couleur, par ses *mauvaises mœurs*, par ses exploits antérieurs à la banque de
la Guadeloupe, récemment par ses exploits aux îles
Sous-le-Vent[1]. Malgré toutes les récriminations du roi
Pomaré, les cris de la colonie française à Tahiti, cet
homme néfaste et incapable était inamovible. Partout
dans le ministère on répondait invariablement « dettes
à payer ». N'obtenait une place du souverain distribu-

---

1. Voir plus loin p. 150-151.

teur que celui qui avait une femme ou une fille à lui
offrir. De part et d'autre quelle vénalité.

Ce fut donc avec tristesse, et peut-être l'arrogance
du dégoût sur le visage que je fis ma visite chez le gouverneur, le nègre Lacascade.

Je fus reçu avec courtoisie, du reste étant annoncé
comme peintre par le ministère des Colonies, avec
défiance. Ce métier rare à Tahiti étant peu probable,
celui d'espion politique plus supposable.

[*Variante* : A dix heures du matin je me présentai
chez le gouverneur Lacascade qui me reçut comme un
homme d'importance à qui le gouvernement a confié
une mission (en apparence artistique) mais surtout
d'espionnage politique. Je fis tout mon possible pour
dissuader le monde politique, ce fut en vain. On me
croyait payé, j'assurai le contraire.]

Je me retirai : ce fut tout. Et tout le monde à l'envi
de me croire autre chose que je n'étais. Et cependant
j'avais des cheveux longs, point de casque blanc et
surtout d'habit noir. J'eus beau déclarer que je n'avais
pas de subsides du gouvernement, que j'étais pauvre,
artiste seulement, tout le monde se tenait sur le qui-
vive. C'est que dans une ville comme Papeete il y a
beaucoup de partis : gouverneur, maire, évêque protestant, missionnaires catholiques, et Mesdames.

A ce point qu'un jour de fête du 14 Juillet deux dames
de magistrats se crêpaient le chignon sur la place
publique, se jetant à la tête la faveur du gouverneur,
et les maris, d'honorables magistrats de colonies,
prenant fait et cause pour leur moitié, se donnaient des
coups de canne. Ce fut terminé comme toujours par un
renvoi de la colonie et ces messieurs eurent de l'avancement.

On comprendra aisément combien j'eus hâte de fuir
la ville de Papeete, ses fonctionnaires et ses soldats,
d'aller étudier et prouver enfin qu'en ce monde je n'étais

rien : un homme libre, un artiste. Finalement on se rendit à l'évidence et les saluts disparurent [1].

En ce temps-là le roi était mortellement malade et chaque jour on s'attendait à une catastrophe. La ville présentait un aspect singulier ; d'un côté les Européens, commerçants, fonctionnaires, officiers et soldats continuaient à rire, chanter dans les rues tandis que les naturels prenaient des airs graves, causaient à voix basse autour du palais.

Et sur rade un mouvement inusité de barques aux voiles orange sur la mer bleue, souvent traversée par les frisons argentés de la ligne des récifs. Les habitants des îles voisines arrivaient chaque jour pour assister aux derniers moments de leur roi, à la prise de possession définitive de leurs îles par les Français. C'est que leurs voix d'en haut venaient les avertir. (Chaque fois qu'un roi meurt, leurs montagnes, disaient-ils, ont des plaques sombres sur certains versants au coucher du soleil.)

Le roi mourut et dans son palais, en grande tenue d'amiral, [fut] exposé aux yeux de tous.

Je vis là la reine, Marau elle se nommait, ornant de fleurs et d'étoffes le salon royal. Comme le directeur des travaux publics me demandait un conseil pour arranger artistement la salle, je lui fis signe de regarder la reine qui, avec ce bel instinct de la race maorie, pare gracieusement et fait un objet d'art de tout ce qu'elle touche.

— Laissez-les faire, lui répondis-je.

Depuis peu de temps arrivé, en quelque sorte désillusionné par ces choses si loin de ce que j'avais désiré et surtout imaginé, écœuré par toute cette trivialité européenne, j'étais en quelque sorte aveugle. Aussi je vis en

1. Le passage qui précède, depuis les mots : « A mon arrivée à Papeete », avait été placé par Gauguin en appendice. Nous avons pris la liberté de le transférer ici, car il appartient, chronologiquement, à l'arrivée de l'artiste à Tahiti.

la reine déjà d'un certain âge une épaisse femme ordinaire qui a de beaux restes. Ce jour-là le côté juif dans son
sang avait tout absorbé. Je me trompais singulièrement.

Quand je la revis plus tard, je compris son charme
maori ; le sang tahitien reprenait le dessus, le souvenir
de son aïeul, le grand chef Tati, lui donnait à elle, à son
frère, [à] toute cette famille en général un côté vraiment
imposant. Dans ses yeux comme un vague pressentiment des passions qui poussent en un instant.

Une île surgissant de l'océan et au premier soleil les
plantes qui commencent à germer.

Pendant deux jours des *hyménés* (chœurs) chantaient.
Tous en noir. Des cantiques de mort. J'ai cru entendre
[la] *Sonate Pathétique* de Beethoven.

Enterrement de Pomaré. Six heures départ du palais.
La troupe, les autorités, des habits noirs, des casques
blancs. Tous les districts marchaient en ordre, le chef
portant le pavillon français. Grande masse noire. Ainsi
jusqu'au district d'Arué. Là un monument inénarrable,
en contraste avec la belle nature, amas informe de
pierres de corail liées entre elles par du ciment. Discours
de Lacascade, cliché connu traduit après par l'interprète. Discours du pasteur protestant, puis réponse de
Tati, frère de la reine.

Ce fut tout. Des carrioles où s'entassaient les fonctionnaires comme au retour de courses.

Sur la route, à la débandade, l'indifférence des Français donnait l'exemple et tout ce peuple si grave depuis
plusieurs jours recommençait à rire, les *vahinés* [1] reprenaient le bras de leur *tané* [1], dodelinant des fesses tandis
que leurs larges pieds nus foulaient lourdement la
poussière du chemin. Arrivés près de la rivière de la
Fataua, éparpillement général. De place en place quelques-unes, cachées entre les cailloux, s'accroupissaient

---

1. *Vahinés* : femmes ; *tanés* : hommes.

dans l'eau, leurs jupes soulevées à la ceinture, puri-
fiaient leurs hanches souillées par la poussière de la
route, rafraîchissaient les jointures que la marche et la
chaleur avaient irritées. Ainsi en état elles reprenaient
le chemin de Papeete, la poitrine en avant, les deux
coquillages pointus qui terminent le sein pointant la
mousseline de la robe, avec toute la souplesse et la grâce
d'un animal bien portant, répandant autour d'elles ce
mélange d'odeur animale et de parfums de santal, de
tiaré [1] : *Teine merahi noa noa* (« maintenant très odorant »), disaient-elles.

Ce fut tout. Tout rentra dans l'ordre habituel. Il y
avait un roi de moins et avec lui disparaissaient les derniers vestiges d'habitudes maories. C'était bien fini : rien
que des civilisés. J'étais triste, venir de si loin pour...

Arriverais-je à retrouver une trace de ce passé si
loin, si mystérieux ? Et le présent ne me disait rien qui
vaille. Retrouver l'ancien foyer, raviver le feu au milieu
de toutes ces cendres. Et pour cela bien seul, sans aucun
appui.

Si abattu que je sois je n'ai pas l'habitude d'aban-
donner la partie sans avoir tenté tout l'impossible comme
le possible. Ma détermination fut bientôt prise : quitter
au plus vite Papeete, m'éloigner du centre européen.
J'avais comme un vague pressentiment qu'en vivant
complètement dans la brousse avec des naturels de
Tahiti j'arriverais patiemment à vaincre la défiance de
ces gens-là et que je saurais.

Un officier de gendarmerie m'offrit gracieusement sa
voiture et son cheval. Je partis un matin à la recherche
de ma case. Ma *vahiné* m'accompagnait (Titi elle se
nommait), presque une Anglaise, mais elle parlait un
peu français. Ce jour-là elle avait mis sa plus belle robe,

1. Fleur blanche odorante que les Tahitiens des deux sexes portent à
l'oreille.

une fleur à l'oreille et son chapeau de canne à sucre, par elle tressée, était orné par-dessus le cordon de fleurs en paille d'une garniture de coquillages orangés. Ses cheveux noirs déroulés sur les épaules, elle était ainsi vraiment jolie. Elle était fière d'être en voiture, elle était fière d'être élégante, elle était fière d'être la *vahiné* d'un homme qu'elle croyait important et de gros appointements. Toute cette fierté n'avait rien de ridicule tellement leur visage est fait pour porter l'imposant. Vieux souvenirs de grands chefs (une race qui a eu une telle féodalité).

Je savais bien que tout son amour intéressé n'était composé que de choses qui à nos yeux européens en font une putain, mais pour un observateur il y avait autre chose. De tels yeux et une telle bouche ne pouvaient mentir. Il y a chez toutes l'amour tellement inné qu'intéressé ou pas intéressé c'est toujours de l'amour.

La route fut en somme assez vite faite ; quelques causeries insignifiantes et un paysage riche partout mais peu varié. Toujours sur la droite la mer, les récifs de corail et des nappes d'eau s'élevant parfois en fumée quand la rencontre sur le rocher est trop précipitée.

A midi nous arrivions au quarante-cinquième kilomètre, le district de Mataiea. Je visitai le district et je finis par trouver une assez belle case que le propriétaire me céda en location ; lui en construisit une autre à côté pour y habiter.

En revenant le lendemain soir Titi me demanda si je consentais à la prendre avec moi :

— Plus tard, dans quelques jours quand je serai installé.

J'avais conscience que cette demi-blanche, vernissée au contact de tous ces Européens, ne remplirait pas le but que je m'étais proposé. J'en trouverai à la douzaine, me disais-je. Mais la campagne n'est point la ville. Et faut-il encore les prendre à la mode maorie (*mau* = saisir). Et je ne savais pas leur langue.

Les quelques jeunes filles de Mataiea qui ne vivent pas avec un *tané* (homme) vous regardent avec une telle franchise — dignité sans aucune crainte — que j'étais vraiment intimidé. Puis, disait-on, beaucoup étaient malades, de ce mal que les Européens civilisés leur ont apporté en échange de leur si large hospitalité.

Au bout de quelque temps je fis savoir à Titi que je serais heureux qu'elle revienne. A Papeete elle avait cependant une terrible réputation. Successivement elle avait enterré plusieurs amants.

[D'un] côté la mer. De l'autre côté, le mango adossé à la montagne, bouchant l'antre formidable.

Près de ma case était une autre case (*Fare amu*, maison manger). Près de là une pirogue. Tandis que le cocotier malade semblait un immense perroquet laissant tomber sa queue dorée, et tenant dans ses serres une immense grappe de cocos.

L'homme presque nu levait de ses deux bras une pesante hache laissant en haut son empreinte bleue sur le ciel argenté, en bas son incision sur l'arbre mort qui tout à l'heure revivrait un instant de flammes, chaleurs séculaires accumulées chaque jour. Sur le sol pourpre, de longues feuilles serpentines d'un jaune de métal, tout un vocabulaire oriental, lettres (il me semblait) d'une langue inconnue mystérieuse. Il me semblait voir ce mot originaire d'Océanie : *Atua*, « Dieu ». (...) Une femme rangeait dans la pirogue quelques filets et l'horizon de la mer bleue était souvent interrompu par le vert de la crête des lames sur les brisants de corail [1].

1. *Gauguin ajoute en note :* « Description paysage, côté de la mer » et, « Tableau du bûcheron ». (*L'homme à la hache*, catalogue Wildenstein, n° 430.)

J'allai ce soir fumer une cigarette sur le sable au bord de la mer. Le soleil arrivait rapidement à l'horizon, commençant à se cacher derrière l'île [de] Moorea que j'avais à ma droite. Par opposition de lumière les montagnes se dessinaient noires puissamment sur le ciel incendié. Toutes ces arêtes comme d'anciens châteaux crénelés.

(...) Vite la nuit arriva. Moorea dormait encore cette fois. Je m'endormis plus tard dans mon lit. Silence d'une nuit tahitienne. Seuls les battements de mon cœur se faisaient entendre. Les roseaux alignés et distancés de ma case s'apercevaient de mon lit avec les filtrations de la lune tel un instrument de musique. Pipo chez nos anciens, *vivo* chez eux il se nomme — mais silencieux — (par souvenirs il parle la nuit). Je m'endormis à cette musique. Au-dessus de moi le grand toit élevé de feuilles de pandanus, les lézards y demeurant. Je pouvais dans mon sommeil m'imaginer l'espace au-dessus de ma tête, la voûte céleste, aucune prison où l'on étouffe. Ma case c'était l'espace, la liberté.

J'étais-là bien seul; de part et d'autre nous nous observions.

Le surlendemain j'avais épuisé mes provisions; je m'étais imaginé que je trouverais avec de l'argent tout ce qu'il faut pour se nourrir. La nourriture se trouve bien sur les arbres, dans la montagne, dans la mer, mais il faut savoir grimper à un arbre élevé, aller dans la montagne et revenir chargé de fardeaux pesants, savoir prendre le poisson, plonger et arracher dans le fond de la mer le coquillage solidement attaché au caillou. J'étais donc là, moi l'homme civilisé, pour un moment bien en dessous du sauvage, et comme, l'estomac vide, je songeais tristement à ma situation, un indigène me fit des signes, me criant dans sa langue : « Viens manger. »

Je compris. Mais j'eus honte et d'un signe de tête je refusai. Quelques minutes après un enfant déposait silencieusement sur le bord de ma porte quelques aliments proprement entourés de feuilles vertes fraîchement cueillies, puis se retirait. J'avais faim, silencieusement aussi j'acceptai. Un peu plus tard l'homme passait et la figure aimable, sans s'arrêter, me dit un seul mot : « *Paia ?* » Je compris vaguement : es-tu satisfait ?

Par terre sous des touffes de feuilles larges de giraumons [1] j'apercevais une petite tête brune avec des yeux tranquilles. Un petit enfant m'examinait puis se sauvait craintif lorsque mes yeux avaient rencontré les siens. Ces êtres noirs, ces dents de cannibale amenaient sur ma bouche le mot de sauvages. Pour eux aussi j'étais le sauvage. Avec raison peut-être.

Je commençais à travailler, notes, croquis de toutes sortes. Tout m'aveuglait, m'éblouissait dans le paysage. Venant de l'Europe j'étais toujours incertain d'une couleur, cherchant midi à quatorze heures : cela était cependant si simple de mettre naturellement sur ma toile un rouge et un bleu. Dans les ruisseaux des formes en or m'enchantaient. Pourquoi hésitais-je à faire couler sur ma toile tout cet or et toute cette réjouissance de soleil ? Probablement de vieilles habitudes d'Europe, toute cette timidité d'expression de nos races abâtardies.

Pour bien m'initier à ce caractère d'un visage tahitien, à tout ce charme d'un sourire maori, je désirais depuis longtemps faire un portrait d'une voisine de vraie race tahitienne. Je le lui demandai un jour qu'elle s'était enhardie à venir regarder dans ma case des images, photographies de tableaux.

Elle regardait spécialement avec intérêt la photo-

1. *Giraumon*, sorte de courge sucrée.

graphie de l'*Olympia* de Manet. Avec le peu de mots que j'avais appris dans la langue (depuis deux mois je ne parlais pas un mot de français) je l'interrogeais. Elle me dit que cette Olympia était bien belle : je souris à cette réflexion et j'en fus ému. Elle avait le sens du beau (École des Beaux-Arts qui trouve cela horrible). Elle ajouta tout d'un coup, rompant le silence qui préside à une pensée :

— C'est ta femme ?

— Oui.

Je fis ce mensonge. Moi ! le *tané* de l'Olympia !

Pendant qu'elle examinait avec beaucoup d'intérêt quelques tableaux religieux, des primitifs italiens, j'essayai d'esquisser quelques-uns de ses traits, ce sourire surtout si énigmatique.

Je lui demandai à faire son portrait. Elle fit une moue désagréable :

— *Aita* (« non »), dit-elle d'un ton presque courroucé et elle se sauva.

De ce refus je fus bien attristé. Une heure après elle revint dans une belle robe. Était-ce une lutte intérieure, ou le caprice (caractère très maori) ou bien encore un mouvement de coquetterie qui ne veut se livrer qu'après résistance ?

Caprice, désir du fruit défendu. Elle sentait bon, elle était parée. J'eus conscience que dans mon examen de peintre il y avait comme une demande tacite de se livrer, se livrer pour toujours sans pouvoir se reprendre, une fouille perspicace de ce qui était au-dedans. Peu jolie en somme comme règle européenne : belle pourtant. Tous ses traits avaient une harmonie raphaélique dans la rencontre des courbes, la bouche modelée par un sculpteur parlant toutes les langues du langage et du baiser, de la joie et de la souffrance ; cette mélancolie de l'amertume mêlée au plaisir, de la passivité résidant dans la domination. Toute une peur de l'inconnu.

Et je travaillai hâtivement : je me doutais que cette volonté n'était pas fixe. Portrait de femme : *Vahine no te tiare* [1]. Je travaillai vite avec passion. Ce fut un portrait ressemblant à ce que mes yeux voilés par mon cœur ont aperçu. Je crois surtout qu'il fut ressemblant à l'intérieur. Ce feu robuste d'une force contenue. Elle avait une fleur à l'oreille qui écoutait son parfum. Et son front dans sa majesté, par des lignes surélevées rappelait cette phrase de Poe : « Il n'y a pas de beauté parfaite sans une certaine singularité dans les proportions. »

Quelque temps de travail. Seul. Je voyais bien des jeunes femmes à l'œil tranquille, je devinais qu'elles voulaient être prises sans un mot, prise brutale. En quelque sorte désir de viol. Les vieux me disaient en parlant d'une d'elles : « *Mau tera* (« Prends celle-ci »). Timide je n'osais me résigner à cet effort.

Je fis savoir à Titi que je voulais qu'elle vienne. Elle vint. Mais déjà civilisée, habituée au luxe du fonctionnaire, elle ne me convint longtemps. Je m'en séparai.

De nouveau seul... Je devenais chaque jour un peu plus sauvage, mes voisins étaient presque mes amis, habillé comme eux, nourri comme eux. Le soir, j'allais à la maison où les indigènes d'alentour se réunissaient. Là, après une prière consciencieusement dite par un vieillard, en refrain par tout le monde, les chants commençaient. Musique étrange sans instruments. Dans les intervalles des histoires pour rire ou des propositions sages. Une d'elles me surprit. Le vieux disait :

— Dans votre village on aperçoit par-ci par-là des maisons qui tombent en ruine, des toits pourris entrouverts où l'eau passe quand par hasard il pleut. Pourquoi ? Tout le monde se doit d'être abrité. Le bois, le feuillage

1. Répertorié par Wildenstein sous le titre « La femme à la fleur » et le n° 420.

pour le toit ne manquent pas. Je demande à ce qu'on reconstruise de vastes maisons en remplacement de celles-là; chacun y donnera successivement la main (l'union fait la force).

Et tout le monde sans exception d'applaudir : cela est bien. Voté à l'unanimité.

Je me couchai ce soir-là avec l'admiration de ce peuple sage et le lendemain j'allai en quête du commencement d'exécution de ces maisons. Personne n'y pensait plus. J'interrogeai quelques-uns. Pas de réponse, sinon quelques sourires significatifs sur de vastes fronts rêveurs.

Il y a loin de la coupe aux lèvres. Et pourquoi ce travail? Les dieux ne nous ont-ils pas donné tous les jours notre subsistance? Le soleil se lève chaque jour serein. Demain. Peut-être. Connais pas. Est-ce légèreté? insouciance? ou après réflexion, philosophie : ne prends goût de luxe, etc? Je me retirai. Pangloss, tout est pour le mieux dans le meilleur des mondes.

Chaque jour se fait meilleur pour moi. Je finis par comprendre la langue assez bien. Mes voisins, trois d'à côté, les autres de distance en distance, me regardent presque [comme un] des leurs ; mes pieds nus au contact quotidien du caillou se sont familiarisés avec le sol, mon corps presque toujours nu ne craint plus le soleil ; la civilisation s'en va petit à petit de moi et je commence à penser simplement, n'avoir que peu de haine pour mon prochain et je fonctionne animalement, librement, avec la certitude du lendemain pareil au jour présent ; tous les matins le soleil se lève pour moi comme pour tout le monde, serein ; je deviens insouciant, tranquille et aimant.

J'ai un ami naturel [1], venu près de moi chaque jour naturellement, sans intérêt. Mes images coloriées, mes

1. Cf. mon commentaire de ce singulier passage : « Gauguin et les jeunes Maoris », *Arcadie*, février 1973.

travaux dans le bois l'ont surpris et mes réponses à ses questions l'ont instruit. Il n'y a pas de jour quand je travaille où il ne vienne me regarder. Un jour que lui confiant mes outils je lui demandai d'essayer une sculpture, il me regarda bien étonné et me dit simplement avec sincérité que je n'étais pas comme les autres hommes et, le premier peut-être dans la société, il me dit que j'étais utile aux autres. Enfant! Il faut l'être, pour penser qu'un artiste est quelque chose d'utile.

Ce jeune homme était parfaitement beau et nous fûmes très amis. Quelquefois le soir, quand je me reposais de ma journée, il me faisait des questions de jeune sauvage voulant savoir bien des choses de l'amour en Europe, questions qui souvent m'embarrassaient.

Un jour je voulais avoir, pour sculpter, un arbre de bois de rose, morceau assez important et qui ne fût pas creux.

— Il faut pour cela, me dit-il, aller dans la montagne à certain endroit où je connais plusieurs beaux arbres qui pourraient te satisfaire. Si tu veux je t'y mènerai et nous le rapporterons tous deux.

Nous partîmes de bon matin. Les sentiers indiens sont à Tahiti assez difficiles pour un Européen : entre deux montagnes qu'on ne saurait gravir existe une fissure où l'eau se fait jour à travers des rochers détachés, roulés, reposant encore puis repris un jour de torrent qui les roule plus bas, ainsi de suite jusqu'à la mer.

De chaque côté du ruisseau cascadant, un semblant de chemin, des arbres pêle-mêle, des fougères monstrueuses, toute végétation s'ensauvageant, se faisant impénétrable de plus en plus à mesure que l'on monte vers le centre de l'île.

Nous allions tous deux nus avec le linge à la ceinture et la hache à la main, traversant maintes fois la rivière pour reprendre un bout de sentier que mon compagnon connaissait comme par l'odorat, si peu visible, si ombragé. Le silence complet, seul le bruit de l'eau gémissant sur le rocher, monotone comme le silence. Et nous étions bien deux, deux amis, lui tout jeune homme et moi presque un vieillard, de corps et d'âme, de vices de civilisation, d'illusions perdues. Son corps souple d'animal avait de gracieuses formes, il marchait devant moi sans sexe [1].

De toute cette jeunesse, de cette parfaite harmonie avec la nature qui nous entourait il se dégageait une beauté, un parfum (*noa noa*) qui enchantaient mon âme d'artiste. De cette amitié si bien cimentée par attraction mutuelle du simple au composé, l'amour en moi prenait éclosion.

Et nous étions seulement tous deux.

J'eus comme un pressentiment de crime, le désir d'inconnu, le réveil du mal. Puis la lassitude du rôle de mâle qui doit toujours être fort, protecteur ; de lourdes épaules à supporter. Être une minute l'être faible qui aime et obéit.

Je m'approchai, sans peur des lois, le trouble aux tempes.

Le sentier était fini, il fallait traverser la rivière ; mon compagnon se détournait en ce moment, me présentant la poitrine.

L'androgyne avait disparu : ce fut bien un jeune homme ; ses yeux innocents présentaient l'aspect de la limpidité des eaux. Le calme soudain rentra dans mon âme et cette fois je goûtai délicieusement

---

1. *Pour une reprise sans doute de ce passage et de sa suite immédiate, Gauguin note ceci, en le séparant du texte :*
    1. Le côté androgyne du sauvage, le peu de différence de sexe chez les animaux.
    2. La pureté qu'entraîne la vue du nu et les mœurs faciles entre les deux sexes.
    L'inconnu du vice chez des sauvages.
    Désir d'être un instant faible, femme.

la fraîcheur du ruisseau, m'y trempant avec délices.

— *Toe toe* (« c'est froid »), me dit-il.

— Oh! non, répondis-je, et cette négation, répondant à mon désir antérieur, s'enfonça comme un écho dans la montagne, avec âpreté.

Je m'enfonçai vivement dans le taillis devenu de plus en plus sauvage ; l'enfant continuait sa route, toujours l'œil limpide. Il n'avait rien compris ; moi seul portais le fardeau d'une mauvaise pensée, toute une civilisation m'avait devancé dans le mal et m'avait éduqué.

Nous arrivions au but. A cet endroit des deux côtés les escarpes de la montagne s'évasaient et, derrière un rideau d'arbres enchevêtrés, un semblant de plateau caché mais non ignoré.

Plusieurs arbres (bois de rose) étendaient là leurs immenses ramages. Tous deux, sauvages, nous attaquâmes à la hache un magnifique arbre qu'il fallut détruire pour avoir une branche convenable à mes désirs. Je frappai avec rage et les mains ensanglantées je coupais avec le plaisir d'une brutalité assouvie, d'une destruction de je ne sais quoi.

Avec la cadence du bruit de la hache, je chantais :

Coupe par le pied la forêt tout entière (des désirs)
Coupe en toi l'amour de toi-même comme avec la
    main en automne
on couperait le Lotus.

Bien détruit en effet tout mon vieux stock de civilisé. Je revins tranquille, me sentant désormais un autre homme, un Maori. Tous deux nous portions gaiement notre lourd fardeau, et je pus encore admirer devant moi les formes gracieuses de mon jeune ami, et cela tranquille, formes robustes comme l'arbre que nous portions. L'arbre sentait la rose, *noa noa*.

Nous étions l'après-midi de retour, fatigués. Il me dit :

— Tu es content?

— Oui ; et dans moi je redis : Oui. J'étais décidément tranquille désormais.

Je n'ai pas donné un seul coup de ciseau dans ce morceau de bois sans avoir des souvenirs d'une douce quiétude, d'un parfum, d'une victoire et d'un rajeunissement.

Par la vallée du Punaru, la grande fissure de l'île, on arrive au plateau de Tamanou. De là on peut voir le Diadème, l'Orofena et l'Arorai [1]. Le centre de l'île. Bien des hommes m'en avaient parlé et je formai le projet de m'isoler quelques jours :

— Mais la nuit que feras-tu? tu seras tourmenté par les *tupapau*. Il faut que tu sois fou ou téméraire pour aller déranger les esprits de la montagne.

Tout cela était bien fait pour exciter ma curiosité.

Je partis donc un bon matin. Je suivis près de deux heures un sentier qui longeait la rivière du Punaru, puis je traversai la rivière mainte et mainte fois. Les murailles devenaient de chaque côté de plus en plus droites ; des cailloux énormes dans la rivière. Force me fut de continuer mon voyage presque continuellement dans la rivière : tantôt de l'eau jusqu'au genou tantôt jusqu'aux épaules.

Entre deux murailles excessivement élevées le soleil pointait à peine. Le ciel bleu. On apercevait presque les étoiles en plein jour.

5 heures. Le jour diminuait et je commençai enfin à me préoccuper de ma nuit à passer lorsque j'aperçus dans un coin un hectare de terrain presque plat où pêle-mêle : les fougères, les bananiers sauvages, puis

1. Les trois plus hautes cimes des montagnes tahitiennes.

des *bourao* [1]. Heureusement quelques bananes mûres.

A la hâte je fis un feu de bois : cuisson des bananes, mon repas. Et tant bien que mal au pied d'un arbre dont les branches, sur lesquelles j'avais entrelacé des feuilles du bananier, me faisaient un abri en cas de pluie, je me couchai.

Il faisait froid, j'étais trempé de mon voyage toute la journée dans l'eau froide : je dormis mal. J'avais la crainte que des cochons sauvages ne vinssent m'écorcher les jambes ; aussi j'avais passé à mon poignet la corde de ma hache.

Nuit noire : impossible de voir. Près de ma tête une poussière phosphorescente m'intriguait singulièrement et je souris en pensant à ces bons Maoris qui m'avaient raconté précédemment ces histoires de *tupapau*. Je sus plus tard que cette poussière lumineuse était un petit champignon qui pousse dans les endroits humides, sur les branches mortes comme celles qui m'avaient servi à faire du feu.

Le lendemain au petit jour je repartis et continuai ma route.

De plus en plus sauvage la rivière devient de plus en plus cascade, contournant de plus en plus. D'immenses crevettes me regardaient semblant me dire :

— Que viens-tu faire ici ? Qui es-tu ?

Des anguilles séculaires.

Souvent je suis obligé de grimper, passant de branche en branche.

Arrivé à un détour aperçu : description du tableau de *Pape moe* [2].

...Je n'avais fait aucun bruit. Lorsqu'elle eut fini

---

1. *Bourao*, ou plus exactement, en tahitien, qui ignore la lettre *b*, *purau* qui signifie : hibiscus, dont les fleurs sont un des joyaux naturels de Tahiti.

2. *Pape moe* (« Eau mystérieuse »), catalogue Wildenstein, n° 498.

de boire elle prit de l'eau dans ses mains et se la fit couler entre les seins ; puis comme une antilope inquiète, et [qui] d'instinct devine l'étranger, elle scruta le fourré où j'étais caché. Vivement elle plongea en criant ce mot :

— *Taehae...* (« féroce »).

Précipitamment je regardai le fond de l'eau : disparue. Une énorme anguille seule serpentait entre les petits cailloux du fond.

Depuis quelque temps je m'étais assombri. Mon travail s'en ressentait, je manquais de beaucoup de documents. Il est vrai que j'étais divorcé depuis plusieurs mois. Je n'avais plus à entendre ce babil de la *vahiné* m'interrogeant sans cesse sur les mêmes choses et moi répondant invariablement la même histoire. Je résolus de partir quelque temps en voyage autour de l'île.

Tandis que je faisais quelques paquets légers pour le besoin de ma route et que je mettais de l'ordre dans toutes mes études, mon voisin, l'ami Anani, me regardait inquiet. Il se décida enfin à me demander si je voulais partir. Je lui répondis que non, que j'allais seulement me promener quelque temps, que je reviendrais. Il ne me croyait pas et pleura. Sa femme vint le rejoindre et me dit qu'elle m'aimait, que je n'avais pas besoin d'argent pour vivre là, que je pourrai un jour reposer là et elle me montrait dans son terrain près de sa case une place ornée d'un arbrisseau. J'eus le désir d'y reposer toujours, certain que dans l'éternité personne ne viendrait plus me déranger :

— Vous autres Européens, vous promettez toujours de rester et, quand enfin on vous aime, vous partez pour revenir, dites-vous, mais vous ne revenez jamais.

Je n'osai mentir.

— Mais enfin je reviendrai dans quelques jours je le promets. Plus tard je verrai.

Enfin je partis.

VOYAGE AUTOUR DE DE L'ILE

M'écartant du chemin qui borde la mer je m'enfonce
dans un fourré qui va assez loin dans la montagne.
Arrive dans une petite vallée. Là quelques habitants
qui veulent vivre encore comme autrefois. Tableaux
Matamua « Autrefois » et de *Hina maruru* [1].

...Je continue ma route. Arrivé à Taravao (extré-
mité de l'île), le gendarme me prête son cheval. Je
file sur la côte est, peu fréquentée par les Européens.
Arrivé à Faaone petit district qui annonce celui d'Hitia,
un indigène m'interpelle :

— Eh! l'homme qui fait des hommes (il sait que je
suis peintre), viens manger avec nous! (*Haere mai ta
maha*), la phrase hospitalière.

Je ne me fais pas prier, son visage est si doux. Je
descends de cheval ; il le prend et l'attache à une
branche, sans aucune servilité, simplement et avec
adresse.

J'entre dans une maison où plusieurs hommes, femmes
et enfants sont réunis, assis par terre, causant et fumant.

— Où vas-tu? me dit une belle Maorie d'une qua-
rantaine d'années.

— Je vais à Hitia.

— Pour quoi faire?

Je ne sais pas quelle idée me traversa la cervelle. Je
lui répondis :

— Pour chercher une femme. Hitia en a beaucoup
et de jolies.

— Tu en veux une?

— Oui.

— Si tu veux je vais t'en donner une. C'est ma fille.

1. *Matamua*, catalogue Wildestein, n° 467 et *Hina maruru* (« Merci
à Hina »), n° 500.

— Est-elle jeune ?

— *Eha* [oui].

— Est-elle jolie ?

— *Eha*.

— Est-elle bien portante ?

— *Eha*.

— C'est bien, va me la chercher.

Elle sortit un quart d'heure et tandis qu'on apportait le repas des *maioré* [1], des bananes sauvages et quelques crevettes, la vieille rentra suivie d'une grande jeune fille, un petit paquet à la main.

A travers la robe de mousseline rose excessivement transparente on voyait la peau dorée des épaules et des bras ; deux boutons pointaient dru à la poitrine. Son visage charmant me parut différent de celui des autres que j'avais vus dans l'île jusqu'à présent et ses cheveux poussés comme la brousse, légèrement crépus. Au soleil une orgie de chromes. Je sus qu'elle était originaire des Tonga [2].

Quand elle fut assise près de moi je lui fis quelques questions :

— Tu n'as pas peur de moi ?

— *Aita* (non).

— Veux-tu toujours habiter ma case ?

— *Eha*.

— Tu n'as jamais été malade ?

— *Aita*.

Ce fut tout. Et le cœur me battait tandis qu'elle, impassible, rangeait devant moi par terre sur une grande feuille de bananier les aliments qui m'étaient offerts. Je mangeais, quoique de bon appétit, timidement. Cette jeune fille, une enfant d'environ treize ans, me charmait

1. Fruit de l'arbre à pain que l'on consomme après l'avoir fait cuire et qui a une consistance farineuse, un goût plutôt fade.
2. Archipel de l'océan Pacifique, en Polynésie, colonisé par l'Angleterre.

et m'épouvantait : que se passait-il dans son âme?
et dans ce contrat si hâtivement conçu et signé j'avais
la pudeur hésitante de la signature, moi presque un
vieillard.

Peut-être la mère avait ordonné, débattant chez elle
le marché. Et pourtant chez la grande enfant, la fierté
indépendante de toute cette race, la sérénité d'une
chose louable. La lèvre moqueuse quoique tendre indiquait bien que le danger était pour moi, non pour elle.
Je ne dirai pas [que] sans peur je sortis de la case. Je
pris mon cheval et je montai.

La jeune fille suivit derrière ; la mère, un homme,
deux jeunes femmes, ses tantes disait-elle, suivirent
aussi. Nous revenions à Taravao, à neuf kilomètres de
Faaone.

Un kilomètre plus loin on me dit :

— *Parahi teie* (« Réside ici »).

Je descendis et j'entrai dans une grande case proprement tenue, et surtout presque l'opulence. L'opulence
des biens de la terre, de jolies nattes par terre, sur du
foin (...) Un ménage assez jeune, gracieux au possible,
y demeurait, et la jeune fille s'assit près de sa mère
qu'elle me présenta. Un silence. De l'eau fraîche que
nous bûmes à la ronde comme une offrande, et la jeune
mère l'œil ému et humide me dit :

— Tu es bon ?

Mon examen de conscience fait, je répondis avec
trouble :

— Oui.

— Tu rendras ma fille heureuse ?

— Oui.

— Dans huit jours, qu'elle revienne. Si elle n'est pas
heureuse elle te quittera.

Un long silence. Nous sortîmes et de nouveau à cheval je repartis. Elles suivaient derrière. Nous rencon-
trâmes sur la route plusieurs personnes :

— Et quoi, tu es maintenant la *vahiné* d'un Français?
Sois heureuse.

— Bonne chance.

Cette question des deux mères m'inquiétait. Je
demandais à la vieille qui m'avait offert sa fille :

— Pourquoi as-tu menti?

La mère de Tehamana (ainsi ma femme se nommait)
me répondit :

— L'autre aussi est sa mère, sa mère nourricière.

Nous arrivâmes à Taravao. Je rendis le cheval au
gendarme. La femme de celui-ci (une Française) me dit
(sans malice du reste mais aussi sans finesse) :

— Quoi! vous ramenez avec vous une gourgandine...

Et ses yeux colères déshabillaient la jeune fille impassible devenue altière. La décrépitude regardait la nouvelle floraison, la vertu de la loi soufflait impurement
sur l'impudeur native mais pure de la confiance, la foi.
Et sur ce ciel si beau je vis douloureusement ce nuage
sale de fumée. J'eus honte de ma race, mes yeux se
détachèrent de cette boue — vite je l'oubliai — pour
se fixer sur cet or que j'aimais déjà, celui-là, je m'en
souviens.

Les adieux de famille se firent à Taravao chez le
Chinois qui vend là de tout, et les hommes et les bêtes.
Nous prîmes tous deux, ma fiancée et moi, la voiture
publique qui nous menait à vingt-cinq kilomètres de là,
à Mataiea, chez moi.

Ma nouvelle femme était peu bavarde, mélancolique
et moqueuse. Tous deux nous nous observions : elle
était impénétrable, je fus vite vaincu dans cette lutte.
Malgré toutes mes promesses intérieures, mes nerfs
prenaient vite le dessus et je fus en peu de temps
pour elle un livre ouvert [1].

---

1. Gauguin note ici, pour un développement futur : « Caractère
maori (ne se livre qu'à la longue). Caractère français. »

...Une semaine se passa pendant laquelle je fus
d'une « enfance » qui m'était inconnue. Je l'aimais et je
le lui dis ce qui la faisait sourire (elle le savait bien!).
Elle semblait m'aimer et ne me le disait point. Quelquefois, la nuit, des éclairs sillonnaient l'or de la peau de
Tehamana. C'était tout. C'était beaucoup.

Cette huitaine rapide comme un jour, comme une
heure, était écoulée : elle me demanda à aller voir sa
mère à Faaone. Chose promise.

Elle partit et tout triste je la mis dans la voiture
publique avec quelques piastres dans son mouchoir
pour payer la voiture, donner du rhum à son père. Ce
fut comme un adieu. Reviendrait-elle ?

Plusieurs jours après elle revint.

Je me remis au travail et le bonheur succédait au
bonheur.

Chaque jour au petit lever du soleil, la lumière était
radieuse dans mon logis. L'or du visage de Tehamana
inondait tout l'alentour et tous deux dans un ruisseau
voisin nous allions naturellement, simplement comme
au paradis, nous rafraîchir.

La vie de tous les jours. Tehamana se livre de plus
en plus, docile, aimante ; le *noa noa* tahitien embaume
tout. Moi je n'ai plus la conscience du jour et des heures,
du Mal et du Bien : tout est beau, tout est bien. D'instinct quand je travaille, quand je rêve, Tehamana se
tait. Elle sait toujours quand il faut me parler sans
me déranger.

Conversations sur ce qui se fait en Europe, sur Dieu,
les dieux. Je l'instruis, elle m'instruit...

La vie de tous les jours. Dans le lit le soir, conversations. Les étoiles l'intéressent beaucoup ; elle me

demande comment on nomme en français l'étoile du
matin, celle du soir. Elle comprend difficilement que la
terre tourne autour du soleil. A son tour elle me nomme
les étoiles dans sa langue [1]. (...) Ce qu'elle ne voulut
jamais admettre c'est que ces étoiles filantes, fréquentes
en ce pays et qui traversent le ciel lentement, mélan-
coliquement, ne soient des *tupapaus*.

Je fus un jour obligé d'aller à Papeete ; j'avais promis de revenir le soir même. Une voiture qui revenait
le soir, à moitié route me ramène ; je fus obligé de faire
le reste à pied.

Il était une heure du matin quand je rentrai. N'ayant
à ce moment que très peu de luminaire à la maison,
ma provision devait être renouvelée. La lampe s'était
éteinte et quand je rentrai la chambre était dans l'obscurité. J'eus comme peur et surtout défiance. Sûrement
l'oiseau s'est envolé. J'allumai des allumettes et je vis
sur le lit [*Manao*] *tupapau* [2].

Elle revint à elle la pauvre enfant et je m'évertuai à
lui redonner confiance.

— Ne me laisse plus seule ainsi sans lumière ! Qu'as-
tu fait à la ville ? Tu as été voir des femmes, de celles
qui vont au marché boire et danser puis se donnent
aux officiers, aux matelots, à tout le monde ?

Je fus invité à une noce, une vraie noce légale que les
missionnaires ont essayé d'imposer aux nouveaux
fidèles chrétiens, au jour dit.

Sous un toit improvisé fait rapidement par tout le
monde, gracieusement décoré de fleurs, de feuilles, une
grande table. Parents, amis assistent, et on mange ce

1. Ici Gauguin avait intercalé un passage de l'*Ancien culte maori*
(voir plus haut pp. 83-85, « Naissance des étoiles »).
2. *Gauguin note ici* : « Description du tableau [*Manao*] *Tupapau* »
(voir plus haut pp. 88-89).

jour-là avec le plus grand luxe de mets. Petits cochons
tout entiers rôtis sur des cailloux chauds, grande quantité de poissons, *maiorés*, bananes sauvages, *taro*, etc.

L'institutrice de l'endroit (une jeune fille presque
blanche) prenait un authentique mari, authentique
Maori, fils du chef de Punaauia. L'évêque protestant,
qui protégeait la jeune fille sortie des écoles religieuses
de Papeete, imposait le mariage, et cela hâtivement,
à cette jeune fille avec ce jeune chef. Là-bas ce que veut
missionnaire Dieu le veut.

Quand au bout d'une heure tout le monde a beaucoup
mangé et bu, les discours nombreux se récitent avec
ordre et méthode, éloquence et imprévu. Savoir (des
deux familles en présence) qui donnera un nouveau
nom à la mariée est une grosse affaire, souvent même
la discussion devient presque batailleuse. Ce jour-là
il n'en fut rien ; tout fut tranquille, tout le monde heureux, joyeux et pas mal ivre. Ma pauvre *vahiné* entraî-
née par quelques-unes (je ne la surveillais pas) en sortit
ivre morte et ce fut pénible pour moi de la ramener au
logis, bien bonne mais bien pesante.

Au centre de la table la cheffesse admirable de dignité,
parée d'une robe de velours orangé : costume prétentieux, bizarre, un semblant de costume de foire. Et
pourtant la grâce innée de ce peuple, la conscience
de son rang ornait toute cette défroque : au milieu de
toutes ces fleurs, ces mets tahitiens, son parfum était
un des plus *noa noa*.

Près d'elle se tenait une aïeule centenaire, masque de
mort que la rangée intacte de ses dents de cannibale
rendait encore plus terrible. Sur sa joue, en tatouage,
une marque sombre indécise dans sa forme, comme une
lettre. J'avais déjà vu des tatouages mais pas comme
celui-là, qui sûrement était européen. (Autrefois, me
dit-on, les missionnaires sévissaient contre la luxure
et marquaient quelques-unes à la joue comme un aver-

tissement de l'enfer, ce qui les couvrait de honte, non la honte du péché commis, mais le ridicule d'une marque distinctive.) Je compris alors cette défiance aujourd'hui du Maori vis-à-vis des Européens.

Des années se sont passées, entre l'aïeule marquée par le prêtre et la jeune fille mariée par le prêtre. La marque existe toujours.

Cinq mois plus tard la jeune mariée mit au monde un bébé bien conformé.

Fureur des parents qui voulurent la séparation. Le jeune homme ne l'entendit point de cette oreille-là :

— Puisque nous nous aimons, qu'importe! Nous avons l'habitude d'adopter les enfants des autres. J'adopte celui-là.

Mais pourquoi l'évêque s'est-il tant remué pour hâter le mariage légal? Les mauvaises langues prétendent que...

Nous aimons mieux croire à l'ange de l'Annonciation.

PÊCHE AUX THONS

Depuis environ quinze jours les mouches, rares auparavant, se montraient en nombre et devenaient insupportables. Et tous les Maoris de se réjouir. Les bonites et les thons allaient venir du large. Et de vérifier la solidité des lignes, des hameçons.

Femmes, enfants, tous donnaient la main à traîner le long du rivage des filets, ou plutôt de longues barrières en feuilles de cocotier, les traîner sur les coraux qui parquent le fond de la mer, entre la terre et les récifs. Ils arrivent ainsi à prendre un petit poisson dont les thons sont friands.

Le jour vint où on lança à la mer deux grandes pirogues accouplées portant à l'avant une très longue perche que l'on peut relever vivement, avec deux cordes allant à l'arrière. Avec ce moyen, quand le poisson a mordu, il est relevé de suite et amené dans l'embarcation.

On sort en dehors des récifs et on va loin au large. Une tortue nous regarde passer.

Nous arrivons à un endroit où la mer est très profonde et qu'ils appellent le trou aux thons : là où la nuit ils s'endorment (bien profond) à l'abri des requins.

Un nuage d'oiseaux de mer surveille les thons : quand ils viennent tout à fait à la surface, ils se laissent tomber à la mer et remontent avec un lambeau de chair au bec... De tous côtés le carnage.

Comme je demandais pourquoi on ne filait pas une longue ligne de fond dans le trou aux thons, on me répondit que c'était un endroit sacré. Là réside le dieu de la mer [1].

(...) Par le patron de la barque un homme fut désigné pour jeter l'hameçon [en] dehors de la pirogue. Quelque temps aucun thon ne voulait mordre. Un autre fut appelé. Cette fois un superbe poisson mordit, fit ployer la perche.

Quatre solides bras soulevaient l'arbuste et, les cordes de l'arrière tirées, le thon commençait à être amené à la surface. Un requin sauta sur sa proie : quelques coups de dents, et nous n'amenions plus dans la barque qu'une tête de l'animal. La pêche commençait mal.

Mon tour arriva ; je fus désigné. Quelques instants et nous pêchions un grand thon : quelques coups de bâton sur la tête et l'animal, frémissant de l'agonie, secouait son corps transformé en miroir, paillettes aux mille feux.

Une seconde fois nous fûmes heureux : décidément le Français portait chance! Tous de s'écrier que j'étais un homme de bien et moi tout glorieux je ne disais pas non. Jusqu'au soir nous fîmes la pêche.

Quand la provision du petit poisson-amorce fut épuisée

1. Ici Gauguin avait intercalé un passage de l'*Ancien culte maori* (voir plus haut pp. 82-83, « Légende de Roua hatou »).

le soleil incendiait de rouge l'horizon. Nous préparâmes le
retour. Dix magnifiques thons surchargeaient la pirogue.

Pendant qu'on mettait tout en ordre, je demandai à
un jeune garçon pourquoi tous ces rires et paroles échan-
gées à l'oreille au moment où mes deux thons s'amenaient dans la pirogue. Il refusa de m'expliquer, mais
j'insistai connaissant le peu de résistance du Maori, sa
faiblesse quand énergiquement on le presse. Il me
raconta alors que le poisson pris par l'hameçon à la
mâchoire du dessous signifie infidélité de votre *vahiné*
pendant votre absence à la pêche. Je souris, incrédule.
Et nous revînmes.

La nuit aux tropiques s'avance vite. Vingt-deux bras
vigoureux enfonçaient la pagaie dans la mer en criant,
s'excitant en cadence. Le sillage en grésil phosphoresçait
et j'eus la sensation d'une course folle, suivie par les
esprits mystérieux de l'océan et les poissons curieux qui
nous accompagnaient, sautant en troupeau.

Au bout de deux heures nous approchions de l'entrée
des récifs où la mer déferle vigoureusement. Endroit
dangereux à passer à cause de la barre. Il faut pour cela
bien présenter le devant de la pirogue à la lame ; mais
les indigènes sont adroits et non sans une sensation de
crainte je suivis la manœuvre qui s'exécuta fort bien.

Devant nous le rivage éclairé par des feux mouvants
(torches immenses faites avec des branches sèches de
cocotiers). La mer, le sol éclairé par ces feux, et les
familles attendant ; les uns assis immobiles, les autres,
les enfants, sautant, jetant mille cris aigus. Un vigoureux
élan de la pirogue qui montait sur le sable.

Tout notre butin rangé sur le sable. Le patron coupe
autant de morceaux. Parts égales [suivant ce] qu'il y a
eu de monde pour la pêche, femmes et enfants également-
ment, soit pour la grande pêche, soit la pêche aux petits
poissons. Trente-sept parts.

Aussitôt après ma *vahiné* maniait la hache, fendait le

bois, allumait du feu, tandis que je m'appropriais [1],
me couvrais pour la fraîcheur de la nuit. Ma part de
poisson cuite. La sienne crue.

Mille questions. Les incidents de la pêche. Vint l'heure
du coucher. Une question me dévorait. A quoi bon?
Enfin je la fis :
— Tu as été bien sage?
— *E* [*ha*].
— Et ton amant d'aujourd'hui était-il bien?
— *Aita*... Je n'ai pas eu d'amant.
— Tu mens. Le poisson a parlé.
Sa figure prit un aspect qui m'était inconnu. Son front
indiquait une prière. Malgré moi je la suivis dans sa foi.
Il y a des moments où les avertissements d'en haut sont
utiles.
Contraste entre la foi religieuse, superstitieuse de la
race et le scepticisme de notre civilisation.
Doucement elle ferma la porte et fit à haute voix sa
prière. « (...) Gardez-moi des enchantements de la mauvaise conduite. (...) » Ce soir-là je priai presque.
Sa prière finie elle s'approcha de moi résignée et me
dit, avec les larmes aux yeux :
— Il faut me battre, beaucoup me frapper.
Et devant ce visage résigné, ce corps merveilleux,
j'eus le souvenir d'une parfaite idole. Que mes mains
soient à jamais maudites si elles flagellaient un chef-
d'œuvre de la création. Ainsi, nue, elle semblait recouverte du vêtement de pureté jaune orangé, le manteau
jaune de Bhiksu [2]. Belle fleur dorée dont le *noa noa*
tahitien embaumait, et que j'adorais comme artiste et
comme homme.
— Frappe, te dis-je, sinon tu seras longtemps courroucé et tu seras malade.

1. Approprier : mettre en état de propreté.
2. Le manteau de safran des moines bouddhistes.

Je l'embrassai et mes yeux disaient ces paroles de
Bouddha : C'est par la douceur qu'il faut vaincre la
colère ; par le bien qu'il faut vaincre le mal, par la vérité
le mensonge.

Ce fut une nuit tropicale. Le matin arriva, radieux.

Belle-maman nous apporta quelques cocos frais.
Du regard elle interrogeait Tehamana. Elle savait.
Finement, elle me dit :
— Tu as pêché hier. Tout s'est bien passé ?
Je lui répondis :
— J'espère bientôt recommencer.

Il me fallut revenir en France : des devoirs impérieux
de famille me rappelaient. Adieu, sol hospitalier. Je
partis avec deux années de plus, rajeuni de vingt ans,
plus barbare aussi et cependant plus instruit.

Quand je quittai le quai pour m'embarquer, Tehamana
qui avait pleuré plusieurs nuits, lassée, mélancolique,
s'était assise sur la pierre ; ses jambes pendaient, laissant
ses deux pieds larges solides effleurer l'eau salée. La
fleur qu'elle portait auparavant à son oreille était tombée
sur ses genoux, fanée.

De distance en distance d'autres aussi regardaient
comme stupidement la lourde fumée du navire qui
nous emmenait tous, amants d'un jour. Et sur la passe-
relle du navire, avec une lorgnette, nous pouvions voir
sur leurs lèvres ce vieux discours maori :

*Vous, légères brises du Sud et d'Est, qui vous joignez
pour vous jouer et vous caresser au-dessus de ma tête,
hâtez-vous de courir ensemble à l'autre île : vous y verrez
celui qui m'a abandonnée, assis à l'ombre de son arbre
favori. Dites-lui que vous m'avez vue en pleurs.*

. . . .

SOUS DEUX LATITUDES

Par le 17ᵉ de latitude, aux antipodes, les nuits sont toutes belles. La traînée de lait sillonne la grande vallée et lentement des mondes traversent la voûte céleste : leur trajectoire ne s'explique pas, car le silence subsiste. Ce sont des génies disent les barbares. Ces génies ne sont pas prophètes, ils cherchent une autre patrie.

Autour de l'île les infiniment petits ont formé une barrière gigantesque : les lames secouent et ne terrassent pas la muraille, l'inondant de jets phosphorescents. Ces volutes bordées de verte dentelle je les ai vaguement regardées, ma pensée loin du regard, inconsciente de l'heure : la notion du temps, ces nuits-là, se perd dans l'espace. Je les ai entendues aussi orchestrer en notes de tambour un chant monotone. Ainsi rêvant je suis à peine troublé par le hennissement d'un cheval en rut, un animal qui souffre. Que m'importe, je deviens égoïste.

(...) Par le 47ᵉ de latitude, à Paris je crois : il n'y a plus de cocotiers, les rumeurs n'ont plus de sens musical. Des palais, des boulevards, des masures aussi, des basses rues garnies de trottoirs glissant sous les pieds des filles,

des alphonses[1]. Vous connaissez sans doute la rue Roche-
chouart : d'Harcourt y possède un hall. D'Harcourt,
un mécène, on me l'affirme. Un matin fixé d'avance
comme rendez-vous, je traverse une grande salle vide
de monde : des bancs nus, des points d'interrogation,
ce sont des contrebasses. Et je m'introduis dans le
cabinet d'Harcourt sous un orgue imposant. Que vais-je
dire ? Je crois à l'art, c'est assez : mon nom bien insuf-
fisant, mon visage peu avenant, ma boutonnière vide
de ruban. C'est peu. Mais je crois à l'art, c'est tout.
Je désirais faire examiner une symphonie de mon ami
Molard, un musicien en qui j'ai foi parce qu'il a du talent,
un talent individuel, sans concessions.

Mon petit discours naïvement récité j'entends Monsieur d'Harcourt.

— Votre ami est-il célèbre, prix de Rome ? Pourquoi
ne se présente-t-il pas lui-même ? Voyez-vous, mon
opinion est qu'on ne sait écrire que lorsqu'on a déjà
travaillé pour les mauvais lieux, les cafés-concerts, les
bouibouis. Entendre sa musique jouée par cornet à
piston, voilà la clef du mystère pour connaître son métier.
Surtout par un cornet qui joue faux.

Et il riait longuement, avec bruit. Moi qui ne sais
pas rire j'esquissai un sourire pour paraître à la hauteur
d'une facétie : le sourire d'un homme qui ne comprend
pas! d'un sot assurément. Pourquoi Bhiksu [2] me vint
en ce moment à l'esprit ? Quand il dit : « Tu perds un
siècle lorsque tu restes dix minutes dans la société d'un
sot. » Le moment approchait où il fallait se retirer pour
ne pas faire perdre un temps précieux à M. d'Harcourt.

Avant de m'en aller j'essayais quelques phrases,
bêtes puisque inutiles :

— Je croyais, Monsieur d'Harcourt, que pour décou-

1. Des souteneurs (mot de *Monsieur Alphonse*, comédie d'Alexandre
Dumas fils).
2. Bouddha.

vrir les génies il fallait les chercher, tel Liszt imposant *Lohengrin* au monde entier. Mais Liszt était un artiste. Je croyais aussi que ceux qui travaillent pour le café-concert étaient nés pour cela. Par contre, ceux qui ont respect de l'art ne vous semblent-ils pas nés pour faire de l'art toujours, quand même, toujours ?

M. d'Harcourt tenait à avoir le dernier mot. Il me dit finalement :

— Si Wagner arrivait en ce moment, il ferait un four et je ne tiens pas à faire des fours avec des nouveaux. Cela coûte cher et *Le Figaro*, le grand *Figaro*, me mal-traiterait, comme il l'a déjà fait.

Dans la rue, les égouts exhalent leur puanteur et cependant je respire mieux : il me semble que je suis autrement que tout à l'heure. En descendant le boule-vard, je me dis : Si nous allions encore une fois au 17e de latitude ?

Là les nuits sont toutes belles.

(Essais d'Art libre, *mai 1894.*)

A SCHUFFENECKER

Vous savez si ma vie a été jusqu'ici remplie de luttes, de souffrances extrêmes auxquelles beaucoup n'auraient pas résisté. Croyez-le bien, le but atteint par moi, si élevé qu'il paraisse être par résultante de mes forces et de mes dispositions au talent, ce but-là est bien au-des-sous de celui que j'ai rêvé et j'en souffre sans mot dire. Je n'ai pas eu assez de temps et d'éducation picturale : de là provient certain empêchement à réaliser mon rêve. La Gloire ! quel vain mot, quelle vaine récompense.

Depuis que j'ai connu la vie simple d'Océanie, je ne songe qu'à me retirer loin des hommes, par conséquent

loin de la gloire : aussitôt que possible j'irai enfouir mon
talent chez les sauvages et on n'entendra plus parler de
moi. Pour beaucoup ce sera un crime. Que m'importe!
le crime est souvent bien près de la vertu. Vivre simplement, sans vanité. Et cela je le ferai coûte que coûte,
ma raison et mon tempérament le commandent.

(...) Je n'ose vous dire de ne pas quitter la peinture
puisque je songe à la quitter moi-même pour vivre dans
les bois sculptant des êtres imaginaires sur les arbres.
(...) Qui veut une consolation doit la chercher chez les
simples, rejeter toute vanité. Et moi qui ai cependant
le cerveau solide, j'espère arriver à ne plus penser pour
vivre, aimer, me reposer. Les Européens ne me font pas
trêve, ces bons sauvages me comprendront.

(*26 juillet 1894, Pont-Aven.*)

A WILLIAM MOLARD

(...) En décembre je rentrerai et je travaillerai chaque
jour à vendre tout ce que je possède, en « bloc », soit en
partie. Une fois le capital en poche, je repars pour l'Océanie, cette fois-ci avec deux camarades d'ici, Séguin et un
Irlandais [1]. Inutile là-dessus de me faire des observations. Rien ne m'empêchera de partir et ce sera pour
toujours. Quelle bête existence que l'européenne vie. (...)

(*Sans date, septembre 1894, Pont-Aven.*)

A MONFREID

(...) J'ai pris une résolution fixe, celle de m'en aller
vivre pour toujours en Océanie. Je rentrerai à Paris en

1. Ni Armand Séguin ni l'Irlandais, Roderic O'Conor, ne partirent.

décembre pour m'occuper exclusivement de vendre
tout mon bazar à n'importe quel prix. (Tout.) Si je
réussis je pars aussitôt en février. Je pourrai alors finir
mes jours libre et tranquille sans le souci du lendemain
et sans l'éternelle lutte contre les imbéciles. Adieu peinture, si ce n'est comme distraction. (...)

(20 septembre 1894.)

A AUGUST STRINDBERG

*Gauguin avait demandé à l'écrivain suédois, habitué de ses
soirées au 6, rue Vercingétorix, de préfacer le catalogue de la
vente qu'il fit à l'Hôtel Drouot, le 18 février 1895, avant son nouveau départ pour l'Océanie. Strindberg lui répondit par un
refus : « il ne pouvait aimer son art exclusivement tahitien ».
Gauguin inséra, à la place de l'habituelle préface, après la
lettre de Strindberg, sa propre réponse :*

Je reçois aujourd'hui votre lettre ; votre lettre qui est
une préface pour mon catalogue. J'eus l'idée de vous
demander cette préface, lorsque je vous vis l'autre jour
dans mon atelier jouer de la guitare et chanter ; votre
œil bleu du Nord regardait attentivement les tableaux
pendus aux murs. J'eus comme le pressentiment d'une
révolte : tout un choc entre votre civilisation et ma
barbarie.

Civilisation dont vous souffrez. Barbarie qui est pour
moi un rajeunissement.

Devant l'Ève de mon choix, que j'ai peinte en formes
et en harmonies d'un autre monde, vos souvenirs d'élec-
tion ont évoqué peut-être un passé douloureux. L'Ève
de votre conception civilisée vous rend et nous rend
presque tous misogynes ; l'Ève ancienne, qui, dans mon
atelier, vous fait peur pourrait bien un jour vous sourire
moins amèrement.

(...) L'Ève que j'ai peinte (elle seule), logiquement peut rester nue devant nos yeux. La vôtre en ce simple état ne saurait marcher sans impudeur, et, trop belle (peut-être), serait l'évocation d'un mal et d'une douleur.

Pour vous faire bien comprendre ma pensée, je comparerai non plus ces deux femmes directement, mais la langue maorie ou touranienne, que parle mon Ève, et la langue que parle votre femme choisie entre toutes, langue à flexions, langue européenne.

Dans les langues d'Océanie, à éléments essentiels, conservés dans leur rudesse, isolés ou soudés sans nul souci du poli, tout est nu et primordial. Tandis que dans les langues à flexions, les racines par lesquelles, comme toutes les langues, elles ont commencé, disparaissent dans le commerce journalier qui a usé leur relief et leurs contours. C'est une mosaïque perfectionnée où l'on cesse de voir la jointure des pierres, plus ou moins grossièrement rapprochées, pour ne plus admirer qu'une belle peinture lapidaire. Un œil exercé peut seul surprendre le procédé de la construction.

Excusez cette longue digression de philologie ; je la crois nécessaire pour expliquer le dessin sauvage que j'ai dû employer pour décorer un pays et un peuple touraniens.

(*Sans date, 5 février 1895, Paris.*)

A PROPOS DE SÈVRES
ET DU DERNIER FOUR

(...) Je lis dans le journal qu'on vient d'inaugurer à Sèvres un nouveau four — encore un four! MM. Poincaré, Roujon étaient là ; ce fut un baptême, une solennité.

(...) Ainsi donc, Sèvres qui a tant fait, n'est-ce-pas, pour l'art de la céramique, continue. Sait-on que la fameuse manufacture, si riche en fours, est à la remorque de l'industrie individuelle? Sait-on qu'il y a huit ans environ, Chaplet seul réussissait à merveille les flammés? En ce temps-là (si vous permettez ce souvenir personnel), j'avais vu la possibilité de donner à l'art de la céramique un élan nouveau par la création de nouvelles formes faites à la main. Je travaillai dans ce sens, Chaplet qui est un artiste d'élite — « l'égal des Chinois », a dit si justement Bracquemond — me comprit et mes essais parurent intéressants, en dépit des tâtonnements inévitables. Carriès, en ce temps-là, vint chez moi et les examina longuement.

Transformer l'éternel vase grec (compliqué aujourd'hui de japonisme et d'orfèvrerie Christophle), remplacer le tourneur par des mains intelligentes qui puissent communiquer au vase la vie d'une figure, tout en restant dans le caractère de la matière, dans les lois de la géométrie, fût-ce même de la géométrie gobine [1] : tel était mon but.

Albert Aurier écrivit à ce sujet que je pétrissais « plus d'âme que d'argile » et j'acceptai cette louange pour mon dessein, sinon pour mon œuvre. Depuis longtemps Chaplet avait ouvert à deux battants sa porte aux artistes. Par malheur, les doigts agiles des modernes sculpteurs vinrent trop souvent aggraver par des ornements l'œuvre du tourneur. Des femmes nues, des amours, des guirlandes, puis encore des petites femmes, comme en pierre, comme en bronze, comme en étain. Vraiment, on eût pu espérer mieux et la production des artistes français souffrait, par son peu d'individualité, du voisinage des flammés chinois, qui n'étaient qu'un jeu pour Chaplet.

---

1. Sans doute de gobin, terme familier et peu usité pour bossu, difforme (latin : *gibbus*, italien : *gobbo*).

Quelques années plus tard, surgit, on ne sait d'où, un entraînement excessif pour les grands feux : ce fut au Champ-de-Mars le triomphe de Carriès, Dalpayrat et tant d'autres japonistes. Triomphe que le Luxembourg consacra.

Là-dessus que fit Sèvres ? Sèvres marcha, selon l'expression à la mode ; Sèvres imita les initiateurs sans les nommer : Sèvres vulgarisa des créations imparfaites, et pour son propre compte ne créa rien. Voilà pourquoi on multiplie des fours !

Ah ! cher Monsieur, quel grand homme deviendrait M. Roujon, directeur des Beaux-Arts, s'il ne se contentait pas de baptiser les fours officiels ! Ne pourrait-il, en sa qualité de directeur, aller visiter les ateliers de l'industrie d'art ? Ne devrait-il pas s'efforcer de découvrir le talent où il est, loin des sphères officielles ? Hors de ces sphères, il est vrai, on trouve quelquefois des révolutionnaires. Mais quoi ! En art, il n'y a que révolutionnaires ou plagiaires : et puis, l'œuvre du révolutionnaire ne devient-elle pas officielle quand l'État s'en empare ?

(Le Soir, 25 avril 1895.)

INTERVIEW DE PAUL GAUGUIN

par Eugène Tardieu.

Voici le plus farouche des novateurs, le plus intransigeant des « incompris ». Plusieurs de ceux qui le découvrirent l'ont lâché. Pour le plus grand nombre, c'est un pur fumiste. Lui, très sereinement, continue à peindre des fleuves orange et des chiens rouges, aggravant chaque jour cette manière si personnelle.

Taillé en hercule, les cheveux grisonnants et bouclés, la face énergique aux yeux clairs, il a un sourire à lui, très doux, modeste et un peu railleur.

— Copier la nature, qu'est-ce que ça veut dire ? me demande-t-il avec un haut-le-corps de défi. Suivre les maîtres ! Mais pourquoi donc les suivre ? Ils ne sont des maîtres que parce qu'ils n'ont suivi personne ! Bouguereau vous a parlé de femmes qui suent des arcs-en-ciel, il nie les ombres bleues ; on peut nier ses ombres brunes, mais son œuvre à lui ne sue rien ; c'est lui qui a sué à la faire, qui a sué pour copier servilement l'aspect des choses, qui a sué pour obtenir un résultat où la photographie lui est bien supérieure, et quand on sue, on pue ; il pue la platitude et l'impuissance. D'ailleurs, qu'il y ait ou non des ombres bleues, peu importe : si un peintre voulait demain voir les ombres roses ou violettes, on n'aurait pas à lui en demander compte, pourvu que son œuvre fût harmonique et qu'elle donnât à penser.

— *Alors vos chiens rouges, vos ciels roses ?*

— Sont voulus absolument ! Ils sont nécessaires et tout dans mon œuvre est calculé, médité longuement. C'est de la musique, si vous voulez ! J'obtiens par des arrangements de lignes et de couleurs, avec le prétexte d'un sujet quelconque emprunté à la vie ou à la nature, des symphonies, des harmonies ne représentant rien d'absolument réel au sens vulgaire du mot, n'exprimant directement aucune idée, mais qui doivent faire penser comme la musique fait penser, sans le secours des idées ou des images, simplement par des affinités mystérieuses qui sont entre nos cerveaux et tels arrangements de couleurs et de lignes.

— *C'est assez nouveau !*

— Nouveau ! s'écrie M. Gauguin en s'animant ; mais pas du tout ! tous les grands peintres n'ont jamais fait autre chose ! Raphaël, Rembrandt, Velasquez, Botticelli, Cranach ont déformé la nature. Allez au Louvre, voyez leurs œuvres, aucune ne se ressemble ; si l'un d'eux est dans le vrai, tous les autres ont tort selon votre

théorie, ou bien il faut admettre qu'ils se sont tous
fichus de nous !

La nature ! la vérité ! ce n'est pas plus Rembrandt que
Raphaël, Botticelli que Bouguereau. Savez-vous ce qui
sera le comble de la vérité bientôt ? C'est la photographie
quand elle rendra les couleurs, ce qui ne tardera pas.
Et vous voudriez qu'un homme intelligent suât pendant
des mois pour donner l'illusion de faire aussi bien qu'une
ingénieuse petite machine ! En sculpture, c'est la même
chose ; on arrive à faire des moulages parfaits sur nature ;
un mouleur adroit vous fera comme ça une statue de
Falguière quand vous voudrez !

— *Alors, vous n'acceptez pas l'épithète de révolutionnaire ?*

— Je la trouve ridicule. M. Roujon me l'a appliquée ;
je lui ai répondu que tous ceux qui en art ont fait autre
chose que leurs devanciers la méritaient ; or, ce sont
ceux-là seuls qui sont des maîtres. Manet est un maître,
Delacroix est un maître. On a crié à l'abomination à leur
début ; on se tordait devant le cheval violet de Delacroix ; je l'ai cherché vainement dans son œuvre, ce
cheval violet. Mais le public est ainsi fait. Je suis parfaitement résigné à demeurer longtemps incompris.
En faisant ce qui a déjà été fait, je serais un plagiaire et
me considérerais comme indigne ; en faisant autre chose,
on me traite de misérable. J'aime mieux être un misérable qu'un plagiaire !

— *Beaucoup de bons esprits pensent que les Grecs ayant
réalisé la perfection idéale et la pure beauté en sculpture,
la Renaissance ayant fait de même en peinture, il n'y a qu'à
suivre ces modèles : ils ajoutent même que les arts plastiques
ont dit tout ce qu'ils avaient à dire.*

— C'est une erreur absolue. La beauté est éternelle
et peut prendre mille formes pour s'exprimer. Le Moyen
Age a eu une forme de beauté, l'Égypte en a eu une
autre. Les Grecs ont cherché l'harmonie du corps

humain, Raphaël a eu des modèles qui étaient des êtres très beaux, mais on peut faire une belle œuvre avec un modèle parfaitement laid. Le Louvre est plein d'œuvres comme cela.

— *Pourquoi êtes-vous allé à Tahiti ?*

— J'avais été séduit une fois par cette terre vierge et par sa race primitive et simple ; j'y suis retourné et je vais y retourner encore. Pour faire neuf, il faut remonter aux sources, à l'humanité en enfance. L'Ève de mon choix est presque un animal ; voilà pourquoi elle est chaste, quoique nue. Toutes es Vénus exposées au Salon sont indécentes, odieusement lubriques...

M. Gauguin s'arrêta brusquement de parler, la face un peu extatique tournée vers une toile pendue au mur, représentant des femmes tahitiennes dans la forêt vierge.

— Avant de partir, reprit-il au bout de quelques secondes, je vais faire paraître avec mon ami Charles Morice, un livre où je raconte ma vie à Tahiti et mes impressions d'art. Morice commente en vers l'œuvre que j'en ai rapportée. Cela vous expliquera pourquoi et comment j'y suis allé.

— *Le titre de ce livre ?*

— *Noa Noa*, ce qui veut dire, en tahitien, *odorant* ; ce sera : Ce qu'exhale Tahiti.

(L'Écho de Paris, *13 mai 1895*.)

CHAPITRE IV

SECOND SÉJOUR EN OCÉANIE

Gauguin était reparti pour Tahiti le 3 juillet 1895.

A WILLIAM MOLARD

Que je vous plains de ne pas être à ma place, tranquillement assis dans la case. J'ai devant moi la mer
et Moorea qui change d'aspect tous les quarts d'heure.
Un *pareo* et c'est tout. Pas de souffrance de chaud ni de
froid. Ah! l'Europe...

En ce moment, à Tahiti, grande politique. Vous savez,
ou vous ne savez pas, que trois îles, depuis 1890, étaient
en état de révolte prétendant se gouverner elles-mêmes :
Huahiné, Bora-Bora, Raiatea. M. Chessé est venu ici
ramener les enfants égarés. Deux ont cédé et le navire
de guerre a été, avec quatre cents Tahitiens, toutes
les autorités et moi, faire des fêtes de réconciliation.
Je vous assure qu'on a parlé, hurlé, chanté quatre
jours et quatre nuits extraordinaires de réjouissance,
tout comme à Cythère. Vous n'avez pas une idée de
cela en France. Il reste maintenant à conquérir Raiatea
et cela c'est une autre histoire car il va falloir tirer le
canon, brûler, tuer. Œuvre de civilisation, à ce qu'il
paraît. Je ne sais si, attiré par la curiosité, j'assisterai
au combat, et j'avoue que cela me tente. Mais, d'un
autre côté, cela m'écœure. (...) [1]

(Octobre 1895, Tahiti.)

1. Voir plus loin pp. 150-153.

A MONFREID

A l'heure où je reçois votre aimable lettre je n'ai pas
encore touché un pinceau si ce n'est pour faire un vitrail
dans mon atelier. Il m'a fallu rester à Papeete en camp
volant, prendre une décision ; finalement me faire
construire une grande case tahitienne dans la campagne.
Par exemple c'est superbe comme exposition, à l'ombre,
sur le bord de la route, et derrière moi une vue de la
montagne épastrouillante. Figurez-vous une grande
cage à moineaux grillée de bambous avec toit de chaume
de cocotier, divisée en deux parties par les rideaux
de mon ancien atelier. Une des deux parties forme
chambre à coucher avec très peu de lumière pour avoir
de la fraîcheur. L'autre partie a une grande fenêtre
en haut pour former atelier. Par terre, des nattes et
mon ancien tapis persan : le tout décoré avec étoffes,
bibelots et dessins.

Vous voyez que je ne suis pas trop à plaindre pour
le moment. Toutes les nuits des gamines endiablées
envahissent mon lit ; j'en avais hier trois pour fonc-
tionner. Je vais cesser cette vie de patachon pour
prendre une femme sérieuse à la maison et travailler
d'arrache-pied, d'autant plus que je me sens en verve
et je crois que je vais faire des travaux meilleurs qu'autrefois.

(...) Voyez ce que j'en ai fait du ménage : j'ai filé sans
prévenir. Que ma famille se démerde toute seule car
s'il n'y a que moi pour l'aider ! Je compte bien finir
mon existence ici dans ma case parfaitement tranquille.
Ah oui je suis un grand criminel. Qu'importe ! Michel-
Ange aussi ; et je ne suis pas Michel-Ange. (...)

(*Novembre 1895, Tahiti.*)

A SCHUFFENECKER

Je suis arrivé après un voyage assez long et fatigant. Maintenant que je viens de terminer ma case à jour avec atelier, je commence à respirer et si depuis longtemps je n'ai pas touché un pinceau je n'en ai pas moins travaillé par la pensée et par la vue. Ce repos ou pour mieux dire cette fatigue physique du voyage avec le regard atone fixé sur la mer m'ont raffermi dans ma résolution de mourir ici et ont préparé le terrain de mon travail d'art. Je sens que je vais pouvoir donner quelque chose d'affirmatif désormais.

Quelques-uns pourront traiter ma fuite de criminelle. Enfin j'ai longuement discuté en moi ce qu'il fallait faire et je suis toujours arrivé au même résultat : la fuite, l'isolement. Je ne reçois rien, pas même d'épistole à défaut de pistole. Chaque courrier, j'espère en vain. (...)

(6 décembre 1895, Tahiti.)

A MONFREID

(...) Avouez que ma vie est bien cruelle. J'avais fait à mon premier séjour à Tahiti des efforts inouïs. (...) A quoi suis-je arrivé ? A une défaite complète. Des ennemis et c'est tout, la guigne me poursuivant sans trêve toute mon existence ; plus je vais, plus je descends. (...) Je viens de faire une toile. (...) A quoi bon envoyer cette toile s'il y en a tant d'autres qui ne se

vendent pas et font hurler? Celle-là fera hurler encore
plus [1].

(...) Je vis avec 100 francs par mois, moi et ma *vahiné*,
une jeune fille de treize ans et demi : vous voyez que
ce n'est pas beaucoup ; là-dessus j'ai mon tabac et le
savon et une robe pour la petite, 10 francs de toilette
par mois. Et si vous voyiez mon installation! Une
maison de chaume avec fenêtre d'atelier ; deux troncs
de cocotier sculptés en forme de dieux canaques, des
arbustes à fleurs, petit hangar pour ma voiture et
un cheval.

(...) Beaucoup de gens trouvent toujours protection
parce qu'on les sait faibles et qu'ils savent demander.
Jamais personne ne m'a protégé parce qu'on me croit
fort et que j'ai été trop fier. Aujourd'hui je suis par
terre, faible, à moitié usé par la lutte sans merci que
j'avais entreprise, je m'agenouille et mets de côté
tout orgueil. Je ne suis rien sinon un raté. (...)

(Avril 1896, Tahiti.)

A SCHUFFENECKER

(...) A la jeunesse, j'ai donné en quelque sorte, à
défaut d'enseignement, la liberté : par mes hardiesses,
tout le monde ose aujourd'hui peindre à côté de la
nature et tous en profitent, vendent à côté de moi
parce qu'encore une fois tout paraît maintenant compréhensible à côté de moi. (...)

(10 avril 1896, Tahiti.)

1. C'est le tableau *Te arii vahiné* (« La femme noble ») répertorié par
Wildenstein sous le n° 542.

A MONFREID

(...) Je vous écris parce que ce mois-ci un officier va en France et emporte de moi quelques toiles bien maladroites à cause de mon état ; et puis j'ai un tempérament qui demande à faire une toile tout d'un coup et dans la fièvre. Tandis que travailler une heure par jour. Enfin, telles qu'elles sont, je vous les envoie. Elles sont peut-être bonnes ; il y a au fond tellement d'angoisse, de souffrance, que cela peut relever la maladresse d'exécution. Mauclair dit que je suis révoltant de grossièreté et de brutalité. Quelle iniquité. (...)

(*13 juillet 1896, Tahiti.*)

AU MÊME

(...) Schuff.[enecker] vient de faire une pétition, inutile je crois, pour que l'État vienne à mon aide [1]. C'est la chose qui peut le plus me froisser. Je demande aux amis de me venir en aide pendant le temps qu'il faut pour rentrer dans mon argent qui m'est dû, et leurs efforts pour le recouvrer, mais mendier à l'État n'a jamais été mon intention. Tous mes efforts de lutte en dehors de l'officiel, la dignité que je me suis efforcé d'avoir toute ma vie, perdent de ce jour leur caractère.

1. Schuffenecker avait, de lui-même, pris l'initiative malencontreuse de rédiger une pétition à l'adresse des pouvoirs publics pour qu'ils daignent venir en aide à Gauguin. Elle avait recueilli des signatures, entre autres, de Puvis de Chavannes, Edgar Degas, Stéphane Mallarmé, Octave Mirbeau, Eugène Carrière.

De ce jour je ne suis plus qu'un intrigant braillard, mais, si je m'étais soumis, oui, je serais dans l'aisance. Ah vraiment, voilà un chagrin de plus que je ne comptais pas avoir. (...)

(Août 1896, Tahiti.)

A ALFRED VALLETTE
(Directeur du Mercure de France)

Dans un hôpital colonial, je suis pour guérir mon pied redevenu très malade ; dans cet hôpital je vous écris pour vous remercier tout d'abord de m'envoyer le *Mercure*. En lisant chaque mois votre revue, je ne crois pas être dans la solitude et si je ne suis pas au courant des potins de la politique et du boulevard (dont je n'ai que faire), je suis avec grand plaisir au courant du travail du monde intellectuel.

(...) Qu'il me soit permis de faire un rapprochement et de vous poser cette question : que dites-vous d'une œuvre qui a d'un côté pour admirateurs des hommes comme Degas, Carrière, St. [éphane] Mallarmé, J.[ean] Dolent, Alb.[ert] Aurier, Rémy de Gourmont et comme antagonistes des Camille Mauclair et autres machines quelconques ?

Ceci pour vous dire qu'entre les critiques littéraires si fines, si savantes de Viélé-Griffin, de Gourmont et autres et les critiques picturales de Camille, il y a une telle distance que je ne comprends pas le *Mercure* si éclairé en toutes choses. La clientèle payante du *Mercure* est composée d'autant de peintres que de littérateurs. Que Mauclair fasse la critique dans la *Revue des Deux Mondes* ou dans le *Journal de la Mode*, je comprends, mais dans le *Mercure* ! Je ne dis pas cela parce qu'à

chaque numéro, à chaque exposition de peintres, il
me cogne. Oh! non, je vous l'ai dit plus haut, l'estime
de Degas et autres me suffit. Mais parce qu'à tort et
à travers, sans aucune des connaissances voulues pour
juger peintures, il dit du mal de tout ce qui a le courage
d'une idée, de tout ce qui n'est pas officiel, pas salonnier.
(...) A l'entendre, tout écrivain qui ne sort pas de Normale
est un ignorant vaniteux, etc. Mais attention, Mauclair
est là qui veille à la sécurité artistique : « Qui es-tu?
citoyen, toi que les jeunes saluent injustement, montre
ton passeport. Sors-tu de l'École? Arrière, orgueilleux,
qui ne veut pas faire comme les autres. » (...) Je vous
assure, mon cher Directeur (c'est comme actionnaire
que je vous en parle), Mauclair n'est pas à sa place
au *Mercure*.

Il me reste à vous dire que Tahiti est toujours charmante, que ma nouvelle épouse se nomme Pahura,
qu'elle a quatorze ans, qu'elle est très débauchée, mais
cela ne paraît pas, faute de point de comparaison avec
la vertu. Et finalement, que je continue à peindre des
tableaux d'une grossièreté répugnante. (...)

(Juillet 1896, Tahiti.)

A MONFREID

(...) Je commence à guérir et j'en ai profité pour
abattre beaucoup de besogne. De la sculpture. J'en
mets partout dans le gazon. De la terre recouverte de
cire. C'est d'abord un nu de femme, puis un lion superbe
de fantaisie jouant avec son petit. Les indigènes qui
ne connaissent pas les bêtes féroces en sont tout épatés.

Par exemple, le curé a fait tout son possible pour
me faire retirer la femme nue qui n'a pas de vêtements.

La justice lui a ri au nez et quant à moi je l'ai envoyé chier proprement. Ah! si j'avais seulement ce qu'on me doit, ma vie serait extraordinairement calme et heureuse. Je vais être prochainement père d'un demi-jaune ; ma charmante dulcinée s'est décidée à vouloir pondre. Mon atelier est très beau et je vous assure que le temps passe vite. Je vous promets que de six heures du matin à midi je peux faire beaucoup de bon ouvrage. Ah! mon cher Daniel, que ne connaissez-vous pas cette vie tahitienne, vous ne voudriez plus vivre autrement.

(Novembre 1896, Tahiti.)

A CHARLES MORICE

(...) La France a envoyé ici un navire *Le Duguay-Trouin* plus cent cinquante hommes de Nouméa venus par *L'Aube* navire de guerre de cette station. Tout cela pour aller prendre de force les îles Sous-le-Vent [1], soi-disant en révolte. Lors de l'annexion de Tahiti, ils refusèrent de faire partie de l'annexion. Puis un beau jour, le nègre Lacascade, gouverneur de Tahiti, voulut faire des siennes et se couvrir de gloire. Il envoya un messager soi-disant muni de tous pouvoirs qui débarqué à Raiatea s'en alla trouver le chef, lui promit monts et merveilles. Ce chef accompagné d'autres chefs se rendit à la raison et vint sur la plage pour s'embarquer à bord du navire de guerre. Aussitôt sur la plage le navire de guerre, qui avait des ordres du gouverneur Lacascade pour prendre les indigènes, envoya à terre des embarcations armées et braqua en

1. Iles Sous-le-Vent : Raiatea, Bora-Bora, Huahiné, Tahaa (Note de Gauguin).

sourdine ses canons. Les indigènes qui ont la vue très
perçante et l'esprit très méfiant éventèrent la mèche
et se retirèrent en bon ordre. Les troupes de débarquement furent reçues à coups de fusil et furent obligées
de retourner à bord au plus vite. Plusieurs marins et
un enseigne restèrent sur le carreau. Depuis les indigènes
continuèrent leur commerce tranquillement en refusant
toutefois aux Français de circuler dans toute l'île,
leur assignant une bande de terrain assez étroite. (...)
[En] août 1895 [1], le délégué Chessé vint à Tahiti ayant
promis au gouverneur français de venir à bout des
révoltés avec la simple persuasion. Cela a coûté une
centaine de mille francs à la colonie qui est déjà sur-
chargée de dépenses. Le canard Chessé déployant ses
ailes a envoyé messager sur messager, fait cadeau
aux femmes indigènes de ballons rouges, petites boîtes
à musique et autres joujoux (textuel, je n'invente rien),
récité un tas de bêtises de la Bible. Rien ne les a tentées
malgré tous les mensonges. Chessé s'est retiré, complètement battu par la diplomatie sauvage. Actuellement
tout ce qui est soldat, plus des engagés volontaires
tahitiens enrôlés ici, sont à Raiatea. Après un ultimatum
envoyé le 25, le feu a commencé le 1er janvier 1897.
Depuis quinze jours il n'y a pas grand résultat, les montagnes pouvant cacher les habitants pendant longtemps.
    Tu pourrais faire un joli article d'information avec
(l'idée me paraît originale) une interview de P. Gauguin
à un indigène avant l'action :

*D[emande]. — Pourquoi ne voulez-vous pas être comme
Tahiti gouverné par les lois françaises ?*

— Parce que nous ne sommes pas vendus, ensuite
parce que nous sommes très heureux tels que nous

1. Voir plus haut p. 143 la lettre d'octobre 1895 à William Molard.

sommes gouvernés, lois conformes à notre nature et à notre sol. Aussitôt que vous vous installez quelque part, tout est à vous, le sol et les femmes que vous quittez deux ans après avec un enfant dont vous n'avez plus souci. Partout des fonctionnaires, des gendarmes qu'il faut entretenir de petits cadeaux sous peine de vexations sans nombre. Et, pour la moindre circulation nécessaire à notre commerce, il nous faut perdre plusieurs journées afin d'avoir un morceau de papier incompréhensible, des formalités sans nombre. Et comme tout cela coûte très cher, on nous grèverait d'impôts auxquels l'indigène ne peut suffire. Nous connaissons de longue date vos mensonges, vos belles promesses. Des amendes, de la prison, aussitôt qu'on chante et qu'on boit, tout cela pour nous donner des soi-disant vertus que vous ne pratiquez pas. Qui ne se souvient du domestique nègre du gouverneur de Tahiti Papinaud, entrant de force la nuit dans les maisons pour forcer des jeunes filles? Impossible de sévir contre lui parce que le domestique du gouverneur! Nous aimons obéir à un chef mais non à tous les fonctionnaires.

D. — Mais maintenant si vous ne vous rendez pas à merci, le canon va vous mettre à la raison. Qu'espérez-vous ?

R. — Rien. Nous savons que, si nous nous rendons, les principaux chefs iront à Nouméa au bagne et, comme pour un Maori la mort loin de son terrain est une ignominie, nous préférons la mort ici. Puis je vais vous dire une chose qui simplifie tout. Tant que nous serons côte à côte, vous Français et nous Maoris, il y aura du trouble et nous ne voulons pas du trouble. Il faut donc nous tuer tous, alors vous vous disputerez tout seuls, et cela vous sera facile avec vos canons et

vos fusils. Nous n'avons pour toute défense que la
fuite chaque jour dans la montagne. (Cette dernière
réponse est celle qui a été faite à l'ultimatum.)

Tu vois, mon cher Morice, ce qu'il y a à faire de joli,
le tout dans un langage très simple comme parlerait
un indigène.

Et si tu réussis à faire passer l'article dans un journal,
envoie-moi quelques numéros ; je serais assez content
de faire voir à quelques mufles d'ici que j'ai quelques
dents. Bien entendu il faut que mon nom y soit pour
avoir quelque importance.

Allons à l'ouvrage [1].

(*Janvier 1897.*)

[*Post-scriptum*]

Il est malheureux que nous n'ayons pas plus de résultat de l'expédition, mais elle ne fait que commencer :
en tout cas l'hôpital a déjà dix soldats blessés qui ont
été envoyés le 12.

A propos d'hôpital je viens d'essayer de rentrer
pour me soigner. J'ai eu de la part des fonctionnaires
toutes les avanies et après bien des efforts moyennant
une somme de 5 francs par jour on m'a délivré quoi ?
un billet d'entrée avec ces mots : indigent. Tu comprends
bien que, quoique très souffrant, j'ai dû refuser d'entrer
mêlé aux soldats et domestiques. Il y a du reste ici
comme en France un parti qui me tient pour un révolté,
et comme partout, ici plus qu'ailleurs, l'homme gêné
d'argent est très malmené. Bien entendu que je ne

---

1. Charles Morice intercala cette « interview », dont il avait arrondi
les phrases, au beau milieu des extraits de *Noa Noa* (récrits par lui)
qu'il publia dans *la Revue Blanche* du 1er novembre 1897, p. 183-184,
avec ce simple titre   Note ».

parle que des Européens à Papeete, parce qu'ici dans
mon coin les indigènes sont comme toujours très bons
et très respectueux à mon égard.

A MONFREID

(...) Au sujet des toiles exposées et de prochaine
exposition dont vous parlez (scission des Indépendants),
je vous dirai que je ne suis pas du tout partisan des expositions. Schuff.[enecker], cet imbécile, ne rêve qu'expositions, publicité etc., et ne voit pas que c'est d'un effet
désastreux. J'ai beaucoup d'ennemis et je suis destiné
à en avoir toujours beaucoup, même de plus en plus ;
or chaque fois que j'expose, on les réveille, et eux tous
d'aboyer et dégoûter l'amateur qu'on fatigue. Le meilleur moyen de vendre, c'est encore le silence, tout en
travaillant le marchand de tableaux.

(...) Je n'ai pas soif de gloire et de luxe, je ne demande
qu'à vivre tranquille ici dans mon adorable coin. Si
jamais vous étiez libre, que votre mère vienne à mourir,
je vous conseillerais fort de venir ici avec 200 francs de
rente par mois. La vie est tellement sereine, propice au
travail d'art que c'est folie d'en chercher d'autre.

(14 février 1897, Tahiti.)

AU MÊME

(...) Surtout ne laissez pas faire Schuff.[enecker] qui
va me fourrer dans une exposition avec Bernard, Denis,
Ranson et Cie ; ce qui donne l'occasion au critique du
Mercure de dire que c'est Cézanne et van Gogh qui sont

vraiment les promoteurs du mouvement moderne. Non, voyez-vous, les expositions ne valent rien pour moi, sinon à me faire attraper injustement et me mêler à n'importe qui. (...)

(*12 mars 1897, Tahiti.*)

AU MÊME

(...) Je n'ai plus un centime et plus de crédit même chez le Chinois pour le pain. Si je pouvais marcher, j'irais bien des journées dans la montagne chercher de quoi manger, mais non, rien! J'ai eu tort l'année dernière de ne pas mourir ; cela eût mieux valu, et maintenant cela deviendrait idiot. C'est cependant ce que je ferai le courrier suivant si je ne reçois rien. (...) Ce n'est plus une existence et c'est du reste ce qui m'empêche de guérir. (...)

(*Août 1897, Tahiti.*)

AU MÊME

(...) Sans marchand, sans personne qui me trouve la pâtée annuelle, que devenir? Je ne vois rien sinon la Mort qui délivre de tout. (...) Folle mais triste et méchante aventure que mon voyage à Tahiti. (...)

(*10 septembre 1897, Tahiti.*)

AU MÊME

(...) Puisque mes tableaux sont invendables, qu'ils restent désormais invendables. Et il arrivera un moment où on croira que je suis un mythe ou plutôt une invention de la presse ; on dira : où sont ces tableaux ? Le fait est qu'il n'y en a pas cinquante en collection en France.

(...) Ayez toujours devant vous les Persans, les Cambodgiens et un peu l'Égyptien. La grosse erreur, c'est le Grec, si beau qu'il soit. (...)

(Octobre 1897, Tahiti.)

AU MÊME

(...) Je crois qu'il a été dit sur mon compte tout ce qu'on devait dire et tout ce qu'on devait ne pas dire. Je désire uniquement le silence, le silence, et encore le silence. Qu'on me laisse mourir tranquille, oublié, et si je dois vivre, qu'on me laisse encore plus tranquille et oublié : Qu'importe que je sois élève de Bernard ou de Sérusier! Si j'ai fait de belles choses, rien ne les ternira ; et si j'ai fait de la merde, pourquoi aller la dorer, tromper les gens sur la qualité de la marchandise ? En tout cas, la société ne pourra pas me reprocher de lui avoir pris beaucoup d'argent dans sa poche, au moyen de mensonges. (...)

(Novembre 1897, Tahiti.)

Diverses choses

*Gauguin avait emporté à Tahiti en 1895 le manuscrit illus-
tré de Noa Noa que possède le Cabinet de dessins du Louvre.
Il restait dans cet album de dessins de nombreuses pages blanches.
Entre 1896 et janvier 1898 il y consigna au jour le jour ses
réflexions. Certaines ont été citées par ses biographes, mais la
plupart n'ont jamais encore été imprimées ni reproduites en
fac-similé. Grâce à l'exceptionnelle autorisation de la direction
des Musées nationaux, nous pouvons en donner ici un florilège [1].*

Mon Dieu, que de choses enfantines on pourra trouver
en ces pages, écrites tant de délassement personnel, tant
de classement d'idées aimées, quoique peut-être folles,
en défiance de mauvaise mémoire, et tant de rayons
jusqu'au centre vital de mon art. Or, si œuvre d'art
était œuvre de hasard, toutes ces notes seraient presque inutiles.

Je ne pense point ainsi : j'estime que la pensée qui a
pu guider mon œuvre ou une œuvre partielle est liée
très mystérieusement à mille autres, soit miennes, soit
entendues d'autres hommes. Quelques jours d'imagination vagabonde, je me remémore [de] longues études
souvent stériles, plus encore troublantes ; un nuage

1. Nous nous sommes permis de déplacer quelques extraits de *Diverses choses* : le lecteur les trouvera plus loin, intercalés par nous dans
d'autres écrits, car ils les complètent utilement.

noir vient obscurcir l'horizon, la confusion se fait en
mon âme et je ne saurais faire un choix. Si donc à d'autres heures de plein soleil, l'esprit lucide, je me suis
attaché à tel fait, telle vision, telle lecture, ne faut-il
pas, en un mince recul, prendre souvenance? Je crois
que l'homme a certains moments de jeu, et les choses
enfantines sont loin d'être nuisibles à une œuvre sérieuse,
lui donnant son empreinte douce, gaie et naïve. Notre
époque commence à se lasser de l'analyse outre mesure,
et la simplicité, don du grand seigneur, ne saurait être
comprise du bourgeois. Les machines sont venues, l'art
s'en est allé ; et je suis loin de penser que la photographie
nous soit propice. Depuis l'instantané, disait un amateur de cheval, le peintre a compris cet animal et Meis-
sonnier, cette gloire française, a pu donner toutes les
attitudes de ce noble animal. Quant à moi je me suis
reculé bien loin, plus loin que les chevaux du Parthénon...
jusqu'au dada de mon enfance, le bon cheval de bois.
Je me suis mis aussi à fredonner la douce musique des
scènes d'enfants de Schumann : *Le cheval de bois*. Puis
encore je me suis attardé aux nymphes de Corot dansant
dans les bois de Ville-d'Avray. Ce délicieux Corot, sans
aucune étude de danse à l'Opéra, tout naïvement du reste
et de bonne foi, sut les faire danser, toutes ces nymphes,
et dans les horizons brumeux transformer tous les
cabanons de la banlieue de Paris en vrais temples païens.
Il aimait à rêver, et devant ses tableaux je rêve aussi [1].

　　Hommes de science, pardonnez à ces pauvres artistes
restés toujours enfants, si ce n'est par pitié, du moins
par amour des fleurs, et des parfums enivrants, car
souvent ils leur ressemblent. Comme les fleurs ils s'épa-
nouissent au moindre rayon de soleil exhalant leurs
parfums mais ils s'étiolent au contact impur de la main
qui les souille. L'œuvre d'art, pour celui qui sait voir,

---

1. Voir plus loin, p. 310.

est un miroir où se reflète l'état d'âme de l'artiste.
Quand je vois un portrait peint par Velasquez, par
Rembrandt, je vois peu les traits du visage représenté
tandis que j'ai la sensation intime du portrait moral de
ces peintres. Velasquez est essentiellement royal.
Rembrandt, le magicien, essentiellement prophète.

Je ne sais plus quel auteur anglais a dit qu'on devait
reconnaître le roi quoique nu dans une foule de bai-
gneurs. Il en est de même pour l'artiste, on doit le distinguer quoique caché derrière les fleurs qu'il a peintes.
Courbet fit cette belle réponse à une dame qui lui demandait ce qu'il pensait devant un paysage que celui-ci
était en train de peindre :

— Je ne pense pas, madame, je suis ému.

Oui le peintre en action doit être ému mais auparavant il pense. Qui peut m'assurer que telle pensée, telle
lecture, telle jouissance n'ait point influencé quelques
années plus tard une de mes œuvres ?

Forgez votre âme, jeunes artistes, donnez-lui constamment une nourriture saine, soyez grands, forts et nobles,
je vous le dis en vérité, votre œuvre sera à votre image.

(...) Il est étonnant que Delacroix si fortement préoccupé de la couleur la raisonne en tant que loi physique
et imitation de la nature. La couleur! cette langue si
profonde, si mystérieuse, langue du rêve. Aussi dans
toute son œuvre je perçois la trace d'une grande lutte
entre sa nature si rêveuse et le terre à terre de la peinture de son époque. Et malgré lui son instinct se révolte ;
souvent dans maints endroits il foule aux pieds ces lois
naturelles et se laisse aller en pleine fantaisie.

Je me plais à m'imaginer Delacroix venu au monde
trente ans plus tard et entreprenant la lutte que j'ai osé
entreprendre. Avec sa fortune et surtout son génie,
quelle renaissance aurait lieu aujourd'hui! Le baron
Gros qui avait beaucoup d'affection paternelle pour

Delacroix admirait un jour le massacre de Scio [1] presque terminé. Très étonné d'une faute énorme de dessin il en fit l'observation à Delacroix.

— Comment, lui disait-il, pouvez-vous à côté de si admirables morceaux laisser un œil de face sur un visage de profil ?

— Ah ! je suis bien malheureux, lui répondit Delacroix. Voilà plusieurs fois que je le mets convenablement, mais cela ne fait pas bien. Essayez, peut-être ce sera mieux, et en même temps il lui tendit la palette.

— Ma foi, s'écria le baron Gros, après un essai infructueux, vous avez raison et il effaça ce qu'il venait de faire.

Ce furent ces révoltes dans le dessin qui lui donnèrent la fausse réputation d'un mauvais dessinateur mais d'un bon coloriste. Tandis que, pour la couleur, Delacroix ne fit aucun pas en avant.

(...) Que dire des aspects choquants que donne la perspective réelle ? Défauts moins choquants peut-être dans le paysage, où les parties qui se présentent en avant peuvent être grossies, même démesurément, sans que le spectateur en soit aussi blessé que quand il s'agit de figures humaines. Corrigez dans un tableau cette inflexible perspective qui fausse la vue des objets à force de justesse. Devant la nature elle-même, c'est notre imagination qui fait le tableau. Ce qui fait l'infériorité de l'art moderne, c'est la prétention de tout rendre. L'ensemble disparaît, noyé dans les détails. Et l'ennui en est la conséquence.

Il y a une impression qui résulte de tel arrangement de couleurs, de lumières, d'ombres. C'est ce qu'on appellerait la musique du tableau. Avant même de savoir ce que le tableau représente, vous entrez dans une cathé-

1. On orthographie plutôt : Chio.

drale, et vous vous trouvez placé à une distance trop grande du tableau pour savoir ce qu'il représente, et souvent vous êtes pris par cet accord magique. C'est ici la vraie supériorité de la peinture sur l'autre art, car cette émotion s'adresse à la partie la plus intime de l'âme.

La grandeur des maîtres de l'art ne consiste pas dans l'absence des fautes. Leurs fautes ou plutôt leurs oublis sont autres que ceux du commun des artistes. Les poétiques, les critiques veulent toujours dans les ouvrages des grands maîtres attribuer à la perfection de quelques qualités secondaires ce qui est l'effet de cette faculté unique. Ils vantent le dessin de Raphaël, le coloris de Rubens, le clair-obscur de Rembrandt. Non, mille fois non, ce n'est pas là la vérité.

Y a-t-il une recette pour faire le beau ? Les écoles donnent ces recettes, mais elles n'enfantent pas d'ouvrages qui fassent dire :

— Que c'est beau !

(...) Vous trouverez toujours le lait nourricier dans les arts primitifs. (Dans les arts de pleine civilisation, rien, sinon répéter.) Quand j'ai étudié les Égyptiens, j'ai toujours trouvé dans mon cerveau un élément sain d'autre chose, tandis que l'étude du grec, surtout le grec décadent, m'a inspiré dégoût ou découragement, un vague sentiment de la mort sans espoir de renaître.

(...) Finement, malicieusement, mais aussi, autoritairement, le critique... (celui qui ne coupe pas dans le pont, qui attend les consécrations de la postérité avant de... hurler) — ceux-là hurlent l'admiration comme l'injure : ne craignez rien, ne tremblez pas (le fauve n'a point d'ongles, n'a point de dents, même point de cervelle : il est empaillé) — ... le critique me demande :

— Vous êtes symboliste ? Je suis bon enfant et je voudrais m'instruire, expliquez-moi donc le symbolisme.

Timidement (je ne hurle pas) je lui réponds :

— Que vous seriez aimable de me parler en hébreu, une langue que, ni vous, ni moi nous ne comprenons. La situation deviendrait de ce fait un peu analogue à...

— A quoi donc, monsieur le symboliste?

Toujours finement, malicieusement. Timidement, sans finesse, sans malice :

— Mais... mes tableaux parlent probablement hébreu que vous ne comprenez pas, inutile donc de continuer la conversation.

(...) Croquis japonais [1], estampes d'Hokusaï, lithographies de Daumier, [cruelles observations] de Forain, école de Giotto, groupés en ce recueil [en un album], non par hasard, de par ma [bonne] volonté, tout à fait intentionnée [2].

[J'y joins une photographie d'une peinture de Giotto.]

Parce que d'apparences différentes je veux en démontrer les liens de parenté. Les conventions imposées par de maladroits critiques ou par la foule ignorante classeraient ces diverses manifestations d'art parmi les caricatures ou [les choses d']art léger. Il n'en est rien pourtant. J'estime que l'art est toujours sérieux quel qu'en soit le sujet ; la caricature cesse d'être caricature du moment même où cela devient de l'art. Les vierges de Bouguereau ne sont pas elles-mêmes grotesques mais, l'art n'existant point, nous pouvons affirmer que les tableaux de Bouguereau sont grotesques, par conséquent des caricatures. *Candide* n'est pas une œuvre légère, et Voltaire en cet écrit agit comme Daumier. Chez Forain il y a du Louis Veuillot. [Les artistes ne font

---

1. Ce texte est un peu différent de celui que Gauguin reprendra dans *Avant et Après*. Nous indiquons entre crochets les passages, dans ce dernier livre, qui ne figuraient pas dans *Diverses Choses*.
2. Il s'agit de reproductions d'œuvres d'art que Gauguin avait emportées avec lui en Océanie.

pas de caricatures. Suivant le bœuf gras, un mousque-
taire reste un chienlit. Voltaire a écrit *Candide*. Daumier
a modelé Robert Macaire. Dans *Sagesse*, Gaspard ne me
fait pas rire [1]. Louis Veuillot méprise. Forain aussi.]

Chez ce guerrier d'Hokusaï n'y voyez-vous pas la
noble attitude du *Saint Michel* de Raphaël, la même
pureté de lignes, avec la puissance d'un Michel-Ange,
et cela avec des moyens beaucoup plus simples, sans le
jeu des ombres et de la lumière? Si loin, si près de la
nature. Inutile d'insister sur la noblesse et la franchise
du dessin, elles éclatent aux yeux de ceux qui ont l'instinct et l'amour de ces qualités primordiales. Et comme
je parle, ici, dans le temple, aux délicats et à ceux qui
veulent écouter et non discuter sur ce qu'ils ne savent
pas, je dirai peu de mots sur ce qu'on entend par la
franchise du dessin. [Chez ce guerrier d'Hokusaï, *Saint
Michel* de Raphaël se japonise, de lui encore un dessin.
Michel-Ange se devine. Michel-Ange le grand caricaturiste! Lui et Rembrandt se donnent la main. Hokusaï
dessine franchement.]

Dessiner franchement, ce n'est point affirmer une
chose vraie de la nature [c'est ne pas mentir à soi-même]
mais se servir de locutions picturales qui ne déguisent
pas la pensée. Le peintre qui, par peur de se tromper ou
par peur du public, n'ose pas mettre une vraie couleur
nécessaire à son harmonie et la remplace par une autre
non définie, dit un mensonge et une bêtise. Chez les
Japonais en général la franchise est en évidence.

Arrivons maintenant au morceau capital de cette
petite exposition, le Giotto.

Un critique d'art disait de moi : ce prétendu grand
peintre marche à pieds joints sur toutes les règles de
perspective, et sur toutes les traditions. Enlevez les

1. Le poème de Verlaine : « Je suis venu pauvre orphelin... » qui se
termine par « Priez pour le pauvre Gaspard ». Gauguin l'avait inséré *in
extenso* dans le *Cahier pour Aline.*

traditions et cette critique pourrait s'appliquer à Giotto,
en cette toile. La Magdalena et sa compagnie arrivent
à Marseille dans une barque qu'on pourrait croire une
section de fromage de Hollande [si toutefois une section
de calebasse figure une barque]. Les anges les précèdent,
leurs ailes déployées. Aucune relation à établir entre ces
personnages et la tour minuscule où entrent des hommes
encore plus minuscules. D'apparence taillés dans du
bois, ces personnages dans la barque sont immenses,
[ou bien légers puisque la barque ne sombre pas] tandis
qu'au premier plan une figure drapée, beaucoup plus
petite, se tient invraisemblablement sur un rocher,
on ne sait par quelle prodigieuse loi d'équilibre.

J'ai vu devant cette toile quelqu'un d'intelligent
sourire puis me regardant le sourire aux lèvres. Il me
dit : « Vous comprenez cela ? » J'ai répondu ce que je
réponds encore aujourd'hui : il n'y a pas à comprendre.
Tout comme dans une audition musicale. Tous ces
personnages seraient à leur vraie grandeur, la mer une
vraie mer, les visages de la vraie chair, vous compren-
driez alors ! Je ne crois pas, parce que les lois de beauté
ne résidant pas dans toutes ces vérités, il faut chercher
ailleurs votre émotion à défaut de compréhension.
[Devant cette toile, j'ai vu lui, toujours lui, l'homme
moderne, qui raisonne ses émotions comme les lois de la
nature, sourire de ce sourire d'homme satisfait et me
dire : « Vous comprenez cela ? » Certainement, en ce
tableau, les lois de beauté ne résident pas en des vérités
de la nature ; cherchons ailleurs.]

Dans cette merveilleuse toile on ne peut nier une
immense fécondité de conception. Qu'importe si la
conception est naturelle ou invraisemblable. J'y vois
une tendresse, un amour tout à fait divin. Je voudrais
passer ma vie en si honnête compagnie. Giotto avait
des enfants très laids. Quelqu'un lui ayant demandé
pourquoi il faisait de si jolis visages dans ses tableaux

et au naturel [en nature] de si vilains enfants, il répondit :
« Mes enfants, c'est le travail de nuit et mes tableaux
[le] travail de jour. » Giotto connaissait-il les lois de
[la] perspective ? je ne veux pas le savoir. Ses procédés
d'éclosion ne sont pas à nous mais à lui : estimons-nous
heureux d'avoir et de voir [de pouvoir jouir de] ses
œuvres.

LE TABLEAU QUE JE VEUX FAIRE [1]

Il a six mètres de long, deux de haut. Pourquoi ces
mesures ? Parce que c est toute la largeur de mon atelier
et, pour la hauteur, je ne peux travailler sans fatigue
extrême. La toile est déjà tendue, préparée, lissée avec
soin : pas un nœud, pas un pli, pas une tache. Pensez
donc, ce sera un chef-d'œuvre.

Au coup d'œil géométrique la composition de lignes
partira du milieu, lignes elliptiques d'abord puis ondu-
lant jusqu'aux extrémités. La figure principale sera
une femme se transformant en statue, conservant la vie
pourtant, mais devenant idole. La figure se détachera
sur un bouquet d'arbres comme il n'en pousse pas sur la
terre mais dans le paradis. On me comprend bien ! n'est-
ce pas ? Ce n'est pas la statue de Pygmalion s'animant
et devenant humaine, mais la femme devenant idole.
Ce n'est pas non plus la fille de Loth changée en statue
de sel : eh grand Dieu, non !

De toutes parts les fleurs qui embaument surgissent,
les enfants s'ébattent dans ce jardin, les jeunes filles
cueillent des fruits ; les fruits s'amoncellent dans d'immenses paniers ; des jeunes gens robustes en gracieuses

1. Tableau non exécuté.

attitudes les apportent au pied de l'idole. L'aspect du
tableau doit être grave comme une évocation religieuse,
mélancolique, et gai comme les enfants. Ah! j'oubliais :
j'y veux aussi d'adorables petits cochons noirs reniflant
du grouin les bonnes choses qu'on mangera, signalant
leur envie par des rires de la queue.

Mes personnages seront grandeur nature au premier
plan, mais voilà, les règles de perspective vont me forcer
à un horizon très élevé et ma toile n'a que deux mètres
de haut, je ne pourrai alors développer les superbes
manguiers de mon jardin.

Comme c'est difficile la peinture! Je marcherai à pieds
joints sur les règles et je serai lapidé.

Pour être grave, les couleurs seront graves. Pour être
gai, les couleurs chanteront comme les épis de blé, seront
claires. Comment faire, peinture foncée et claire? Il y
a bien le « entre les deux » qui satisfait le monde en général
mais ne me réjouit guère.

Mon Dieu, que c'est difficile la peinture quand on veut
exprimer sa pensée avec des moyens picturaux et non
littéraires. Décidément le tableau que je veux faire est
loin d'être fait, le désir est plus grand que ma puissance,
ma faiblesse est immense (immense et faiblesse, hum!).
Dormons...

(...) A PROPOS DE LA PERSPECTIVE

Me disait à l'auberge un étranger pour moi, survenu
dans une conversation générale en homme qui s'intéresse
aux beaux-arts :

— J'ai vu dans un musée un tableau pas plus grand
que ça (et ses mains écartées d'environ trente centi-
mètres simulent les dimensions). Ah quelle belle chose!
Cela représentait un des côtés de l'église (Saint-Pierre de

Rome). Il y a là-dedans une perspective admirable ;
on voit toutes ces colonnes qui vont loin, bien loin, puis
des personnages qui deviennent dans le fond tout petits.
C'est vraiment extraordinaire.

Par politesse je n'ose sourire et j'approuve de la tête.
Puis je pense tristement que ce brave homme qui n'y
met pas de malice est en tous points semblable à des
gens compétents, des critiques qui alors y mettent de la
malice, qui influent sur notre destinée, à nous peintres.
Eux aussi admirent ces admirables perspectives qui
éloignent si bien ; en ont-ils écrit des pages sur la perspective et sur l'orthographe du dessin !

(...) Voulez-vous une perspective qui éloigne, écartez
ferme les lignes convergeant à l'horizon, un enfant sait
cela, alors, pourquoi s'en étonner et admirer ? Et dans
le cas contraire, pourquoi blâmer ?

Dans *L'École d'Athènes* Raphaël commet les fautes
d'orthographe les plus incompréhensibles et cela fait
bien. (Je te crois !) Dans un grand vestibule auquel on
arrive en montant quelques marches d'escalier, des
personnages. Au premier plan, sur des marches, groupe
d'hommes (Raphaël tient un carton à dessin), et ainsi
de suite jusque dans le fond. Cet intérieur donne la
sensation d'un vestibule très grand en espace, et très
haut, mais dont on voit les limites cependant normale-
ment rapprochées (sinon il n'y aurait pas intimité, la
scène ne serait pas localisée).

S'il met sa ligne d'horizon élevée, le terrain dallé
prend une grande importance et par suite les colonnes
n'apparaissent que par la base, ce qui supprime la riche
stature de cette pièce. S'il met sa ligne d'horizon en bas,
les personnages s'abaissent également et cela il ne le
veut pas. Il veut de l'importance aux personnages et de
l'importance au monument. Il marche alors à pieds
joints sur les règles mathématiques, matérielles, linéaires
de la perspective naturelle (ce qui n'est pas la même

chose que les règles d'art inaccessibles à la foule) et les
remplace soit par des équivalents, soit par d'autres
règles plus ou moins fabuleuses, parlant en quelque
sorte un langage parabolique qui, traduit par la critique
littéralement, est en effet absurde, tandis que traduit
rationnellement devient un langage noble. Dans tous
ses groupes, les visages, quoique très rapprochés les uns
des autres, par leur situation qu'indiquent les pieds,
diminuent très sensiblement en grosseur et en éléva-
tion, ce qui donne immédiatement la sensation d'éloignement.

Les différents groupes, soit du premier plan soit du
dernier, sont à peu près de la même hauteur, mais toujours avec ce même principe des visages se touchant et
diminuant ; de plus leurs mouvements sont tous à peu
près analogues (on pourrait presque dire d'une façon
monotone), ce qui est une accentuation du principe et
de l'idée primordiale qui règne dans le tableau depuis
le premier plan jusqu'au dernier.

(...) A mon exposition de Tahiti chez Durand-Ruel [1]
(malgré l'ennui d'avoir à parler de moi, je le fais ici
pour expliquer mon art tahitien, puisqu'il est réputé
pour être incompréhensible) : à cette exposition la foule
puis la critique hurlèrent devant ces toiles qui ne
s'aéraient pas suffisamment. Point de perspective aimée ;
des allées, des allées... L'air était étouffant comme à l'approche d'un cataclysme, etc. Probablement ignorance
de la perspective, défaut de vision, incompréhension
surtout des lois de la nature. Eh bien je veux me défendre.

Voulaient-ils que je leur présentasse Tahiti fabuleuse,
semblable aux environs de Paris, alignée, ratissée ?
Et ce qui est le fait de profonde réflexion, de logique

1. L'exposition ouvrit le 4 novembre 1893.

déduction puisée en moi et non en des théories maté-
rialistes faites par les bourgeois de Paris, devient à leurs
yeux un tort grave, celui de ne pas hurler avec la foule.
Et l'un s'écrie : « Comprenez-vous le symbolisme ? Moi
je ne le comprends guère. » Et l'autre, spirituel (mon
Dieu, que d'esprit à Paris !) écrit : « Pour amuser vos
enfants, envoyez-les à l'exposition de Gauguin, ils
s'amuseront devant des images coloriées représentant
des femelles de quadrumanes étendues sur des
tapis de billard, le tout agrémenté de paroles du
cru », etc.

Ces gens ne comprennent donc rien ! Est-ce trop simple
pour les Parisiens trop spirituels et raffinés ?

L'île, montagne au-dessus de l'horizon de la mer
entourée d'une bande étroite de terre sur le corail. Ren-
seignement géographique. Elle est épaisse, l'ombre qui
tombe du grand arbre adossé à la montagne, du grand
arbre qui masque l'antre formidable. Épaisse aussi la
profondeur des forêts.

Toute perspective d'éloignement serait un non-sens ;
voulant suggérer une nature luxuriante et désordonnée,
un soleil du tropique qui embrase tout autour de lui,
il me fallait bien donner à mes personnages un cadre en
accord.

C'est bien la vie en plein air, mais cependant *intime*,
dans les fourrés, les ruisseaux ombrés, ces femmes chu-
chotant dans un immense palais décoré par la nature
elle-même, avec toutes les richesses que Tahiti renferme.
De là, toutes ces couleurs fabuleuses, cet air embrasé,
mais tamisé, silencieux.

— Mais tout cela n'existe pas !

— Oui, cela existe, comme équivalent de cette
grandeur, profondeur, de ce mystère de Tahiti,
quand il faut l'exprimer dans une toile d'un mètre
carré.

Elle est bien subtile, très savante dans sa naïveté,

l'Ève tahitienne [1]. L'énigme réfugiée au fond de leurs
yeux d'enfants me reste incommunicable.

Ce n'est plus là une petite Rarahu, jolie, écoutant une
jolie romance de Pierre Loti jouant de la guitare (de
Pierre Loti joli aussi). C'est l'Ève après le péché, pouvant encore marcher nue sans impudeur, conservant
toute sa beauté animale comme au premier jour. La
maternité ne saurait la déformer tant ses flancs restent
solides : les pieds de quadrumane! Soit. Comme l'Ève,
le corps est resté animal. Mais la tête a progressé avec
l'évolution, la pensée a développé la subtilité, l'amour
a imprimé le sourire ironique sur ses lèvres, et,[!] naïvement, elle cherche dans sa mémoire le pourquoi des
temps passés, des temps d'aujourd'hui. Énigmatiquement, elle vous regarde.

— C'est de l'intangible, a-t-on dit.

Soit, j'accepte.

Sur le chevalet, un tableau bizarre [2]. Dans un cirque
aux teintes étranges, tels les flots d'un breuvage diabo-
lique ou divin, on ne saurait, l'Eau mystérieuse [3]
jaillit pour des lèvres altérées d'Inconnu.

Devant cette forme affectant l'allure de surnaturalisme, cette forme qui matérialise l'idée pure, on s'écria
(exposition chez Durand-Ruel) :

— Mais c'est de la folie, où a-t-il vu cela?

Qu'ils méditent ces paroles : « Le sage, lui seul,
cherchera à pénétrer dans le mystère des paraboles. »

(...) Le point caractéristique de la peinture du
XIXᵉ siècle est la grande lutte pour la forme, pour la

---

1. Il semble qu'il s'agisse du tableau répertorié par Wildenstein sous
le n° 389 et le titre *Ève exotique* que le rédacteur de ce catalogue a
raison de dater de 1894 (et non de 1890).

2. Citation article par A[chille] Delaroche. (*Note de Gauguin.*)

3. C'est le tableau *Pape moe* (Eau mystérieuse), déjà mentionné dans
Noa Noa, voir plus haut p. 116.

couleur. Longtemps deux camps se disputaient la victoire ; aujourd'hui existe un troisième camp plus bourgeois, de conséquence moins passionné, réglant ces sortes de combat comme le juge de paix par un compromis. O Roi Salomon, comme on a travesti ta sagesse.

Tout d'abord, parlons des deux camps, examinons quelles sont leurs mauvaises ou bonnes raisons.

La forme ou le dessin, infiniment riche en vocable, peut exprimer tout et cela noblement, soit par la ligne exclusivement, soit par des tons qui modèlent et par suite simulent la couleur. A une autre époque Rembrandt avec génie a fait croire à la couleur, tandis que Holbein, l'Allemand, Clouet, le Français, se servirent singulièrement de la ligne exclusivement.

Au XIXᵉ siècle Ingres reste debout. Tous ceux-là eurent la victoire pleinement.

Mais pourquoi à ces belles formes ne pas ajouter un autre élément, la couleur, qui compléterait, qui enrichirait, rendrait le chef-d'œuvre encore plus chef-d'œuvre ? Je ne m'y oppose pas, mais je ferai remarquer qu'en ce sens ce n'est pas un autre élément, c'est le même, ce serait en quelque sorte de la sculpture colorée. Que le Moïse de Michel-Ange soit d'un ou plusieurs tons, la forme est toujours la même. Velasquez, Delacroix, Manet ont fait de la belle couleur, mais encore une fois leurs chefs-d'œuvre ne donnent que des sensations directes du dessin. Ils ont dessiné avec des couleurs. Et Delacroix croyait combattre... pour la couleur, tandis qu'au contraire il travaillait pour la victoire du dessin. Sa fougue poétique inspirée de Shakespeare, son âme passionnée ne se trouvent exprimées que par le dessin. Ses lithographies, la photographie de ses tableaux, donnent de lui tout son langage. Et devant ses tableaux j'éprouve les mêmes sensations qu'après une lecture ; par contre si je vais au concert entendre

un quatuor de Beethoven j'en sors avec des images
colorées qui vibrent au fond de mon être. Ce qui se
passe pour Delacroix existe aussi pour Puvis de Chavannes, pour Degas, les citant comme maîtres modernes.

Vinrent les impressionnistes! Ceux-là étudièrent la
couleur exclusivement, en tant qu'effet décoratif,
mais sans liberté, conservant les entraves de la vraisemblance. Pour eux le paysage rêvé, créé de toutes
pièces, n'existe pas. Ils regardèrent et ils virent harmonieusement, mais sans aucun but : leur édifice ne fut
bâti sur aucune base sérieuse fondée sur la raison des
sensations perçues au moyen de la couleur.

Ils cherchèrent autour de l'œil et non au centre
mystérieux de la pensée, et de là tombèrent dans des
raisons scientifiques. Il y a physique et métaphysique.
Quoi qu'il en soit leurs travaux ne furent point inutiles
et quelques-uns comme Claude Monet firent de vrais
chefs-d'œuvre d'harmonie. La pensée, le doux mystère
n'en furent point le prétexte ni la conclusion ; ce fut
le chant du rossignol. Ils eurent raison de commencer
par l'étude de la nature colorée (comme le lait nourricier
préparant l'enfant à supporter plus tard une nourriture
plus solide), évolution de cette époque, nécessaire,
mais qui aurait dû aussi être progressive jusqu'à son
développement final. Et cela ils ne le firent pas ; je
pourrais presque affirmer qu'ils ne se doutèrent pas de
l'existence possible d'une progression. Vaniteusement,
éblouis par leur premier triomphe, ils crurent que
c'était tout. Ce sont les officiels de demain, autrement
terribles que les officiels d'hier.

Ceux-ci [1] ont derrière eux un passé glorieux, ils
sont placés dans un édifice construit sur des bases
solides : quand l'un d'eux dit « nous » (quelque faible
qu'il soit) il faut s'incliner. Ils ont eu dans leurs rangs

---

1. Par « ceux-ci » Gauguin désigne les « maîtres modernes » *non impressionnistes* dont il parlait un peu plus haut et auxquels il revient.

des hommes comme Ingres, Delacroix ; ils ont aujour-
d'hui des hommes comme Puvis de Chavannes, pour ne
citer que celui-là. Puis l'art dont ils parlent (la plupart sans comprendre) est là debout, logique, puis sécu-
laire, ce qui est une force. Cet art en outre a été jusqu'au
bout, a produit et produira encore des chefs-d'œuvre.

Tandis que ces officiels de demain sont dans une
barque vacillante, puisque mal construite et inache-
vée. Quand ils disent « nous », qui sont-ils, combien
sont-ils ? Quand ils parleront de leur art, quel est-il ?
un art purement superficiel, tout de coquetterie, purement matériel : la pensée n'y réside pas.

Le siècle va finir et la foule se présente inquiète
aux portes du savant : on chuchote à l'oreille, des
sourcils se froncent, des visages se dérident. Eh bien
est-ce fini ? Oui. Quelques minutes après : non, pas
encore. De quoi s'agit-il donc ; est-ce une pucelle qui
accouche, un pape qui se fait vraiment chrétien ou
un pendu qu'on ressuscite ? Non pas ; c'est tout simplement la photographie des couleurs, ce problème tant
cherché dont la résolution va mettre tant de malpropres,
le fessier dans leur... On saura enfin qui a raison,
Cabanel, Claude Monet, Seurat, Chevreul, Rood,
Charles Henry ; les peintres, les chimistes.

Rood, Charles Henry décomposèrent la couleur, la
composèrent si l'on veut : Delacroix naïvement s'écarta
de ses soucis de peintre poète pour courir après des
cabriolets jaunes s'ombrant de violet.

Zola lui-même, si peu peintre, lui qui a un goût
si prononcé pour les teintes de bitume (langage convenable) s'occupe dans le magasin de Mouret, le « Bonheur
des Dames », à faire des bouquets blancs de nuances
infinies. Vous voyez, tout le monde s'occupe de la
couleur. J'allais oublier Brunetière, cet homme si
instruit. Nous l'avons entendu, tous un peu ahuris ;

nous l'avons entendu au banquet Puvis de Chavannes
féliciter ce grand peintre de... d'avoir fait d'aussi
beaux tableaux avec des teintes pâles. Dans votre
superbe jardin, seules les glycines y fleurissent, point
de roses pourpres, de géraniums écarlates, aucune
pensée aux violets graves, et surtout pas de soleils,
de coquelicots ; des bleuets peut-être! Tels les jardins
impressionnistes. Puis chacun a un goût pour une
couleur. Paul n'aime pas le bleu, Henri a horreur du
vert (des épinards!), Eugène a peur du rouge, Jacques
se trouve mal quand il voit du jaune. Devant ces
quatre critiques le peintre ne sait comment s'expliquer,
il a beau hasarder timidement quelques paroles sur la
constatation des couleurs dans la nature, prenant
pour appui Chevreul, Rood, Charles Henry ; les critiques
hurlent et ils se taisent.

Et comme on lance un pet pour se débarrasser d'un
gêneur Cézanne dit avec un accent méridional : « Un
kilo de vert est plus vert qu'un demi-kilo. » Tous de
rire : il est fou! Le plus fou n'est pas celui qu'on pense.
Ces paroles ont un autre sens que le sens littéral de
la phrase, et pourquoi leur expliquer le sens rationnel?
Ce serait jeter des perles aux pourceaux.

La photographie des couleurs va nous dire la vérité.
Quelle vérité? la vraie couleur d'un ciel, d'un arbre,
de toute la nature matérialisée. Quelle est donc la
vraie couleur d'un centaure, d'un minotaure, ou d'une
chimère, de Vénus et de Jupiter?

Mais vous avez une technique, me dira-t-on. Non je
n'en ai pas. Ou plutôt j'en ai une, mais très vagabonde,
très élastique, selon les dispositions où je me lève le
matin, technique que j'applique à ma guise pour exprimer ma pensée, sans tenir compte de la vérité de la
nature, apparente extérieurement. On croit à cette
heure avoir, soit par les travaux des prédécesseurs en
peinture, leurs observations formulées dans leurs

œuvres puis transcrites par des traducteurs lettrés,
soit par les derniers travaux chimiques, physiques,
scientifiques des savants plus amoureux de vérité
que de choses imaginaires — on croit (tout cela réuni
en faisceau) avoir tout dit en tant que moyens techniques de peindre.

Eh bien, moi je ne [le] crois pas, si j'en juge par de
nombreuses observations que j'ai faites et mises en
pratique. Or si je crois avoir trouvé beaucoup, je dois
en conclure logiquement qu'il reste encore beaucoup à
trouver par messieurs les peintres ; et ils trouveront.

Il serait oiseux en ce mince recueil d'exposer toutes
ces observations dangereuses dans leur application
pour ceux qui ne les comprendraient qu'à moitié et
dont il faut faire un choix selon les dispositions où
l'on est en se levant le matin ; chaque sujet à traiter
ayant une préférence pour une technique, spéciale,
en harmonie avec la pensée qui le guide. Néanmoins
nous allons un peu en causer à seule fin d'indiquer,
en esquisse seulement, le mensonge de la vérité et
la vérité du mensonge. Nous espérons que le lecteur,
choisi entre tous, et surtout bien intentionné, arrivera,
malgré le côté sommaire de l'esquisse, à découvrir
le sens vrai, rationnel, et non surnaturel des énormités
qui lui sont exposées.

La vérité se trouve devant vos yeux, la Nature s'en
porte garante : vous tromperait-elle par hasard ? Serait-
elle bien nue ou déguisée ? Vos yeux à défaut de la
raison ont-ils la perfection voulue pour la découvrir ?

Voyons voir, dirait le sceptique ouvrier. Le ciel
est bleu, la mer est bleue, les arbres sont verts, leurs
troncs sont gris, la terre sur laquelle ils reposent est
légèrement indéfinissable. Tout cela, chacun le sait,
s'appelle couleur locale, mais la lumière vient changer
à sa guise l'aspect de toutes les couleurs. Et la mer
que nous savons bleue, ce qui est de toute vérité,

devient jaune, prend en quelque sorte une teinte fabuleuse qui ne se voit que chez le teinturier [1]. Les ombres
sur les terrains deviennent violettes ou autres teintes
en complémentaires de la couleur qui l'avoisine. Et
chacun, la lorgnette à la main, examine le ton juste,
et avec dextérité applique sur la toile, dans des casiers
préparés à l'avance, la vraie couleur, la couleur vraie
qui est là devant ses yeux quelques instants.

En atténuant un peu, mieux vaut se tromper en
moins qu'en plus, l'exagération est un crime (tout
le monde sait cela). Mais qui pourra affirmer la vérité
de ses couleurs à cette heure, à cette minute à laquelle
personne n'a assisté, même le peintre qui a oublié
la minute d'auparavant? Les hommes appliquent le
ton avec minutie, délicatement, de peur d'être jugés
grossiers ; les femmes avec des touches vigoureuses,
larges, afin d'être jugées mâles, crânes et de tempérament (sans adjectif, en terme d'atelier tempérament
suffit). Mais cette force lumineuse, où est-elle? je vois
bien des ombres qui indiquent que le soleil a dû dénaturer la couleur locale, j'ai bien entendu le domestique
annoncer le roi, mais je ne vois pas le soleil, le roi.

Tout cet amas de couleurs justes est sans vie, glacé;
effrontément et stupidement il ment. Où est ce soleil
qui réchauffe, qu'est devenu cet immense tapis d'Orient?

MENSONGE DE LA VÉRITÉ

Et devant cette petite toile qui a l'intention préten-
tieuse d'imiter la nature vraie on est tenté de dire :

1. Dans un article du *Figaro*, Henri Fouquier, le grand journaliste,
parlant d'un tableau de Gauguin où la mer était jaune disait : « Monsieur
Gauguin est parti, dit-on, pour Tahiti, j'espère qu'il rencontrera,
au cours du voyage, cette fameuse mer jaune qu'il aime tant à
peindre », etc. (*Note de Gauguin.*)

ô homme, que tu es petit. Puis aussi qu'un kilo de
vert est plus vert qu'un demi-kilo.

J'ai observé que le jeu des ombres et des lumières
ne formait nullement un équivalent coloré d'aucune
lumière ; une lampe, la lune, le soleil donnent tout
cela, c'est-à-dire un effet ; mais qu'est-ce qui distingue
toutes ces lumières entre elles ? La couleur. La traduction picturale de ces lumières avec le jeu des ombres,
les valeurs qu'elles comportent deviennent négatives :
ce ne serait qu'une traduction littéraire (un écriteau
pour indiquer que là réside la lumière, une forme de
la lumière). De plus, comme ces lumières s'indiquent
dans le paysage d'une façon uniforme, mathématique,
monotone, réglée par la loi du rayonnement, comme
elles accaparent toutes les couleurs pour les remplacer
par la sienne, il s'ensuit que la richesse d'harmonies,
d'effets, disparaît, est emprisonnée dans un moule
uniforme. Quel en serait donc l'équivalent ? La couleur
pure ! et il faut tout lui sacrifier. Un tronc d'arbre
de couleur locale, gris bleuté, devient bleu pur, et de
même pour toutes les teintes. L'intensité de la couleur
indiquera la nature de chaque couleur : par exemple
la mer bleue aura un bleu plus intense que le tronc
d'arbre gris, devenu bleu pur, mais moins intense.
Puis, comme un kilo de vert est plus vert qu'un demi-
kilo, il faut pour faire l'équivalent (votre toile étant
plus petite que la nature) mettre un vert plus vert
que celui de la nature. Voilà la vérité du mensonge.
De cette façon votre tableau illuminé d'après un subter-
fuge, un mensonge, sera vrai puisqu'il vous donnera
la sensation d'une chose vraie (lumière, force et grandeur), aussi variée d'harmonies que vous pourrez le
désirer. Le musicien Cabaner disait que pour donner en
musique la sensation du silence, il se servirait d'un
instrument de cuivre donnant une seule note aiguë,
rapide, et très forte. Ce serait donc un équivalent en

musique, traduisant une vérité par un mensonge. Ne
nous étendons pas sur ce sujet : je vous l'ai dit, c'est
une esquisse seulement. Elle ne peut avoir d'importance
que pour ceux qui sont préoccupés de physique. Il
reste donc à parler de la couleur au point de vue unique
d'art. De la couleur seule comme langage de l'œil qui
écoute, de sa vertu suggestive (dit A. Delaroche) propre
à aider l'essor imaginatif, décorant notre rêve, ouvrant
une porte nouvelle sur l'infini et le mystère. Cimabue
sembla indiquer à la postérité les portes de cet Eden,
mais la postérité répondit casse-cou. Les Orientaux,
Persans et autres ont avant tout imprimé un dictionnaire complet de cette langue de l'œil qui écoute ;
ils ont doté leurs tapis d'une merveilleuse éloquence.
O peintres qui demandez une technique de la couleur,
étudiez les tapis, vous trouverez là tout ce qui est
science, mais, qui sait, le livre est peut-être cacheté,
vous ne pouvez le lire. Puis le souvenir de mauvaises
traditions vous obstrue. De la couleur ainsi déterminée
par son charme propre, indéterminée en tant que dési-
gnation d'objets perçus dans la nature, il en ressort
un « qu'est-ce que cela pourrait bien dire ? » troublant,
et déroutant vos qualités d'analyse. Qu'importe !

Photographiez une ou plusieurs couleurs, c'est-à-dire
transposez-les en blanc et noir, vous n'avez plus qu'une
absurdité, le charme a disparu. C'est pourquoi la
photographie d'un Delacroix, d'un Puvis de Chavannes, etc., nous donne un aperçu très approximatif
de ces tableaux ; ce qui prouve que leurs qualités ne
résident pas dans leur couleur. Delacroix était un grand
coloriste, a-t-on dit sur tous les tons, mais un mauvais
dessinateur. Vous voyez bien que c'est le contraire
puisque le charme qui réside dans ses œuvres n'a point
disparu à la photographie.

Nous venons, tant bien que mal, de signaler puis
expliquer la couleur en tant que matière animée ;

tel le corps d'un être animé ; il nous reste à parler de
son âme, de ce fluide insaisissable qui par les moyens
de l'intelligence et du cœur a tant créé, tant remué :
de la couleur, propre à aider l'essor imaginatif, ouvrant
une porte nouvelle sur l'infini et le mystère. Nous ne
pouvons l'expliquer, mais nous pouvons peut-être
suggérer par un détour, par une comparaison, son
langage.

La couleur étant en elle-même énigmatique dans les
sensations qu'elle nous donne [1], on ne peut logiquement
l'employer qu'énigmatiquement, toutes les fois qu'on
s'en sert, non pour dessiner, mais pour donner les
sensations musicales qui découlent d'elle-même, de
sa propre nature, de sa force intérieure, mystérieuse,
énigmatique. Au moyen d'harmonies savantes on
crée le symbole. La couleur qui est vibration comme
la musique atteint ce qu'il y a de plus général et partant
de plus vague dans la nature : sa force intérieure. (...)

Aussi sommairement indiqué, aussi énigmatiquement
suggéré, ce problème de la couleur reste à résoudre,
dira-t-on. Qui a dit qu'il serait résolu par une équation
mathématique, expliqué par des moyens littéraires ?
Il ne peut être résolu que par une œuvre picturale,
même si cette œuvre picturale est d'un ordre inférieur.
Il suffit que l'être soit créé, qu'il ait une âme à l'état
embryonnaire pour que la progression jusqu'à son
état de perfection assure le triomphe de la doctrine.

La peinture par la couleur, ainsi formulée, doit
forcément dès aujourd'hui entrer en lice, d'autant
plus attachante qu'elle est difficile, qu'elle offre un
champ infiniment vaste et vierge.

Entre tous autres, la peinture est l'art qui préparera
les voies en résolvant l'antinomie du monde sensible
et de l'intellectuel. Ce mouvement de peinture par la

---

1. Tentatives faites par la médecine en vue de la guérison de la folie
au moyen des couleurs. (*Note de Gauguin.*)

couleur a-t-il été entrevu, mis en œuvre par quelqu'un ?
Je ne saurais conclure, puis le désigner. C'est affaire
à la postérité [1].

Et s'il existe, d'autres le suivent-ils, créant à leur
tour ? (...) Je répondrai non. Il y a en effet aujourd'hui
quelques jeunes peintres de beaucoup de talent, intelligents, trop (peut-être), mais pas assez instinctifs,
pas assez sensibles. Ils n'osent se débarrasser des
entraves (il faut bien gagner sa vie) ; ils illustrent une
littérature nouvelle comme autrefois on illustrait la
littérature ancienne avec les mêmes moyens sans les
forces musicales de la couleur. Puis la tâche est cruellement difficile, trop facilement ridiculisée. D'eux-mêmes
ils n'ont rien trouvé, et de tout ce qui précède sur la
couleur ils n'ont eu aucun enseignement. Pas de maître,
c'est le mot d'ordre : apôtre, fi donc ! Des tableaux
qui signalent la doctrine sont là devant leurs yeux
mais comme dit le prophète : « Ils ne peuvent lire, le
livre est cacheté », comme dit Jésus. Il ne leur est
proposé qu'en paraboles afin qu'en voyant ils ne voient
pas et qu'entendant ils ne comprennent pas.

J'ai oublié de citer les tendances, les aspirations à cet
art de couleur du peintre anglais Turner à sa deuxième
époque : quoique nuageuses les descriptions littéraires
dans ses tableaux nous empêchent véritablement de
savoir si cet art de la couleur provenait chez lui de l'instinct ou d'une détermination bien volontaire et bien
définie de son cerveau. Il est juste, quelle qu'en soit la
provenance, de l'indiquer. Son talent génial le fit passer
pour fou et plus tard des hommes comme Delacroix en
furent tout à fait troublés. Mais l'heure n'était pas
venue. (...)

Les femmes laides, très laides, ne tolèrent pas en
peinture le modèle laid : que se passe-t-il en leur cer-

1. Gauguin a la discrétion de ne pas se désigner lui-même.

veau ? Je n'ai jamais pu savoir si cette horreur du laid venait du sentiment d'horreur qu'elles auraient d'elles-mêmes devant une glace, ou le contraire

La plupart des esprits bien intentionnés reconnaissent aujourd'hui verbalement que la beauté est très variable, relative, etc., avec tellement d'explications qu'on ne comprend plus rien et que tout est beau. Moi qui suis artiste je ne suis pas du tout de cet avis, et amoureux du beau je cherche toujours, souvent longtemps.

Ces esprits bien intentionnés, avec bienveillance concèdent aux peintres le vilain modèle : ils excusent la couleur foncée d'Othello. Ce diable d'Othello a son genre de beauté, ou bien : il est beau dans son genre.

Moi qui suis artiste je crois qu'il n'en est rien. La beauté de l'œuvre de Shakespeare ne réside nullement dans la beauté physique d'un Othello et de sa femelle, mais dans son expression littéraire. Pour me faire comprendre je me servirai d'une comparaison comique. Le livre de cuisine ne vous dit pas : « Pour faire un bon civet de lièvre, prenez une jolie marmite. »

Les modèles pour nous artistes ne sont que des caractères d'imprimerie qui nous aident à nous exprimer.

J'ajouterai à cela qu'il y a là aussi une pudeur qui devient un devoir, qui consiste à ne pas revêtir son œuvre d'une beauté qui n'est pas sienne.

(...) Sans vouloir faire un jeu de mots, je dirai que mes modèles sont Raphaël, Léonard de Vinci, Rembrandt, etc. Les maîtres. Non pas leurs modèles, mais eux-mêmes.

Ah ! si ce bon public voulait enfin un peu apprendre à comprendre, comme je l'aimerais ! En le voyant regarder, tourner, retourner une de mes œuvres, j'ai toujours peur qu'ils la tripotent comme ils tâtonneraient un corps de fille, et que l'œuvre ainsi déflorée n'en porte toujours l'ignoble trace.

Et là-bas, dans le tas, quelqu'un me crie : « Pourquoi peindre, pour qui peignez-vous (— pour vous tout seul —) ? »

Je suis collé ; tremblant je me sauve.

Le tournant de l'époque en art = maniaques recherches d'individualisme.

QUESTION DE DROIT ?
LES ENFANTS SONT-ILS RESPONSABLES
DES FAUTES DE LEURS PARENTS ?

A première vue, l'esprit humain se refuse à admettre cette responsabilité, animé d'un bon sentiment du juste. Cette phrase (ce n'est pas leur faute si...) ne résout pas la question cependant. Or, si les enfants ne sont pas responsables des fautes, le contraire, c'est-à-dire l'irresponsabilité des vertus de leurs parents, s'impose de droit.

Tout d'abord examinons comment procède la nature elle-même. L'enfant étant une conséquence de ses parents qui l'ont créé, il hérite en général physiquement et par suite moralement de son ascendance ; la médecine et l'éducation corrigent-elles les vices héréditaires ? On peut dire dans quelques cas, un peu, pas beaucoup, dans d'autres cas pas du tout. La nature n'est pas injuste, elle est logique dans sa création. La vieille société l'a compris ainsi. Elle a donné à l'homme, comme juste récompense de ses travaux, la gloire, la fortune pour lui et ses descendants, pensant que c'était un stimulant au bien, et de même au cas contraire la punition s'étendant jusqu'aux enfants. Quel est le moraliste, le jurisconsul[te] qui pourra affirmer que cette idée d'héritage n'a pas arrêté bien des hommes sur la pente du crime ?

La société nouvelle a bien conservé les anciennes
institutions, telles que le mariage, institution qui
engendre aujourd'hui de si grandes calamités, les plus
atroces négoces, la prostitution qui en est la conséquence, et finalement les enfants naturels et adultérins.
Pour ceux-ci, la responsabilité des fautes commises
par les parents est admise pour sauvegarder la morale!
Elle a conservé aussi l'hérédité de la fortune excepté
encore pour les enfants adultérins, quand il y a fortune :
quand les parents ont commis la faute de mourir pauvres,
les enfants héritent de la pauvreté et par suite [sont]
responsables de la faute de leurs parents, faute énorme
aujourd'hui où l'or est tout.

Elle a conservé aussi l'hérédité du nom paternel.
Aujourd'hui où de plus en plus la femme vient prendre
part aux travaux, à la gloire. Eh bien si la société
moderne veut se prononcer tout à fait pour l'irresponsabilité des enfants envers leurs parents, elle doit être
logique, refaire des institutions qui ne sont plus en
accord avec ses tendances progressives.

L'enfant, devenu majeur, perdra son nom d'enfant
pour prendre à son gré un nom d'homme nouveau-né
dans la société. Il n'héritera d'aucune fortune si ce n'est
celle que lui donnera l'État devenu seul héritier, parta-
geant également tous les biens envers tous les hommes
devenus ses enfants. On pourra alors crier à toute volée :
« Vive la Sociale, Égalité. »

Jusqu'au moment où la société aura créé un pareil
bouleversement, l'enfant qui aura hérité de ses parents
par volonté de la nature de toutes les maladies acquises,
du nom légitime de son père, par conséquent de la gloire
que comporte ce nom, de la fortune, par conséquent
des jouissances qui en sont la conséquence, cet enfant
sera responsable de la honte du nom comme [de] la gloire,
parallèlement aux laideurs physiques et à la beauté
de ses père et mère, et finalement de leur pauvreté.

Tout cela dit comme question de droit : mais, si nous nous plaçons sur un autre terrain que celui du droit strict, le terrain humanitaire, il est facile d'en trouver le correctif. Proclamons hautement le bien, la gloire, cherchons toujours le bonheur des hommes ; par contre cachons la honte, que la punition devienne de plus en plus faible. Et alors pour être juste, en accord avec ces tendances humanitaires, la société nouvelle devra s'occuper de créer des institutions conformes à ses aspirations, en vue de soulager le pauvre déshérité de l'honneur paternel, de [la] fortune.

Ce n'est pas tout que de proclamer que l'enfant n'est pas responsable. Il faut aussi détruire les causes qui le mettent en cet état de responsabilité, agir comme le médecin qui travaille à pallier les fautes physiques transmises par les parents aux enfants.

Nous venons de dire que l'institution du mariage craquait de toutes parts. Il y a deux façons de défendre cette institution : la première consiste à proclamer que tous les enfants seraient sur le pavé sans le mariage et pour cela on s'appuie sur le grand nombre des enfants abandonnés par le père à côté du mariage. Il serait facile de répondre que cet abandon provient justement dans le plus grand nombre de cas de l'institution même, de la honte de l'adultère, de la honte qui pèse sur toute création illégale. On pourrait dire aussi que dans la société moderne la femme héritière de la fortune comme l'homme, ayant toute facilité de se créer une situation dans toutes les carrières, peut prendre largement sa part dans l'éducation des enfants. La mort a bien vite enlevé un père, et cependant les enfants s'élèvent. Moi-même qui écris ici ces quelques mots j'étais orphelin de mon père à l'âge de deux ans. Puis enfin finalement c'est une question financière à résoudre et on est très à même de la résoudre. Si une demoiselle riche comme

une demoiselle Rothschild se faisait faire un enfant par
son cocher, superbe étalon, l'enfant serait solidement
construit et l'enfant ne serait pas à plaindre certainement d'être abandonné par le père. Et puisque, dans
cette question, le cœur n'entre pour rien, mais l'intérêt
pécuniaire seul, examinons si justement l'intérêt pécuniaire ne se trouve pas lésé par suite de cette noble
institution. Quel est le sort réservé à une jeune fille en
l'an 1900 ? Si elle n'a pas de dot [1] trois sorts lui sont
réservés : ou pour s'en défaire, la caser comme on dit,
les parents avec astuce, à force de petites ou grosses
saletés persuadent un fonctionnaire quelconque ayant
peu d'appointements, mais des appointements sûrs,
déjà mûr, qu'ils épouseront un trésor, et la jeune fille
au nom de la Morale, courbant la tête devant l'autorité
maternelle, fera comme sa mère, sa grand-mère, son
aïeule, elle se mariera avec permission d'avoir un enfant,
pas plus ; et sera heureuse ou malheureuse. N'importe
ce sera à tout jamais une femme honnête [2].

Ou bien elle sera condamnée à une virginité éternelle,
ce qui au point de vue de son bonheur, au point de vue
physique, au point de vue du rôle que doit jouer dans
la société une créature humaine, est une monstruosité
malsaine.

Ou bien elle fuira la maison paternelle, prendra un
amant ou deux ou trois, et sera déshonorée pour la
société et pour elle-même ; finalement elle deviendra
une prostituée (la faim fait sortir le loup du bois).

Il ressort de cette observation que plus de la
moitié de la société par suite de nécessités financières
ne peut se marier, ne peut vivre que de prostitution.
Dans l'autre moitié de la société, société riche, la moitié

---

1. Et c'est le cas pour la moitié de la société féminine.
2. Et quelle triste perspective pour le père, celle où sa fille peut être
tuée légalement par le mari au cas du flagrant délit d'adultère. On peut
dire alors qu'une enfant se trouve abandonnée par ses parents, remise
entre les mains d'un autre homme. (*Notes de Gauguin.*)

seulement des jeunes filles se marie, faute de beauté,
d'épouseurs qui deviennent de plus en plus rares. Nous
voilà réduits à un quart. Vous voudrez bien admettre,
ayant observé combien il y a de divorces, ou de ménages
malheureux sans divorce, qu'il reste bien peu de gens
heureux pouvant proclamer haut les bénéfices de cette
noble institution [1].

La deuxième façon de défendre l'institution est tout
expliquée par un seul mot : morale, les mœurs.

Où la morale va-t-elle se nicher ? au-dessous du
nombril. Que le maire donne son visa d'entrée, l'honneur est sauf. Dans le petit salon, quelques intimes
prennent le thé, les jeunes mariés s'embrassent, caresses
de toutes parts, et chacun de s'écrier : « Comme ils sont
gentils, ces jeunes amoureux ! », accompagnement de
tout ce sentimental que vous savez. Partout dans la
littérature censurée, le théâtre, même rubrique. Dans
le cas contraire, hors du mariage, anathème, le drame
à la Porte Saint-Martin.

Il serait pourtant nécessaire de chercher l'origine de
cette morale ; elle n'existe aujourd'hui qu'en Occident
ou pour mieux dire que dans le monde chrétien, ce qui
pourrait faire croire que cette morale, ces mœurs imposées, puiseraient leur source dans une philosophie
ancienne, antérieure à Jésus-Christ, puis affirmée,
consacrée par la doctrine de Jésus, tellement l'Église
catholique et surtout protestante l'impose aux autres :
Œuvre de chair ne feras qu'en mariage seulement. Qui
ne connaît aujourd'hui le manuel du parfait confesseur,
d'un sadisme si effrayant ? En consultant les textes, soit
de Bouddha, soit de l'Évangile, on peut se convaincre
qu'il n'en est jamais question, comme ne faisant pas

1. Que dire d'une démocratie qui crée de plus en plus une secte aristocrate (aristocratie d'argent) ayant seule le droit ou la possibilité — ce
qui est la même chose — de faire légalement des enfants (un autre droit
de jambage) ? (*Note de Gauguin.*)

partie de la sagesse, ne contribuant ni au bonheur, ni au perfectionnement de l'homme. Source de toute hypocrisie, de bien des maux physiques, cette Morale engendre le grand négoce de la chair, la prostitution de l'âme; et il semble même que ce soit un virus né de la civilisation, car chez les races sauvages d'Océanie, les peuplades noires de l'Afrique, il n'en est pas question. De plus, aussitôt l'apparition de la chrétienté parmi eux, le vice qui leur était inconnu apparaît chez eux en même temps que la feuille de vigne au-dessous du nombril.

Jésus-Christ dans ses paroles : *Croissez et multipliez*, semble même dire en tant que parole charnelle : croissez, c'est-à-dire rendez le corps sain, perfectionnez-le par tous les exercices qui sont nécessaires à sa vitalité ; multipliez, c'est-à-dire accouplez-vous [1], loi qui s'applique aussi bien à l'homme qu'aux animaux et aux plantes. En tant que parole spirituelle, la même loi existe ; le perfectionnement de l'âme et la création au moyen de l'intelligence accouplée au sentiment, beau, sage. Plus loin, même, il semble trouver cruelle cette punition de l'adultère, conséquence du mariage, loi terrible créée par l'homme, le potentat de son époque, non en vue de morale mais pour sa défense personnelle : et quand il dit à ceux qui poursuivent Madeleine : « Que celui qui se trouve sans péché lui jette la première pierre », il semble indiquer que personne n'est sans péché, sans ce péché, qu'il faut l'admettre comme une nécessité de l'humanité [2].

Jeune soldat [3] je viens d'arriver au camp : demain nous nous battons à Austerlitz : Napoléon a toujours

---

1. Et il n'indique aucune *forme légale* d'accouplement.
2. Jésus s'entoure de belles pécheresses, il les excuse ; bien plus il accepte d'elles des subsides. (Saint Luc, VIII, 3) : « Et elles l'assistaient de leurs biens. » (*Notes de Gauguin.*)
3. Gauguin persifle ici le maréchal de Mac-Mahon, duc de Magenta, président de la République depuis 1873, qui, le 16 mai 1876, avait tenté

le doigt sur son front de génie, dit-on, et Murat sur son
beau cheval, lui, beau aussi, caracole, batifole, nous dit
« Mes braves ». Moi je commence à ne pas être à mon
aise : je ne comprends pas grand-chose à tout cela. Le
canon tonne, nous courons, le sifflement des balles
m'assourdit les oreilles, et des hommes tombent à côté
de moi. J'ai une peur horrible, je tire dans le tas, je ne
sais où ; je ne sais si je tue et qui je tue. Je ne sais
plus si j'ai peur. Avec les autres je cours en avant
comme en arrière.

La bataille est gagnée. Je crois qu'on nous appelle
encore, mes enfants, mes braves.

Plus tard, je fais la campagne de Chine. Je suis porte-
drapeau. Nous devons emporter à la baïonnette un
fortin défendu par des bambous taillés en pointe. Malgré
les flèches, nous les braves Français, nous courons au
pas de gymnastique. Les Chinois nous couvrent de pro-
jectiles, le bataillon se replie. Moi j'ai peur et je me
cache entre les bambous et stupidement je plante le
drapeau en terre. Celui-là bravement regarde les Chinois
et ne recule pas d'une semelle, moi non plus : j'ai même
fermé les yeux et marmotté un *Ave Maria*. Le bataillon
revient : j'ai ouvert les yeux, je sens les Français arriver
tout près de moi. Cela fait du bien de revoir des compa-
triotes, et alors bravement je reprends mon drapeau.
La Chine est vaincue, le pavillon français flotte sur le
fortin. Mon Dieu qu'il est beau, ce noble emblème !
Je suis décoré, moi le brave des braves.

Intelligence, devoir, bravoure, patrie. Je suis maréchal de France, je suis à Reichsoffen. Les Allemands
nous entourent de toutes parts, nos hommes tombent
comme des mouches, décidément, décidément, la France
est vaincue. Debout sur mon cheval, fumant des ciga-

---

un coup d'État en congédiant un ministère républicain pour tenter de
lui substituer un ministère de tendances monarchistes, et échoua dans
son entreprise.

rettes sans sourciller, je ne connais pas la peur. Je
prends une résolution suprême et je fais appeler le
colonel des cuirassiers, hordes de fer :

— Chargez-moi toute cette canaille !

— Mais, maréchal, tout le régiment va être balayé
inutilement par l'artillerie prussienne.

Ma cigarette à la main, j'indique là-bas, au loin, le
roi de Prusse, Bismarck et le général de Moltke :

— Montrez à ces Allemands comment la France sait
combattre, chargez !

Et sans sourciller, bravement, j'ai vu, à travers ma
lorgnette, tout ce pêle-mêle de boue, de sang et de ferraille.

Dans les rues de Paris, des soldats, des barricades,
des femmes, des enfants ; et j'ai dit à mon armée :

— Passez-moi tout ce monde-là au fil de l'épée.

Mes braves ont tout tué. Napoléon, mon empereur, est
vengé ; c'est lui qui me fit maréchal de France.

Et je suis président de cette sale République. Mais
j'ai de la mémoire ; l'impératrice pleure et son enfant est
le fils de mon empereur. Je suis brave, et j'ai du cœur,
ma brave épée est à mon côté : le jeune Napoléon attend
son trône que moi, grand chevalier, puissant maréchal
de France, duc de Magenta, vais lui rendre. Gambetta
veut que je me soumette.

Cré nom de Dieu, je m'en fous ; j'ai là une brave armée.

Le major Labordère donne le signal de la désobéis-
sance.

Et moi, grand maréchal de France, je suis obligé de me
soumettre, de me démettre.

Il me reste une pension, des rentes, mes décorations,
ma garniture de plumes d'autruche. (...)

(...) *Le Mercure de France* a eu l'ingénieuse idée de
demander à beaucoup de personnes de conditions différentes leur avis sur l'idée d'une Revanche.

(...) On ne m'a rien demandé et je réponds ici seulement : mes frères sont ici, en Allemagne ou ailleurs, partout. Je n'ai donc pas à leur faire la guerre.

Quant à la majorité de la jeunesse parmi laquelle je ne compte pas de parents, je la connais peu, mais je présume que, malgré son service militaire, elle est aujourd'hui assez instruite pour distinguer les vilaines choses et les bonnes. Elle ne doit donc pas un seul instant désirer une ignominie contraire à ses intérêts.

Reste le bourgeois déjà mûr : celui-là je le connais et je suis sûr que, sans en penser un seul mot, il criera à la Revanche, à Berlin. Honneur, Patrie sont des mots qui l'habillent. Laissons-lui ce costume, sinon sa nudité serait par trop repoussante.

(...) Dans ton livre [1] je me souviens de ton appréciation sur Renan, voici la mienne. Ernest Renan perdit la
foi, il le confesse. Cette confession est-elle une excuse
anticipée de son arrivée finale au but désiré, l'Académie,
mettant son immense talent au service de lui-même, de
son ambition laïque ?

Ce fut sa grande érudition, paraît-il, qui lui fit un
devoir de ne plus croire à l'Église, et il en sortit, à tout
jamais débarrassé de l'empreinte du séminaire. Il fallait
bien le croire puisqu'il écrivit la *Vie de Jésus !* Ce fut un
scandale, un cri unanime d'indignation du monde catholique, et Pie IX, si autoritaire, n'en voulait rien croire
tout d'abord.

Si on examine cette soi-disant révolte, il n'y a là
qu'une légère escapade, très au niveau pratique des
croyances modernes (...). Le côté fabuleux dont l'Église

---

1. Cette lettre a été reprise, en partie, par Gauguin dans *Diverses
Choses* avec deux variantes que nous ajoutons entre crochets. C'est
dans un livre de 1889, *La Littérature de tout à l'heure* (p. 258-259), que
Charles Morice analysait chez Renan : « Cette foi dans le doute, ce doute
en pleine foi, plutôt cette foi doutante et ce doute croyant, (...) un doute
suprême où il semble triompher. »

avait entouré Jésus avait rendu la foule stupide très
tiède à son égard, et le Jésus homme de Renan, nouvelle
figure illogique, devait nécessairement donner aux fidèles un nouvel élan de croyance sans toutefois diminuer
le prestige de l'Église.

(...) [Cette œuvre purement littéraire et sans aucune
attache philosophique, si on l'examine attentivement,
n'a rien en soi qui puisse attaquer l'Église. Le successeur
de Pie IX, Léon XIII, ne la renierait pas pour être,
d'apparence, au niveau de l'esprit moderne. On commençait beaucoup à tiédir : l'ancien Jésus était ma foi par
trop fabuleux, tandis que le nouveau Christ, si bien
décrit par Renan, mais toujours incompréhensible,
devenait possible pour les amateurs du dimanche, pour
la foule.]

L'Église l'a bien compris plus tard, [lorsqu'elle a
réfléchi] et elle lui a vite pardonné son escapade. Je suis
tout à fait convaincu qu'elle a puissamment aidé Ernest
Renan à devenir ce qu'il est devenu. « Voyez comme nous
les élevons », peut-elle dire. « Encore un qui est sorti de
nos institutions. »

Tandis qu'un Renan qui aurait mis son érudition, sa
vaste intelligence, son talent, au service d'une belle
cause, la vraie cause de Dieu, c'est-à-dire la sagesse, le
bien de l'humanité, ce Renan devenu apôtre laïque,
débarrassé de tout pharisaïsme, combattant l'Église en
homme qui connaît son iniquité et ses mensonges, (...) ce
Renan, prenant Jésus lui-même comme modèle, aurait
été un homme dangereux pour l'Église. Or, l'Église ne
pardonne jamais.

Et Renan aurait vécu martyr, peut-être obscur;
Renan a préféré la vie mondaine, les jouissances d'un
honnête citoyen, restant malgré tout un obéissant sémi-
nariste.

Un incrédule? Peut-être. Un insoumis? Non. (...)
[Et, à moins de se mentir à soi-même, celui qui devient

incrédule, ne peut se soumettre, faire tacitement cause commune avec l'imposture. C'est dommage.]

(*Novembre 1897, Tahiti.*)

AU MÊME

(...) Si j'en ai la force, je recopierai et t'enverrai un travail que j'ai fait, ces derniers temps (depuis six mois, je ne peins plus), sur l'Art [1], l'Église catholique et l'Esprit moderne.

C'est peut-être au point de vue philosophique ce que j'ai exprimé de mieux dans ma vie. (...)

(*Novembre 1897, Tahiti.*)

A MONFREID

(...) Aussitôt le courrier arrivé, n'ayant rien reçu de Chaudet, ma santé tout à coup presque rétablie c'est-à-dire sans plus de chance de mourir naturellement, j'ai voulu me tuer. Je suis parti me cacher dans la montagne où mon cadavre aurait été dévoré par les fourmis. Je n'avais pas de revolver, mais j'avais de l'arsenic que j'avais thésaurisé durant ma maladie d'eczéma : est-ce la dose qui était trop forte, ou bien le fait des vomissements qui ont annulé l'action du poison en le rejetant ? Je ne sais. Enfin, après une nuit de terribles souffrances, je suis rentré au logis. Durant tout ce mois j'ai été tracassé par des pressions aux tempes, puis des étourdissements, des nausées à mes repas minimes. (...)

---

1. Pour ce qui est de l'art il s'agit de *Diverses choses.*

Il faut vous dire que ma résolution était bien prise pour le mois de décembre. Alors j'ai voulu avant de mourir peindre une grande toile [1] que j'avais en tête, et durant tout le mois j'ai travaillé jour et nuit dans une fièvre inouïe. Dame, ce n'est pas une toile faite comme un Puvis de Chavannes, études d'après nature, puis carton préparatoire, etc. Tout cela est fait de chic, du bout de la brosse, sur une toile à sacs pleine de nœuds et rugosités ; aussi l'aspect en est terriblement fruste.

On dira que c'est lâché, pas fini. Il est vrai qu'on ne se juge pas bien soi-même, mais cependant je crois que, non seulement cette toile dépasse en valeur toutes les précédentes, mais encore que je n'en ferai jamais une meilleure ni une semblable. J'y ai mis là avant de mourir toute mon énergie, une telle passion douloureuse dans des circonstances terribles, et une vision tellement nette sans corrections, que le hâtif disparaît, et que la vie en surgit. Cela ne pue pas le modèle, le métier et les prétendues règles, dont je me suis toujours affranchi, mais quelquefois avec peur.

C'est une toile de 4,50 m sur 1,70 m de haut. Les deux coins du haut sont jaune de chrome avec l'inscription à gauche et ma signature à droite telle une fresque abîmée aux coins et appliquée sur un mur or. A droite et en bas, un bébé endormi, puis trois femmes accroupies. Deux figures habillées de pourpre se confient leurs réflexions ; une figure énorme volontairement et malgré la perspective, accroupie, lève les bras en l'air et regarde, étonnée, ces deux personnages qui osent penser à leur destinée. Une figure du milieu cueille un fruit. Deux chats près d'un enfant. Une chèvre blanche. L'idole, les deux bras levés mystérieusement et avec rythme, semble indiquer l'au-delà. La figure accroupie semble écouter

---

1. Tableau titré par Gauguin : *D'où venons-nous ? Que sommes-nous ? Où allons-nous ?* Catalogue Wildenstein, n° 561.

l'idole ; puis enfin une vieille près de la mort semble accepter, se résigner (...) ; à ses pieds, un étrange oiseau blanc tenant en sa patte un lézard, représente l'inutilité des vaines paroles. Tout se passe au bord d'un ruisseau sous bois. Dans le fond, la mer puis les montagnes de l'île voisine. Malgré les passages de ton, l'aspect du paysage est constamment d'un bout à l'autre bleu et vert Véronèse. Là-dessus toutes les figures nues se détachent en hardi orangé. Si on disait aux élèves des Beaux-Arts pour le concours de Rome : Le tableau que vous avez à faire représentera : *D'où venons-nous ? que sommes-nous ? où allons-nous ?* que feraient-ils ? J'ai terminé un ouvrage philosophique sur ce thème comparé à l'Évangile : je crois que c'est bien : si j'ai la force de le recopier je vous l'enverrai. (...)

(Février 1898, Tahiti.)

Contre l'Église catholique

Hanté par le problème de la destinée humaine et, un moment par le suicide, Gauguin, au début de 1897, tenta de se poser sur le plan philosophique la question qu'il donnait en même temps pour titre à son grand tableau : D'où venons-nous ? Que sommes-nous ? Où allons-nous ? A vrai dire, malgré ses intentions, il n'y répondit clairement ni par le pinceau ni par la plume. Sa toile vaut plus par ses qualités picturales et sa composition que par les symboles assez obscurs qu'elle prétendait visualiser. En même temps, l'artiste, que la maladie empêchait trop souvent de peindre, s'était mis à écrire d'abondance, sur les pages demeurées blanches à la suite de son manuscrit de Noa Noa de 1894. Au beau milieu de la série de réflexions d'ordre artistique et biographique qu'il avait intitulée Diverses choses, il intercala un long essai de critique religieuse passionnée : L'Église catholique et les temps modernes.

Il avait entre les mains une petite brochure qui venait de paraître, en 1896, en français, à San Francisco, sous le titre : Le Jésus historique (tiré de La Nouvelle Genèse). L'auteur en était le poète anglais Gerald Massey et le philosophe français, Jules Soury, n'avait fait, en y ajoutant une « Note du traducteur », qu'extraire quelques fragments de la conclusion d'un immense ouvrage en deux fois deux volumes : A Book of the Beginnings... (Londres, 1881), suivi peu après d'une seconde partie : The Natural Genesis... (1883) (la traduction exacte de ce titre par Jules Soury aurait dû être : la Genèse naturelle). Ces fragments constituaient une violente diatribe contre ce que Massey appelait la « christolâtrie ». Les prétendues vérités révélées n'étaient que « des falsifications d'anciennes fables ». Il était temps que la connaissance expérimentale se substituât à la foi, aux mythes.

Gauguin puisa non seulement dans cette brochure mais, par la suite, quand il réussit à se le procurer, dans le second ouvrage en anglais. On a pu constater, en effet, qu'un dessin illustrant The Natural Genesis *a été copié par lui à la plume et qu'il en a traduit mot à mot certains passages. Cependant l'artiste y ajouta une importante contribution personnelle. D'une part, un recours prolixe aux Écritures qu'il connaissait bien pour avoir suivi, au petit séminaire d'Orléans, de 1859 à 1862, le cours de littérature biblique fait, en personne, par l'évêque de cette ville : « Me remémorant certaines études théologiques de jeunesse... » précisera-t-il dans* Avant et Après. *Mais de la phraséologie des prophètes, puis des évangélistes, Gauguin tirait la conclusion qu'il ne fallait y voir que des symboles ou paraboles plus ou moins voilés, tandis que l'Église en avait fait des absurdités en les prenant, irrationnellement, à la lettre. D'une part, après avoir voulu « tuer Dieu », il s'essayait, devançant Teilhard de Chardin, à trouver une synthèse entre le christianisme épuré de ses scories dogmatiques, et la science évolutionniste moderne ainsi que la démocratie ; d'autre part, son réquisitoire fulgurant contre le cléricalisme l'amenait — et ce ne sera pas pour le lecteur la moindre surprise — à des conclusions anarchistes, antiétatiques, à une vitupération de la morale bourgeoise.*

Quand Gauguin quitta Tahiti pour les Marquises, il emporta avec lui le manuscrit de Noa Noa. *La maladie lui rendant de plus en plus difficile son travail de peintre et l'insomnie l'obligeant à occuper ses veilles, il entreprit, en 1902, de reprendre, en le refondant très largement, son manuscrit de 1897-1898 et, de plus, il y ajouta une quinzaine de pages nouvelles, plus percutantes encore que les précédentes. Il donna à l'ensemble un nouveau titre :* L'Esprit moderne et le catholicisme.

Tandis que la première version était restée inédite dans le manuscrit conservé par le Cabinet des dessins du musée du Louvre, la deuxième, dont le manuscrit avait été recueilli par un Européen de Tahiti, fut finalement cédée, après d'obscures tractations, à un Américain qui en fit don au City Museum de Saint-Louis, Missouri, U. S. A. La virulence de ce manuscrit explique sans doute pourquoi, dans un pays où l'athéisme est honni, ses actuels et ultimes détenteurs ne l'ont pas publié, se contentant de lui consacrer un trop bref article dans leur Bulletin. Mais nous avons eu la bonne fortune de nous en voir confier une photographie prise avant qu'il ne quittât la Polynésie pour le Nouveau Monde, ce qui nous permet de donner ici d'importants extraits des deux versions.

Gauguin avait exécuté pour la couverture du second manus-
crit un beau monotype, preuve qu'il le destinait à une future
publication.

I. L'ÉGLISE CATHOLIQUE
ET LES TEMPS MODERNES
(*Extraits*)

Tout gouvernement me paraît absurde, tout culte
est une idolâtrie. Si l'homme est libre d'être un sot, son
devoir est de ne plus l'être. Au nom de la raison, tyran
je suis, je lui refuse ce droit, et lorsque je le vois en un
temple faire œuvre folle ou hypocrite, bien sincèrement
je m'éloigne indigné.

Ce n'est donc pas le Christ fabuleux qu'il faut frapper,
mais plus haut, plus loin dans l'histoire : Dieu.

Devant l'immense mystère, que tu ne peux te résoudre
à [voir] rester insondable, orgueilleusement et pares-
seusement, tu t'écries : j'ai trouvé ! Et tu as remplacé
l'insondable, si doux aux poètes et aux âmes sensibles,
par un être déterminé, à ton image tout petit et mesquin, méchant et injuste, s'occupant spécialement
(pardonnez-moi l'expression), s'occupant du trou du cul
de chacune de ses petites productions. Et ce Dieu écoute
tes prières, a ses fantaisies ; il est courroucé souvent et
s'apaise à la supplication d'une des petites créatures
qu'il a mises au monde.

Et toi, monde infini, tu es soumis dans ton mouvement
à des lois multiples, ce qui prouve ta raison et l'existence de la raison, mais ton créateur, selon l'homme, est
irrationnel, renversant ses propres lois à la prière d'un
de ses atomes.

(...) L'alchimiste trouvera en rentrant de la messe
son creuset rempli d'or, l'astronome verra la nuit dans

son télescope la lune arrêtée dans son mouvement tout
à fait narquoise, en rigolade de l'épatement des gens de
l'Observatoire. Parce que... Sais pas, moi : volonté de
Dieu.

(...) Ce qu'il faut tuer pour ne plus renaître, c'est
Dieu. Notre âme aujourd'hui graduellement conformée
et instruite par d'autres âmes antérieures ne veut plus
d'un Dieu créateur tangible ou devenu tangible par la
science ; l'insondable mystère reste ce qu'il a été, ce
qu'il est, ce qu'il sera, insondable ; Dieu n'appartient
pas au savant, au logicien, il est aux poètes, au rêve, il
est le symbole de la Beauté, la Beauté même.

Le définir, le prier, c'est le nier. Quand mon voisin
me dit : « Vous savez, demain je pars en voyage, je vais
voir la lune », il me fait rire un instant s'il plaisante. Au
cas où il me parle sérieusement, je m'éloigne, j'ai peur
de sa folie. Et au temple un homme monte en chaire et
dit à ses fidèles : écoutez-moi, je vais vous mener
au ciel vous faire voir et entendre Dieu. Il faut tuer
Dieu.

(...) Et le lecteur de fermer les yeux, en droit de me
demander raison de mon sacrilège. Qu'il se rassure. Par
le commentaire qui va suivre il verra que mon âme n'est
pas irréligieuse.

Pour peu qu'on étudie la Bible, on peut voir que la
doctrine qu'elle renferme en général et celle concernant
le Christ en particulier, s'énoncent, sous une forme symbolique présentant un double aspect, une forme qui
d'abord matérialise l'Idée pure pour la rendre plus sensible, affectant l'allure du surnaturalisme ; c'est le sens
littéral, superficiel, figuratif, mystérieux d'une parabole :
et puis le second aspect donnant l'esprit de celle-ci.
C'est le sens non plus figuratif, mais figuré, explicite
de cette parabole.

Le sage cherchera à entrer dans le secret des proverbes,

à pénétrer dans le mystère des paraboles, à se nourrir
de ce qu'elles ont d'énigmatique.

(...) Le principe du Christ que tous les hommes
sont frères, que celui qui voudra être le premier soit le
serviteur de tous, ce qu'il consacrait dans la pratique
sous une forme primitive d'appréciation sensible en
lavant lui-même les pieds de ses apôtres, en se donnant
comme le premier-né de la régénération humaine,
comme le premier entre plusieurs frères, poussant l'ex-
tension de ce sentiment dans sa conception d'idéa-
lisme, jusqu'au martyre avec pardon pour ceux qui le
victimaient — ce principe n'est-il pas l'assise primitive
la plus essentielle de toute constitution sociale, d'union
en concorde vivifiante, conciliatrice, dévouée, familiale,
patriotique, humanitaire, impliquant tous les dévelop-
pements ultérieurs d'organisation conforme ? N'est-il
pas le principe de consécration de l'homme libre constitué socialement comme citoyen, en démocratie souveraine, avec égalité des droits pour tous, se gouvernant
par le suffrage universel, sous le régime d'intelligence
conciliatrice de l'arbitrage des majorités électrices et
parlementaires, à décisions toujours temporaires, pour
consacrer le droit en appel des minorités dans des élec-
tions nouvelles, pour correspondre aux manières de voir
de tous, aux conceptions progressives des idées, des
réformes, de l'idéal à réaliser à mesure qu'il est de mieux
en mieux compris, [n'est-il pas] le sentiment d'inspiration
de la fraternité ? Entre ces principes de fraternité
chrétienne et de démocratie moderne, de citoyens
libres régis par la même loi d'égalité, n'y a-t-il pas
affinités, entente, accord naturel en évitement de dissi-
dences, conflits, fusion, identification comme éléments
complémentaires d'organisation ?

(...) C'est aux philosophes à en définir par le fait
et en raison le sens scientifiquement, supérieurement

démonstratif, compréhensif qui au fond peut mettre
de plus en plus en lumière, résoudre, ce problème humanitaire toujours posé : expliquer ce que nous sommes,
d'où nous venons, où nous allons. Maintenant, dans
cette conception philosophique, universelle de la nature,
résultant d'idées déjà formulées, admises dans la société
moderne, combinées avec d'autres qui ne font encore
que couver, mais qui s'y adaptent logiquement, qu'y
a-t-il en discordance avec la doctrine biblique ou du
Christ ?

En son sens rationnel bien entendu, dégagé de l'interprétation purement littérale, surnaturelle, irrationnelle, à contresens, de l'Église catholique ? Est-ce la
doctrine de l'évolution comparée au texte de la Genèse,
relatif à la création ? Dans le sens agrandi logiquement
développé de cette doctrine de l'évolution, embrasant
toute la nature, il y a concordance évidente sur cette
action génératrice originelle de Dieu ou Être comme
cause première nécessaire en raison explicative de la vie
universelle, sans préoccupation d'une tradition quelconque : concordance sur le fond, bien que la forme
diffère. Mais si l'on se reporte au langage habituellement
en usage dans la Bible, exprimant l'idée en forme matérialisée plus sensible, symbolisant le fond, pour le rendre
plus palpable aux esprits primitifs, peu aptes encore
au sens spirituel des choses, employant ainsi la parabole
presque toujours pour l'exposition de la doctrine. Le
texte de la Genèse formulant la création comme enfantement, mise au jour des termes vivants principaux
de la nature en sept jours, c'est-à-dire successivement
et dans un ordre qui, bien qu'abrégé, correspond précisément à l'ordre successif des apparitions de ces termes,
démontré par les couches géologiques, à l'ordre successif de toutes les phases de formations que la science
reconnaît, [qu'elle] consacre, mais en périodes immensé-
ment plus longues et même plus nombreuses — ce

texte de la Genèse peut parfaitement s'interpréter en
concordance avec le sens de la doctrine évolutionniste.
Est-ce le sens encore de l'évolution transformatrice des
âmes animales, humaines, par métamorphose, métem-
psycose ascensionnelle ? La parabole de l'échelle de Jacob,
allant de la terre au ciel, peut parfaitement s'y adapter.

Après tous ces aperçus signalés d'avant, et ici, l'étude
ultérieure du christianisme ne peut que développer les
affinités d'aspiration, d'idées, de celui-ci avec la société
moderne et les réunir dans une même compréhension
philosophique, les fondre, identifier en un même tout
revivifié, plus riche et plus fécond. Mais! Mais hors
l'Église catholique qui est pétrifiée dans son pharisaïsme hypocrite de formes absorbantes du fond véritablement religieux, de pratiques dévotes, lui servant
de moyens d'asservissement dans sa tendance théocratique oppressive, son dogmatisme infaillible, injus-
tifié, son surnaturalisme irrationnel, à contresens de la
vraie doctrine biblique et du Christ, à rebours enfin de
la société moderne.

II. L'ESPRIT MODERNE
ET LE CATHOLICISME
(*Extraits*)

En face de ce problème toujours posé : *D'où venons-
nous ? Que sommes-nous ? Où allons-nous ?* quelle est
notre destinée idéale, naturelle, rationnelle ? Et quelles
en sont les conditions de réalisation ou la loi, le régime
d'accomplissement en sens individuel et humanitaire ?
Problème qu'en ces temps modernes, l'esprit humain a
quand même besoin de résoudre pour voir clair dans sa
voie, marcher d'un pas sûr vers l'avenir et ne pas tré-

bucher, dévier, reculer en arrière ; et cela, sans nous départir de ce principe sage de faire table rase de toute tradition antérieure, de tout soumettre au contrôle compréhensif, scientifique, philosophique (...). Il importe, pour ne rien négliger de ce qu'implique ce problème de la nature et de nous-mêmes, de considérer sérieusement (ne serait-ce qu'à titre d'indication), cette doctrine du Christ en son sens naturel et rationnel, qui ainsi dégagée des voiles qui la masquaient et dénaturaient, apparaît dans sa simplicité vraie mais aussi pleine de grandeur avec une projection de lumière si intense sur la solution du problème de notre nature et de notre destinée.

(...) Le problème : *D'où venons-nous ? Que sommes-nous ? Où allons-nous ?* se trouve aujourd'hui pour l'esprit moderne, avec le seul flambeau de la raison, considérablement éclairé. Que la fable et la légende restent ce qu'elles sont Toutes belles (c'est indéniable) ; elles n'ont rien à faire avec la raison scientifique.

(...) La société moderne, après s'être soustraite avec peines infinies aux oppressions, à l'avilissement, l'abêtissement du régime théocratique du prêtre, de la caste sacerdotale qui se nomme l'Église catholique, a confondu (c'est indéniable) dans une même répulsion le christianisme avec celle-ci qui s'en disait l'identification, l'interprète traditionnel, privilégié, infaillible, alors qu'elle n'en était que le contresens doctrinal et ne le pratiquait qu'à rebours.

(...) L'Église catholique : tel un bâton malpropre, on ne sait vraiment pas par quel bout la prendre.

Il serait tout d'abord grandement temps de signaler l'erreur historique considérable qui s'est propagée jusqu'à nos jours et de bonne foi, qui consiste à faire partir ce qu'on appelle l'ère chrétienne avec la naissance d'un soi-disant Jésus. Or historiquement Jésus est introuvable.

La christolâtrie remonte à une époque très ancienne

avant cette ère chrétienne : ce Jésus du mythos devenu
un Jésus terrestre. Vraisemblablement la secte religieuse
(philosophique plutôt) dont on vous donne l'histoire se
serait formée secrètement comme toutes les franc-
maçonneries en défiance d'un pouvoir, prenant pour
base un évangile qui déjà circulait, le maniant, le transformant selon les besoins, s'appliquant à le rendre
essentiellement incompréhensible pour qui n'en avait
pas la clef et surtout inattaquable par une législation
despotique. Le fond de cet évangile manié, rema-
nié sans cesse, cherchant l'au-delà philosophique avec
des bases essentiellement humanitaires, s'entourait de
mille précautions pour devenir un labyrinthe impossible à parcourir pour quiconque n'avait pas le fil
d'Ariane.

Ne se doutant d'ailleurs (les braves gens !) que cela
deviendrait l'évangile d'une politique nouvelle d'un
pouvoir immense essentiellement temporel.

(...) Comment l'Église catholique est-elle parvenue
à dénaturer dès le début la vérité ? On ne peut le conce-
voir qu'en se rendant compte que les livres sacrés
n'étaient pas en circulation. Oh ! ce ne fut pas sans
quelques contestations isolées, durant deux siècles : mais
la vérité fut étouffée, et ils arrivèrent à fabriquer (en
quelque sorte un homme de paille) né en ce temps, du
nom de Jésus aussi, avec sa croix aussi, non plus celle de
l'équinoxe, mais comme instrument de supplice. Or en ce
temps cet instrument de supplice est introuvable historiquement avec ses deux larrons, avec son Lazare, avec
son Pilate, etc.

Qu'ils aient accompli ce tour de passe-passe, cela est
compréhensible pour les raisons que nous venons de
donner. Mais qu'aujourd'hui où la vérité est éclatante
pour tous ceux qui savent voir et lire, cela devient incompréhensible ; que des gens intelligents et instruits soient
à la remorque de l'Église ! Peuvent-ils être de bonne foi

sans être taxés de folie ? Ce qu'il est plus vraisemblable de croire, c'est que c'est une question d'intérêt commercial.

L'Église catholique, autrement dit la corporation sacerdotale composée de prêtres recrutés, les nouveaux par la consécration des anciens, l'Église catholique s'attribue une autorité dogmatique soi-disant divinement inspirée, infaillible, à elle donnée par le Christ, par cette parole à saint Pierre : « Tu es Pierre et sur cette pierre je bâtirai mon église et les portes de l'enfer ne prévaudront pas contre elle. »

Et cette autorité infaillible que l'Église s'attribue, elle prétend l'avoir pour décider dogmatiquement, contrairement à la raison de chacun, du sens vrai, définitivement arrêté de tous les textes de la Bible ; pour dogmatiser toute doctrine religieuse, entre autres la présence réelle du corps et de l'âme du Christ dans l'eucharistie, l'enfantement surnaturel de la Vierge Marie, les miracles des reliques, etc., pour condamner toute doctrine philosophique ou d'apparence scientifique ne cadrant pas avec son appréciation, infaillible, souveraine, telle que la rotation de la terre sur elle-même, doctrine qu'elle a forcé Galilée de désavouer à genoux par l'intervention du pape, représentant infaillible de cette autorité dogmatique. Et cette condamnation de doctrines scientifiques, philosophiques, religieuses, elle prétend avoir le droit supérieur, non seulement de la formuler théoriquement par une déclaration du concile en corps ou du pape en personne, mais même de la consacrer dans la pratique (quand elle en a le pouvoir), par une exécution pénale sur la personne de ceux qu'elle condamne et qualifie ainsi d'hérétiques.

Ainsi la condamnation (...) de Galilée, les croisades contre les Albigeois, les tortures et bûchers de l'Inquisition, la condamnation de Jean Huss et Jérôme de

Prague à être brûlés vifs sur l'ordre du concile de Constance.

(...) Et quand on pense aussi à cette exubérance de formes sous prétexte de culte, de cérémonies qui absorbent le fond, le font perdre de vue, et lui substituent un détail inouï de pratiques dévotes, supplantant ce fond véritablement religieux consistant dans la recherche et la pratique des prescriptions du sentiment, de la conscience, de la raison, ne trouve-t-on pas là aussi ce pharisaïsme hypocrite servant à tromper, asservir et exploiter les simples, contre lequel déjà les prophètes et le Christ ont lancé tant d'invectives ?

(...) Au fond cet enseignement de la doctrine des prophètes, du Christ, des apôtres que l'Église catholique prétend donner, continuer, quel est-il ? Il se réduit par le fait au pur dogmatisme du sens simplement littéral, figuratif des paraboles, d'une doctrine mystérieuse, secrète, exposée comme en un livre cacheté, selon Isaïe, que cette Église ne comprend pas elle-même, ce qu'elle avoue naïvement quand elle parle des saints mystères de la religion, au-dessus de la raison, dit-elle (...).

Cet enseignement purement littéral de la parabole, formant doctrine imposée comme dogme par l'Église catholique à des esprits que caractérise le *credo quia absurdum* formulé dans son sein, présente toute la doctrine biblique, toute la doctrine du Christ à contresens, n'inculque dans l'esprit qu'un surnaturalisme doctrinal en contradiction avec la raison, avec la science (...).

(...) La dissimulation du fond de la doctrine dans le mystère de la parabole semble indiquée là comme une précaution pour n'en laisser la révélation qu'à la pénétration ou à l'initiation privilégiée de ceux qui en sont dignes, aux vrais disciples, et pour la garantir contre l'exploitation des faux docteurs, des pharisiens hypocrites qui, sans souci du vrai sens des choses, se contentant de la surface favorable à leurs visées intéressées, s'enferment dans le sens littéral de surnaturalisme absurde de cette parabole et s'y empêtrent comme dans un filet, jusqu'à ce que l'heure de les démasquer soit arrivée. Ce que le Christ a fait déjà en son temps quand il chassa les marchands de religion du Temple.

(...) Cet usage de la parabole pour peu qu'on s'y habitue en se pénétrant de l'esprit général de la Bible et en s'inspirant toujours du sens vrai, juste, philosophique rationnel des choses, qui est le fond de son enseignement véritable mais dont ont peu de souci les exploiteurs de religion, cet usage de la parabole, tel qu'il est pratiqué avec clairvoyance dans son ensemble, laisse facilement deviner la pensée véritable qu'elle exprime.

A part ces textes mystérieux vraiment énigmatiques, il en est (bien que sous forme symbolique) qui sont suffisamment clairs pour qu'à première vue on en saisisse le véritable sens : ainsi ceux qui expriment la parabole de la Cène, assurément au-dessus de toute ambiguïté. Le Christ dit souvent dans son enseignement : « Soyez parfaits comme votre père céleste est parfait. » Il se pose comme le type réalisé expressif de ces perfections qui nous assimilent progressivement à la nature divine. Se nommant aussi fils de Dieu, il dit : « Je suis le pain de vie ; qui me mange aura la vie éternelle » et pour que le sens soit bien saisi, la Bible fait dire aux apôtres : « Cela est difficile de vous manger », ce qui le met à même de répondre : « La chair ne sert de rien, ce que je vous dis est esprit et vie » ; ce qui explique bien que c'est dans le sens de l'esprit qu'il faut l'entendre. Quand il fait la Cène avec ses disciples, il symbolise le pain, le vin qui mangé, bu, ensemble en réunion de convives forment une même chair, un même sang, symbolisant cette formation charnelle de nous-mêmes, avec cette formation spirituelle des qualités, des perfections morales, intellectuelles, sages, divines de notre âme. « Mangez ceci comme ma chair, buvez ceci comme mon sang, en mémoire de moi » avec ce sens : « Je serai en vous et vous en moi. » Tout ceci n'est-il pas éminemment rationnel, compréhensif ? Antisurnaturel ?

Pendant les premiers siècles le monde chrétien, ses docteurs les plus éminents, les plus autorisés l'ont ainsi compris. Quand quelques-uns, d'esprit toujours porté, habitué à ne voir dans les choses que le sens matériel littéral, s'avisaient de formuler ce sens, l'ensemble général, y compris un pape même (le pape Gélase de la fin du vᵉ siècle [1]) affirmait le caractère seulement symbolique du pain et du vin dans la communion pascale.

Comment aujourd'hui l'Église catholique a-t-elle modifié, dénaturé ce sens si simple, si compréhensif ? En lui substituant ce dogme irrationnel, d'un surnaturalisme absurde, de la transsubstantiation par la vertu transsubstantiatrice du prêtre, l'hostie absorbée par les communiants, lors de la communion, a changé de substance, est devenue en réalité la chair, le sang, le corps et l'âme du Christ, toute sa personnalité corporelle et divine.

(...) Devant cette interprétation irrationnelle, dogmatique, subtile mais absurde des textes si compréhensifs d'eux-mêmes, on se demande si c'est l'infatuation inepte, ou l'astuce pharisaïque, voulant asservir des esprits déformés, qui l'inspire. (...) Ce surnaturalisme, irrationnel, dogmatique qui au fond est complètement en dehors de la vraie doctrine du Christ, qui la dénature et annihile et que, ne la comprenant pas, l'Église adopte, développe à outrance, ce surnaturalisme favorisait trop toutes les perfidies, toutes les influences abusives, toutes les tendances de maîtrise, d'asservissement et d'exploitation du pharisaïsme sur les simples pour ne pas être conservé, consacré définitivement et exploité dans toute

---

1. Gélase 1ᵉʳ, pape de 492 à 496.

sa portée ; et alors, à mesure que le pharisaïsme s'in-
filtrant dans l'Église chrétienne primitive l'a envahie,
absorbée, ce surnaturalisme, dogmatique, débordant de
miracles, inculqué aux ignorants, crédules timorés, a
développé en eux toutes les superstitions, établi le culte
idolâtre des reliques le culte pharisaïque des pratiques
dévotes supplantant le vrai culte intérieur et fécond
de la conscience et de l'esprit intelligent du sage et a
puissamment contribué à fonder cette théocratie catholique, faite d'hypocrisie, d'ambition, d'orgueil, d'astuce,
d'ineptie, d'impostures et de violences. (...) Cette théocratie audacieuse arrête la controverse en dogmatisant
à tort et à travers, s'imposant violemment, se disant
interprète autorisé, privilégié, infaillible de Dieu.

(...) On peut citer comme arrière-fait, comme dernier-
né caractéristique de cette (...) survivance, le jésuitisme
dont Pascal en ses *Provinciales* a si bien dévoilé et flétri
les doctrines artificieuses, immorales, le jésuitisme omi-
nant aujourd'hui tout le clergé jusqu'à Rome même,
et dont la formule (...) d'obéissance *sicut ac cadaver* au
supérieur (ou confesseur, directeur en soutane) est, en
ces temps modernes, enseignée dans les séminaires, (...)
enseignée non à des enfants, mais à des hommes appelés
à diriger comme prêtres, avec ce commentaire : « À qui
objecte que ce supérieur peut nous entraîner à faire le
mal, vous devez obéir au supérieur dans tout ce qui vous
semblerait contraire à votre raison, parce qu'alors vous
ne seriez pas responsable Mais lui seul. » (...) Voilà qui
résume l'enseignement de l'Église catholique.

(...) Lorsqu'au sortir de cette nuit horrible du
moyen âge d'abomination, de désolation, les penseurs
inspirés du bon, du juste, du beau, du vrai, se sont (...)
éloignés sans vouloir retourner, regarder en arrière, sans
vouloir même garder une forme, un vêtement de cette
Église empestée, faisant table rase de toute tradition
antérieure, d'où qu'elle vînt, résolus à tout soumettre

désormais au contrôle supérieur de la raison pure, de la compréhension, de la science, ils ne faisaient que suivre d'instinct ce conseil biblique de fuir sur les montagnes et s'asseoir ainsi sur les principes les plus éminents de l'intelligence, de la science.

CONTRE L'ÉTAT [1]

(...) Appuyé sur toute cette fausse morale que la religion chrétienne a inculquée à nos prédécesseurs, l'État se débat sans cesse contre tous les efforts des justes, agissant sur ce droit inique qui est la force, soi-disant au nom de l'Évangile. Cet impôt de guerre! Au nom de quoi se fait-il? Est-il fraternel? Sous le nom de Patrie, les hommes se déchirent pour des intérêts, vils, matériels. Qu'importe au progrès que la terre appartienne à un pavillon plutôt qu'à un autre! Ce qu'il importe cependant, c'est que la terre appartienne à tous et non à un seul.

(...) Et quels sont donc ces sentiments de justice qui animent la législation de l'État, sinon des sentiments d'intérêt? Quels sont donc ces juges irresponsables de leur jugement puisqu'ils appliquent la loi, ce droit du plus fort, ces juges soi-disant impeccables, sinon des égoïstes, hommes à appointements comme le bourreau lui-même? Et cependant la criminalité augmente de jour en jour. Ne sent-on pas là un système défectueux et cruel? Quel est donc ce droit de punir, si ce n'est le droit de la force [2]?

1. Le titre est de nous.
2. Ici Gauguin raconte avec horreur une exécution capitale à laquelle il avait assisté, le 28 décembre 1888, devant la prison de la Petite-Roquette, celle d'un jeune homme du nom de Prado, qui fit crier à la foule : *Vive l'assassin! A bas la justice!*

(...) Ces quelques mots suffisent à expliquer la société moderne : d'un côté des êtres qui depuis la plus tendre enfance souffrent de la misère, du mépris des autres et à qui le prêtre offre pour tout dédommagement, toute consolation, l'absolution, le bonheur dans le paradis, tout cela garanti par l'État. De l'autre côté, des juges repus, le bourreau de luxe, des prêtres aussi. Le tout fait la noce, rit des contorsions du patient, [est] affublé du nom d'honnête homme car il va à l'Église ou dit la messe. Accaparant le bien d'autrui au moyen de la loi qui est la grande école du vol, il arrive à sa retraite croyant à l'évangile de l'Église, évangile si commode qui annule la raison, tout effort de pensée. Loin du juste. Loin de la fraternité. Loin de la charité.

(...) Sans porter atteinte à la liberté, au nom de cette liberté même, l'État ne serait-il pas en droit de supprimer totalement l'Église ? (...) Toutes les sciences, en tant qu'enseignement, en tant qu'exercice comme la médecine par exemple, sont soumises au contrôle de l'État pour que la fraude ne soit tolérée, pour que le médecin chargé de guérir ne puisse administrer au malade un poison qui le tue. De quel droit l'Église est-elle autorisée à administrer dès l'enfance un poison aussi dangereux que celui de la superstition en l'absurde, la foi mensongère avec toutes ses conséquences : la haine de secte à secte ? Et pourquoi une secte plutôt qu'une autre, malgré l'exemple formidable que cite l'histoire du sang répandu pour ces superstitions ? Pourquoi, nous résumant, le mensonge autorisé par l'État ?

Mais ce que l'État ne fait pas, le bon sens qui est le plus grand révolutionnaire du monde le fera. Et si, en dehors de tout spiritualisme, nous examinons la question au point de vue pratique, gouvernemental, nous arrivons à une question primordiale. L'État sera-t-il ou ne sera-t-il pas ? L'État ne sent-il pas le danger toujours

croissant d'une police autrement puissante que la
sienne qui est le confessionnal ? Police qui connaît
tous les secrets d'État, en use et abuse, n'obéissant qu'à
un seul qui est Rome : police qui s'introduit partout
dans les familles, maîtresse absolue amenant avec elle
la corruption dès le jeune âge. Ah! le dogme de la communion avec le corps de Jésus qui nécessite l'absolution
après la confession, une des sept merveilles de la police
ecclésiastique.

Et cette règle imposée dans les établissements religieux : *Nunquam duo, semper tres* (jamais deux, toujours
trois), mettant comme principe de´vertu la délation.
Ce que nous appelons vulgairement le mouchard.

L'État ne voit-il pas qu'il est là à la merci d'une forte
conspiration ? Si, il l'aperçoit, mais il discerne mal, en
cherchant à disséminer les congrégations, autrement dit
en ouvrant la porte des cages où se trouvent les bêtes
féroces. C'est le contraire qu'il devrait faire, c'est-à-dire
leur dire : « Vous voulez vivre en société, nous aba-
sourdir du son de vos cloches, de toutes vos cérémonies
idolâtres ; eh bien! allez-vous-en tous vous grouper
autour de votre chef en une vaste communauté avec
défense d'en sortir. » On enferme bien les fous!

On enferme bien les bêtes féroces! Comme on dit, tout
a une fin. Depuis plusieurs années tous ces désordres
signalés dans les colonies, aboutissant à la guerre,
reconnue sans contestation de provenance religieuse,
se sont accumulés comme enseignement du danger de
ces missions ; danger toujours croissant que les États
sont impuissants à éviter : la Chine commence à se
fermer aux missions [1], elle les égorge. Et l'Europe cour-
roucée ira verser son sang inutile pour soutenir ses
missions! (...) Supprimez les missions en Chine et la
paix sera aussitôt faite.

1. Gauguin avait lu un article de Pierre Nesles, « La Chine qui se
ferme », paru dans le *Mercure de France* d'août 1900.

(...) [Les missionnaires] marcheraient volontiers (...) l'Évangile d'une main, le fusil de l'autre : l'Évangile pour leur Dieu, le fusil au nom de la civilisation d'Occident dont ils se croient les représentants. Nous pourrions citer des noms de missionnaires qui insistaient auprès d'officiers pour que ceux-ci fissent tirer du canon sur des populations qui résisteraient à leur influence. Nous avons vu même des chefs de corps trompés par eux sciemment, dans le but d'en imposer davantage, dans la suite, à des populations terrorisées matées par un coup de force. D'un autre côté, pour décider les fidèles à délier leurs bourses, les missionnaires ont accrédité mille légendes niaises ou barbares.

(...) Un de nos rois dit : l'État c'est moi. Aujourd'hui l'État c'est nous, c'est-à-dire le peuple, celui qui en fin de compte a toujours le dessus. Qui l'opprime se condamne non seulement à la répression mais à la répression légale, répression que la force armée peut retarder, mais non empêcher. Comme un fleuve qu'on endigue, les flots, de colère s'amoncellent et brisent tout à leur heure. Tant que l'État se fera le gendarme et le bourreau d'une société, il sera à la merci d'un soulèvement populaire. Les républiques, comme les rois, qui l'oublient sont condamnées.

CONTRE LE MARIAGE [1]

Si (...) cette institution du mariage qui n'est autre qu'une vente est déclarée seule morale, reconnue pour l'accouplement des sexes, il y a forcément une exclusion de cette morale pour tous ceux qui ne veulent ou ne peuvent se marier. Il n'y a plus place pour l'amour.

1. Le titre est de nous.

Traitée ainsi la femme tombe dans l'abjection, condamnée à se marier si la fortune le permet ou à rester vierge, cette monstruosité malsaine et malpropre, si en dehors de la nature (...). Ou alors contrainte à devenir ce qu'on appelle une malhonnête femme. La police se met de la partie et la jeune fille devient une prostituée, déclassée, parquée dans les quartiers désignés.

Si jamais une société a été barbare et cruelle c'est bien la société d'aujourd'hui : cette société hypocrite qui soi-disant au nom de la morale chrétienne règle ainsi le sort de la femme est cause de tant de souffrances.

(...) Et nous nous écrions : la femme qui après tout est notre mère, notre fille, notre sœur, a le droit de gagner son pain.

A le droit d'aimer qui bon lui semble.

A le droit de disposer de son corps, de sa beauté.

A le droit d'engendrer avec la possibilité d'élever son enfant : et cela sans passer par les mains d'un prêtre et d'un notaire.

A le droit à l'estime aussi bien que la femme qui se vend en mariage seulement (commandement de l'Église); et par suite a le droit de cracher au visage de celui qui l'opprime.

(...) Parcourant toutes les classes de la société nous ne saurions dire quelle serait la meilleure. En haut la société est plus féroce, plus âpre au gain, plus hypocrite et moins brutale : mieux habillée, plus séduisante par conséquent, elle paraît meilleure.

En bas la société a les mêmes vices, mais elle est plus excusable ; on peut même dire la seule excusable. Bien entendu des deux côtés il y a des exceptions. Cependant la charité et la fraternité sont plus développées dans la société d'en bas ; c'est que pour comprendre la souffrance il faut souffrir. Comme nous disait un Italien : « La misère ne fait pas la guerre à la misère. » Tandis qu'en haut on pourrait dire : les loups ne se mangent pas entre eux.

(...) Le mariage conduit-il à un bonheur honnête ? Nous laissons au lecteur qui a vécu, qui sait ce que sont les ménages le soin de trancher la question. En tout cas il constitue dès le berceau deux classes bien distinctes : l'enfant légitime et l'enfant naturel ; ce dernier condamné à la réprobation éternelle, victime de la faute, la prétendue faute inventée par l'Église (Commandement de l'Église : « Ton corps ne vendras qu'en mariage seulement »).

(...) Nous sentons en ce moment la barrière presque insurmontable qui se dresse entre nous et cette institution du mariage. Tout d'abord l'Église puissante, l'État, les bonnes mœurs, les notaires et les avocats faiseurs de contrat, les restaurants pour noces, les voituriers, les couturières, etc.

(...) Mais tout cela serait encore peu de chose comparé à l'esprit enraciné de convention. De même que les plus incrédules font baptiser leurs enfants parce que c'est la règle, de même les mieux intentionnés, les plus intelligents se marient, parce que c'est l'habitude. Mon grand-père s'est marié, mon père aussi, moi aussi. Nous sommes des honnêtes gens. Sinon qu'est-ce qu'on dirait dans le quartier ?

(...) Sans le mariage le sentiment paternel n'existe-rait-il donc plus ? Et au cas où le sentiment paternel aurait disparu de ce monde, la société n'est-elle donc pas assez riche et assez intelligente pour régler la question ? Déjà elle a pu établir l'instruction gratuite, c'est-à-dire la nourriture spirituelle ; un pas de plus en avant elle donnera la nourriture corporelle.

D'ailleurs soit que le mariage existe ou n'existe pas, l'enfant du pauvre sera pauvre et l'enfant du riche sera riche. Nous allons plus loin dans notre raisonnement et nous dirons que ceux qui se marient sont en droit de dire à l'Église, à l'État aussi : « Puisque vous nous forcez pour vivre honnêtement à nous marier et que nous

sommes pauvres, veuillez donc nourrir nos enfants. »
Sinon seuls les riches ont droit au mariage. Ce qui est
un autre genre de droit du seigneur.

(...) Que chacun regarde autour de soi, sans parti
pris naturellement. Où sont les ménages heureux ? De
toutes parts les demandes en divorce où les avocats se
disputent pour savoir à qui revient la fortune, les drames
en cour d'assises.

(...) Soit qu'on regarde les erreurs qu'entraîne le
mariage, soit même qu'on en étudie le début, ce contrat
malpropre entre les familles des deux époux, le notaire
et le prêtre, tous d'accord pour conclure une vente
ignoble, au nom de la morale religieuse qu'a adoptée
l'État obéissant au commandement de l'Église, on est
forcé de reconnaître que cette institution du mariage
doit périr, car la raison le commande, la morale la désap-
prouve, qu'elle est contraire à nos principes démocra-
tiques de liberté et de fraternité.

Comprenant cela, mais à rebours, l'État impose les
célibataires [1] ! (...)

---

1. Il y avait, bien entendu, dans cette diatribe contre le mariage une
large part de subjectivité : Gauguin avait adressé à Schuffenecker, en
1896, une lettre cruelle où il avait tiré les conclusions de sa malheureuse
expérience maritale : « (...) Une femme danoise ne se donne jamais, elle
se vend, c'est tout. Ma femme ne veut à aucun prix d'un mari qui la
gêne, dont la vue est un remords. (...) Il faudrait donc que je continue à
vivre seul, sans aucune affection de la part des miens, et que je sois une
machine à gagner de l'argent pour eux. Non. Que les enfants fassent
comme leur père (à dix-sept ans je ne coûtais plus rien). Depuis longtemps je ne suis plus rien pour eux : désormais ils ne sont plus rien pour
moi. J'ai tout dit. »

A MONFREID

(...) Mes entrailles me font peu souffrir et les battements aux tempes de plus en plus rares ; par contre je
suis dans un état de prostration qui m'a empêché de
tenir un pinceau ce mois-ci. Je n'ai rien fait. Du reste,
ma grande toile a absorbé pour quelque temps toute ma
vitalité ; je la regarde sans cesse et ma foi (je vous
l'avoue) je l'admire. Plus je la vois plus je me rends
compte des fautes énormes mathématiques que je ne
veux à aucun prix retoucher, elle restera comme elle
est à l'état d'esquisse si l'on veut. Mais aussi cette question se pose et j'en suis perplexe : où commence l'exécution d'un tableau ; où finit-elle ? Au moment où des
sentiments extrêmes sont en fusion au plus profond de
l'être, au moment où ils éclatent, et que toute la pensée
sort comme la lave d'un volcan, n'y a-t-il pas là une
éclosion de l'œuvre soudainement créée, brutale si
l'on veut, mais grande et d'apparence surhumaine ?
Les froids calculs de la raison n'ont pas présidé à cette
éclosion, mais qui sait quand au fond de l'être l'œuvre
a été commencée ? Inconsciente peut-être.

Avez-vous remarqué que lorsque vous recopiez un
croquis dont vous êtes content, fait à une minute,

une seconde d'inspiration, vous n'arrivez qu'à une
copie inférieure, surtout si vous en corrigez les proportions, les fautes que le raisonnement croit y voir ? J'entends dire quelquefois : le bras est trop long, etc. Oui
et non. Non surtout, attendu qu'à mesure que vous
l'allongez, vous sortez de la vraisemblance pour arriver
à la fable, ce qui n'est pas un mal : bien entendu il faut
que toute l'œuvre respire le même style, la même
volonté. Si Bouguereau faisait un bras trop long, ah
oui! que lui resterait-il, puisque sa vision, sa volonté
artistique n'est que là, à cette précision stupide qui nous
rive à la chaîne de la réalité matérielle ? (...)

(Mars 1898, Tahiti.)

AU MÊME

(...) Je suis bien heureux que vous ayez fait la connaissance de Degas et qu'en voulant m'être utile vous
y ayez gagné de votre côté quelques bonnes relations.
Ah! oui, Degas passe pour être rosse et mordant (moi
aussi, dit Schuffenecker).

Et cela n'est pas pour ceux que Degas juge dignes de
son attention et de son estime. Il a l'instinct du cœur et
de l'intelligence. (...) Degas est comme talent et comme
conduite un exemple rare de ce que l'artiste doit être :
lui qui a eu pour collègues et admirateurs tous ceux
qui sont au pouvoir : Bonnat, Puvis, etc., Antonin
Proust... et qui n'a jamais rien voulu avoir. De lui, on
n'a jamais entendu, vu, une saleté, une indélicatesse,
quoi que ce soit de vilain. (...) [1]

(15 août 1898, Papeete.)

1. Sur Degas, voir plus loin, pp. 298-302.

AU MÊME

(...) Je suis toujours de plus en plus malade. Si je ne dois plus compter guérir, la mort n'est-elle pas cent fois préférable ? Vous m'avez reproché vivement mon escapade comme une chose peu digne de Gauguin. Et si vous saviez en quel état est arrivée mon âme pendant ces trois années de souffrance! Si je ne dois plus jamais peindre, moi qui n'aime plus que cela, ni femme, ni enfants, mon cœur est vide.

Suis-je criminel ? Je ne sais.

Je suis condamné à vivre quand j'ai perdu toutes mes raisons morales de vivre. (...) Il n'y a de gloire que celle dont on a conscience : qu'importe si les autres la connaissent et la proclament. Il n'y a de vraie satisfaction qu'en soi, et en ce moment je me dégoûte.

(...) J'ai lu dans le *Mercure* la mort de Stéphane Mallarmé et j'en ai eu beaucoup de chagrin. Encore un qui est mort martyr de l'art : sa vie est au moins aussi belle que son œuvre (...) Cette société est incorrigible. On dirait qu'elle fait exprès de se tromper sur la valeur des gens de leur vivant, ayant pour mot d'ordre : « Génie et probité, voilà l'ennemi. »

(12 décembre 1898, Papeete.)

A MADAME CHARLES MORICE

(...) Mais qui vous dit que je ne crois pas en lui [Charles Morice] et surtout en son talent ? Si quelquefois je suis dur, (...) je m'inquiète pour celui [que j'] aime, au lieu de cette indifférence qui caractérise les hommes de notre époque. Dieu sait cependant si j'ai des raisons sérieuses pour être fermé à toute émotion. Je lis maintenant bien peu de livres. Cependant quand je veux lire, sans crainte de la souffrance, je lis plus que la couverture du livre, plus que le titre du chapitre, plus que toutes les lignes.

(...) Je sais combien Morice s'améliore et combien il travaille. Ce malheureux métier « misérable pain de chaque jour... » Je le sais bien et je ne l'en blâme pas, j'en pleure. Cette horrible société qui fait le triomphe des petits au détriment des grands, il faut cependant la subir, c'est notre calvaire. Mais aussi quelques-uns s'arrêteraient en route si le succès mérité devenait facile.

(...) Autre chose : le livre *Noa Noa*. Je vous en prie, croyez-moi un peu d'expérience et d'instinct de sauvage civilisé que je suis. Il ne faut pas que le conteur disparaisse derrière le poète. Un livre est ce qu'il est, incomplet, soit. Cependant, si par quelques récits, on dit tout ce qu'on a à dire ou à faire deviner, c'est beaucoup. On attend des vers de Morice, je le sais, mais s'il y en a beaucoup dans ce livre toute la naïveté du conteur disparaît et la saveur de *Noa Noa* perd de son origine. Puis ne craignez-vous pas que ceux qui attendent en jaloux, non pas ceux qui attendent en amis, disent : oui, Morice a du talent, mais il manque de souffle créateur et sans Gauguin il n'aurait pas d'idées ? Et je suis sûr qu'on le dira s'il y a beaucoup. Tandis que peu remet les choses à leur place et annonce la belle suite que vous connaissez, toute prête dans ses papiers.

La publication de son volume immédiatement après, bien présenté par le *Noa Noa*, vaudrait beaucoup mieux. J'ai donc beaucoup insisté là-dessus parce que j'ai la foi absolue d'avoir raison. Ne croyez pas une seconde que ce soit une question d'amour-propre qui me guide, à ce point que, si Morice veut publier les poèmes ins-

pirés par *Noa Noa* sans les récits et aucune collaboration, je lui en donne toute permission, heureux de faire
ce sacrifice à mon ami. Nous dirons ensemble au petit
manuscrit : Dormez, c'est nuit. C'est soir. (...)

(Février 1899, Tahiti.)

A ANDRÉ FONTAINAS

Monsieur Fontainas,

Mercure de France, n° de janvier, deux articles intéressants : « Rembrandt » ; « Galerie Vollard » [1]. Dans ce
dernier il est question de moi ; malgré votre répugnance
vous avez voulu étudier l'art ou plutôt l'œuvre d'un
artiste qui ne vous émotionne, en parler avec intégrité.
Fait rare dans la critique coutumière.

J'ai toujours pensé qu'il était du devoir d'un peintre
de ne jamais répondre aux critiques mêmes injurieuses,
surtout celles-là, non plus [qu'] à celles élogieuses ;
souvent l'amitié les guide.

Sans me départir de ma réserve habituelle, j'ai cette
fois une folle envie de vous écrire, un caprice si vous
voulez, et, comme tous les passionnels, je sais peu résister. Ce n'est point une réponse, puisque personnelle,
mais une simple causerie d'art : votre article y invite, la
suscite.

Nous autres peintres, de ceux condamnés à la misère,
acceptons les tracas de la vie matérielle sans nous plaindre, mais nous en souffrons en ce qu'ils sont un empêchement au travail. Que de temps perdu pour aller chercher
notre pain quotidien ! De basses besognes ouvrières, des

---

1. Les deux articles de Fontainas avaient pour titres : « Rembrandt
chez lui » (p. 35-48), et « Exposition Gauguin » (p. 235-238).

ateliers défectueux et mille autres empêchements. De là
bien des découragements et par suite impuissance,
l'orage, les violences. Toutes considérations dont vous
n'avez que faire et dont je ne parle que pour nous per-
suader tous deux que vous avez raison de signaler bien
des défauts. Violence, monotonie des tons, couleurs
arbitraires, etc. [1]. Oui, tout cela doit exister, existe.
Parfois, cependant, volontaires. Ces répétitions de tons,
d'accords monotones, au sens musical de la couleur,
n'auraient-elles pas une analogie avec ces mélopées
orientales chantées d'une voix aigre, accompagnement
des notes vibrantes qui les avoisinent, les enrichissant
par opposition ? Beethoven en use fréquemment (j'ai cru
le comprendre) dans la *Sonate pathétique*, par exemple.
Delacroix avec ses accords répétés de marron et de violets
sourds, manteau sombre vous suggérant le drame. Vous
allez souvent au Louvre : pensant à ce que je dis, regar-
dez attentivement Cimabue. Pensez aussi à la part
musicale que prendra désormais la couleur dans la peinture moderne. La couleur qui est vibration de même que
la musique est à même d'atteindre ce qu'il y a de plus
général et partant de plus vague dans la nature : sa
force intérieure.

Ici, près de ma case, en plein silence, je rêve à des
harmonies violentes dans les parfums naturels qui me
grisent. Délice relevé de je ne sais quelle horreur sacrée
que je devine vers l'immémorial [2]. Autrefois, odeur de
joie que je respire dans le présent. Figures animales d'une

---

1. Fontainas écrivait, entre autres : « Si les oppositions brutales des
tons riches, pleins et vibrants (...) forcent une attention un instant
déroutée, il faut bien reconnaître aussi que, souvent chantantes, hardies
et triomphales, d'autres fois elles manquent leur effet par la monotonie
de la répétition, par la confrontation à la longue irritante d'un rouge
éclatant à côté d'un vert vibrant etc. »
2. Immémorial : qui remonte à une époque que son ancienneté a
fait oublier. Mot sans doute emprunté à Mallarmé qui avait chanté
« l'ultérieur démon immémorial » (dans le poème *Un coup de dés*).

rigidité statuaire : je ne sais quoi d'ancien, d'auguste, religieux dans le rythme de leur geste, dans leur immobilité rare. Dans des yeux qui rêvent, la surface trouble d'une énigme insondable.

Et voilà la nuit. Tout repose. Mes yeux se ferment pour voir sans comprendre le rêve dans l'espace infini qui fuit devant moi, et j'ai la sensation de la marche dolente de mes espérances.

(...) L'État a raison de ne pas me commander une décoration dans un édifice public, décoration qui froisserait les idées de la majorité, et j'aurais encore tort de l'accepter, n'ayant d'autre alternative que celle de le tricher ou de mentir à moi-même.

(...) Voilà une lutte de quinze ans qui arrive à nous libérer de l'École, de tout ce fatras de recettes hors lesquelles il n'y avait point de salut, d'honneur, d'argent. (...) Le danger est passé. Oui, nous sommes libres et cependant je vois luire à l'horizon un danger. (...) La critique d'aujourd'hui sérieuse, pleine de bonnes intentions et instruite tend à nous imposer une méthode de penser, de rêver, et alors ce serait un autre esclavage. Préoccupée de ce qui la concerne, son domaine spécial, la littérature, elle perdrait de vue ce qui nous concerne, la peinture. S'il en était ainsi je vous dirais hautainement la phrase de Mallarmé : « Un critique ! un monsieur qui se mêle de ce qui ne le regarde pas. »

En son souvenir, voulez-vous me permettre de vous offrir ces quelques traits une minute esquissés, vague souvenir d'un beau visage aimé au clair regard dans les ténèbres [1], non un cadeau, mais un rappel à l'indulgence dont j'ai besoin pour ma folie et ma sauvagerie.

(Mars 1899, Tahiti.)

---

1. Il s'agit d'une épreuve du portrait de Mallarmé, eau-forte de 1891.

A MONFREID

(...) Le principal qui m'occupe toujours c'est de savoir si je suis dans la bonne voie, en progrès, si je fais des fautes d'art. Car les questions de matière, de soins d'exécution et même de préparation de toile arrivent tout à fait en dernier plan. On peut toujours y rémédier, n'est-ce pas ? Tandis que l'art, oh! c'est bien délicat et bien terrible à approfondir.

Pendant le peu de temps où je corrigeais à l'atelier Montparnasse, je leur disais : « Ne vous attendez pas à ce que je vous corrige directement si votre bras est trop long ou trop court (qui le sait du reste ?), mais des fautes d'art, de mauvais goût, etc.; vous serez toujours à même d'arriver à la précision si vous y tenez ; le métier vient tout seul, malgré soi, avec l'exercice, et d'autant plus facilement qu'on pense à autre chose que le métier. » (...)

(Mai 1899, Tahiti.)

A MAURICE DENIS

(...) En réponse à votre lettre, j'ai le regret de ne pouvoir vous répondre oui. Certes, il sera intéressant de voir réunis à dix ans d'intervalle, les artistes groupés au Café Volpini et avec eux les jeunes que j'admire mais ma personnalité d'il y a dix ans n'a plus aucun intérêt aujourd'hui. Je voulais à cette époque tout oser, libérer en quelque sorte la nouvelle génération, puis travailler pour acquérir un peu de talent. La première partie de mon programme a porté ses fruits ; aujourd'hui vous pouvez tout oser et, qui plus est, personne ne s'en étonne.

La deuxième partie hélas a été moins heureuse. Puis je suis un vieux bonhomme, l'élève de beaucoup dans votre exposition ; en mon absence cela deviendrait par trop évident. On a beaucoup écrit à ce sujet et tout le monde sait que j'ai réellement « volé » mon maître Émile Bernard [en] peinture et sculpture [si bien] qu'il (lui-même l'a fait imprimer) ne lui en est plus [rien] resté [1] ! Ne croyez pas que les trente et quelques toiles que je lui avais données et qu'il a vendues à Vollard soient [de] moi ; elles sont un épouvantable « plagiat » de Bernard.

Autre raison, et c'est la vraie. Mon œuvre est terminée (...) Très malade et obligé pour trouver un peu de pain de faire quelques travaux peu intellectuels, je ne peins plus, sauf le dimanche et les jours de fête ; je ne suis donc pas à même de vous fournir de nouveaux échantillons qui du reste ne seraient pas assez proprement encadrés et assez dans le mouvement. Mon art de Papou n'aurait pas sa raison d'être à côté des (...) symbolistes, idéistes ; je suis sûr que votre exposition aura beaucoup de succès. Ayant presque tous de la fortune, une nombreuse clientèle et des amis puissants, il serait étonnant que vous ne puissiez chacun recueillir le fruit légitime de votre talent, de vos découvertes. Je redoute un peu pour vous le ridicule des Rose-Croix, bien que ce soit une merveilleuse réclame, pensant que l'art n'a rien à faire dans cette maison de Péladan. (...)

(Sans date, juin 1899, Tahiti.)

1. C'est dans le *Mercure de France* de juin 1895, à l'occasion d'une lettre ouverte à Camille Mauclair qu'Émile Bernard avait accusé Gauguin de l'avoir « plagié ».

A MONFREID

(...) Je n'ai plus de toiles pour peindre, et puis je suis trop découragé encore pour peindre, trop occupé à chaque instant de la vie matérielle, puis à quoi bon si mes œuvres sont destinées à s'accumuler chez vous, ce qui doit vous embarrasser, ou vendues en masse à Vollard pour un morceau de pain.

Je me demande même comment il y a encore quelques-uns qui achètent des tableaux étant donné que le nombre des peintres devient de plus en plus considérable avec tout le brio des peintres qui, ne cherchant rien, se sont vite assimilé les recherches des autres, le tout assaisonné du goût moderne. Commercialement parlant, il faut en art que quelques-uns essuient les plâtres avant que la maison devienne habitable.

(*Août 1899, Tahiti.*)

A ANDRÉ FONTAINAS

(...) On a dit de moi que mon art était grossier, art de Papou. Je ne sais si on a eu raison, et par suite eu raison de le dire. Qu'importe! Je ne saurais tout d'abord changer en bien ou en mal. Mon œuvre, bien plus terrible critique, dit et dira qui je suis, en horreur ou en gloire. (...)

(...) Certes je vous lis, car le *Mercure* m'est envoyé gratuitement, vu mon extrême pauvreté, et c'est pour moi une jouissance car je suis très liseur de littérature non parce que cela m'instruit — mon cerveau est rébarbatif à l'instruction — mais parce que dans ma solitude

> *O beata solitudo !*
> *O sola beatitudo !*

dit saint Bernard, la lecture me met en communion avec
les autres sans être mêlé à la foule dont j'ai toujours
peur. C'est un des ornements de ma solitude. Ah!
monsieur Fontainas, si au lieu de critiques sous la rubrique « Art moderne » vous écriviez souvent de la critique
sous le titre : « Ornement de la Solitude », nous nous
comprendrions alors tout à fait.

(...) Figurez-vous que j'ai, il y a une douzaine d'années,
fait tout exprès le voyage de Saint-Quentin pour y voir
en son ensemble l'œuvre de La Tour : le voyant mal au
Louvre je le pressentais tout autre à Saint-Quentin. Au
Louvre je ne sais pourquoi je le mettais à côté de Gains-
borough. Il n'en est rien là-bas. La Tour est bien français et gentilhomme, car s'il y a une qualité que je prise
en peinture c'est bien celle-là. (...) Ce n'est point la lourde
épée d'un Bayard mais plutôt l'épée de cour d'un mar-
quis, non plus la massue d'un Michel-Ange mais le stylet
de La Tour. Les lignes sont pures comme un Raphaël;
la composition des courbes toujours harmonieuse et
significative.

Je l'avais quasiment oublié, mais voilà heureusement
que le *Mercure* m'arrive à point pour faire revivre un
plaisir d'autrefois, me faire aussi participer au vôtre
devant le portrait de *La Chanteuse*. Vous venez aussi en
votre bel écrit remettre devant mes yeux des noms qui
me sont chers : Degas, Manet, pour qui j'ai une admiration sans bornes. Je revois aussi ce beau portrait de
Samary [1] que j'ai vu autrefois à l'exposition aux Beaux-
Arts de « Portraits du Siècle ».

A ce sujet que je vous raconte un petit épisode. Lors

---

1. Portrait de *Jeanne Samary* par Renoir.

de cette exposition j'allai visiter avec un ennemi de
Manet, Renoir et impressionnistes : celui-ci devant ce
portrait criait à l'abomination. Pour l'en détourner je
lui fis voir un grand portrait : *Père et mère dans une salle
à manger*. La signature toute petite était invisible. « A la
bonne heure, s'écria-t-il, voilà de la peinture. » Mais
c'est de Manet lui dis-je. Et lui furieux. Nous fûmes
depuis ce jour ennemis irréconciliables.

Voilà, cher Monsieur, beaucoup de raisons qui me font
désirer d'autres écrits de vous dans le genre d'ornement
de la solitude. (...)

                                        (*Août 1899, Tahiti.*)

« *Le Sourire* » et « *Les Guêpes* »

(1899-1900)

Le Sourire, *journal personnel de Gauguin, illustré par lui d'en-têtes en bois gravés, parut, à Tahiti, d'août 1899 à avril 1900 et il n'eut jamais plus d'une trentaine de lecteurs.*

Dans les lettres de Gauguin à Daniel de Monfreid nous trouvons la genèse de la création de ce journal, « Sourire méchant », comme disait Gauguin « qui fit pâlir bien des gens, méchantes gens ». L'artiste était tombé dans une extrême misère; il avait dû travailler à six francs par jour dans les travaux publics. Il semble que cela ait rendu ses rapports difficiles avec ses anciennes connaissances. Les fonctionnaires le traitaient avec mépris; un « petit procureur », le procureur de la République Édouard Charlier, lui jouait des tours, faisant exprès de ne jamais poursuivre les gens qui le volaient. Il commença par écrire dans un journal un libelle violent contre le procureur, le mettant dans l'obligation de se battre en duel avec lui ou de le poursuivre. « Résultat, écrit-il à Daniel de Monfreid, rien contre moi, ni duel, ni poursuites; quelle pourriture dans nos colonies... » Mais Charlier crut se venger en détruisant trois toiles de Gauguin qu'il avait antérieurement acquises pour une bouchée de pain et, dans une lettre subséquente, Gauguin écrit : « Comme vous avez pu voir j'ai commencé à redresser la tête à Tahiti, et bien m'en a pris, car alors on a commencé à me craindre et me respecter, puis, pris dans l'engrenage, je me suis mis journaliste. J'ai créé un journal Le Sourire, autographié système Edison, qui fait fureur; malheureusement on se le repasse de main en main et je n'en vends que très peu. »

Certes les petites histoires locales, les plaisanteries satiriques que contient ce journal humoristique ne sont pas d'un égal intérêt. Mais dans les quelques passages que nous avons sélectionnés on retrouve la verve de l'écrivain.

L'ancien gouverneur L.-J. Bouge a publié, à tirage restreint, en fac-similé, en 1952, une collection complète du Sourire. Mais les articles qu'il contient n'ont jamais été imprimés.

L'histoire des Guêpes est un peu différente. Ce journal était la propriété de dirigeants du parti catholique à Tahiti (les catholiques sont, en Polynésie française, minoritaires par rapport aux protestants). Voulant mener campagne contre les missionnaires de l'Église réformée, les bailleurs de fonds du journal engagèrent Gauguin, qui avait la plume facile et la bourse plate, comme rédacteur de leur journal, en 1899-1900. L'artiste, poussé par la nécessité, dut mettre une sourdine, pour un temps, à ses vitupérations contre l'Église catholique, mais cette autocensure ne l'empêcha point de glisser dans Les Guêpes quelques articles d'un réel intérêt. Un recueil complet imprimé des numéros parus des Guêpes a été publié en volume, à Paris, en 1966, par Bengt Danielsson et Patrick O'Reilly dans la série des publications de la Société des Océanistes, ayant son siège au musée de l'Homme.

FARINE DE COCO

(Inauguration imaginaire d'un chemin de fer [1])

(...) Dimanche s'annonce un grand jour : il s'agit de l'inauguration du chemin de fer de Papeete-Mataiea

1. Gauguin vouait un ressentiment particulier au richissime avocat et homme d'affaires Auguste Goupil (1847-1921) au service duquel il avait été employé dans la fonction plutôt humiliante de précepteur de ses filles. Goupil, qui possédait cent hectares de cocoteraies, s'était mis en tête de créer une vaste compagnie financière afin de réaliser une vieille ambition : la construction d'un chemin de fer de Papeete à Mataiea. Le principal objectif de ce projet, jamais exécuté, car, écrit Gauguin dans un autre article paru quelques mois plus tard dans Les Guêpes, il ne pouvait que « faire faillite », eût été de transporter le coco râpé produit dans ses usines, qu'il exportait, aux États-Unis pour y être employé dans la pâtisserie. Gauguin s'amusa donc à raconter une inauguration imaginaire de la voie ferrée. Comme par hasard, toutes les gares où le train faisait halte étaient des usines de farine de coco. Au passage, l'artiste ne manqua pas de persifler la luxueuse résidence que Goupil s'était fait construire à Outamaoro et qu'il ne connaissait que trop bien.

créé par un homme bienfaisant : seuls les gens de la Haute inaugureront, tandis que la foule, pas de ruit, pas de ruunt. N'importe, je vais réclamer ma carte de reporter, et chose extraordinaire, je l'obtiens.

Dès le matin de ce jour fameux, la journée se devine toute belle, malgré une marée exceptionnelle. La mer montait tellement qu'un peu plus elle envahissait les navires en rade et par suite les aurait fait couler. Il n'en a rien été heureusement ; mais revenons à notre sujet au lieu de nous égarer dans des faits divers dignes tout au plus du *Figaro* — ô Villemessant.

Or donc, par conséquent, subséquemment comme dirait le brigadier, je pris le train, sans bagages mais élégant et fin : pantalon ventre de biche, gilet d'astrakan, et un veston aussi bien taillé que celui des encriers de Pondichéry.

Or donc, par conséquent, subséquemment comme dirait la sardine, tout le monde en convient, il faut toujours être bien habillé pour être un homme intelligent. Or donc, par conséquent, subséquemment, le train se mit en marche, s'arrêta à toutes les stations. Farine de Coco n° 1. Tiens! moi qui croyais que c'était Faaa. Très peu de temps après, un nouvel arrêt, cette fois c'est Farine de Coco n° 2. Les voyageurs pour la ligne de Nouméa changent de train, s'écrient les employés qui sont Chinois. Cela devient inquiétant pour mon pauvre intellect et, pour changer le cours de mes idées, je me mets à examiner, cheminant, une superbe propriété, d'un richard sans doute : au détour du chemin quelques boîtes à sardines adroitement étagées par un charpentier simulent un château. Tout comme à Versailles, les statues civilisent le jardin ; des grilles aussi, puis, sur colonnes, d'admirables vases de faux métal donnent l'hospitalité à de maigres aloès en zinc. Regardant par la portière, j'ai cru voir au fond de tout cela des mains s'agiter sur une guitare ; j'ai cru aussi entendre un doux

refrain : *I love this money*. Intérieurement j'y répondis
par ce couplet de Jehan Rictus :

> *L'enfant des pauv's, c'est nécessaire*
> *Afin que tout un chacun s'exerce,*
> *Car si gn'avait pas de misère,*
> *Ça pourrait bien ruiner le commerce.*

Le train se remit en marche, s'arrêtant à toutes les
stations Farine de Coco jusqu'au n° 5. A notre gauche le
charme, la majesté, la luxuriance, l'enivrement de la
forêt accueille, attire, enlace de ses fortes et dangereuses
caresses le pèlerin en route vers Taravao ; à notre droite,
tantôt loin, tantôt près, la mer : la mer égayée de frêles
pirogues indolemment vites que les jeunes gens dirigent
à la pagaie, et leurs pareos bleus et blancs et leurs poi-
trines cuivrées brillent dans la clarté de l'air et leurs dents
luisent dans l'éclat du rire. Sur le bord, en maints
endroits, des jeunes filles qui viennent de se baigner,
sans doute couchées en de voluptueuses attitudes,
parlent amours d'hier et projets d'amour de demain. Le
sifflet de la locomotive nous rappelle à la réalité, puis
aussi le canon qui devait saluer l'arrivée. Mais rien, tout
simplement un oubli du chef de train, du chef de pièce.
(La trajectoire est restée à Papeete!!!) En revanche un
grand déjeuner a été préparé pour les gens de la Haute,
mais moi qui suis un petit reporter de 4 sols je suis
obligé d'aller déjeuner au buffet de la station tenu par
le Chinois : farine de coco à discrétion. Cela terminé, je
vais dans un petit fourré à l'ombre du manguier faire
une petite sieste. Le sommeil clôt mes paupières, le
rêve aussi : rêve confus où les choses passent dans ma
tête sans ordre... Farine de coco, *I love this money*, etc.,
les employés du chemin de fer, tous Chinois, etc., cela
devient du cauchemar et je me réveille. Et, à mon réveil,

je me fais cette réflexion que bien souvent les hommes
évitent Mazas pour aller fatalement à Charenton. Justice de Dieu sans doute. Le train, sans arrêt cette fois,
nous reconduit à Papeete, sans accidents ; j'arrivai
chez moi le cœur content, l'estomac mal à l'aise, ne
pouvant digérer farine de coco.

A LA MARTINIQUE

Souvent les choses comme les mots vus et entendus
viennent à leur heure, au déclin de la vie, prendre un
sens profond.

Il y a quinze ans de cela, à la Martinique, revenant
de Saint-Pierre, je vis sur la route deux Noirs à l'aspect
sérieux plus que leurs parapluies ; j'entendis, passant
tout près, cette phrase : « Li qu'a pas civilisé, li qu'a
parler toujours argent. »

Et maintenant, arrivé à l'âge mûr, arrivant à Papeete,
sur mon passage, la prison coloniale, l'hôpital colonial,
le tribunal colonial ; et maintenant cette phrase du Noir
se dresse devant moi, vraie, profonde de sens. C'est que
moi comme tout autre j'ai eu une jeunesse avec l'amour
des nobles choses, l'illusion d'avoir un jour la justice,
la récompense des mérites acquis. A la prison coloniale,
à l'hôpital colonial, toujours ces mots : « Combien ? »
Selon le poids de ton escarcelle tu es classé soldat, sergent, officier. Pauvre colon égaré loin de ton pays, aux
premières douleurs qui te minent, désireux de connaître
ton mal, tu te présentes à l'hôpital colonial et... dix
francs déposés entre les mains du concierge te donnent
le droit d'entrer au cabinet de consultation et là vous
entendez, sans qu'on vous le dise, « Vous qu'a pas civilisé,
vous qu'a pas teni argent. »

Puis la mort vient vous surprendre, vous prendre :

selon le poids de votre escarcelle on vous donne un beau linceul blanc, un morceau de toile grise, une loque infecte, toujours selon votre escarcelle, une chambre, une chambrée, dans la rue. Officier, sergent, soldat. Rien à dire puisque règlements, administration, grades et décorations. Si j'étais prêtre, je dirais charité ; si j'étais tyran, j'abolirais les règlements, l'administration, les grades et les décorations, et l'hôpital se nommerait « Humanité ». Hélas! je ne suis pas tyran : on bâtit Sion du sang des innocents, et Jérusalem du fruit de l'iniquité. Après nous viendra (j'ose l'espérer) une horde barbare. Jérusalem sera réduite en un monceau de pierres, les adorateurs du veau d'or mis à mort.

Li qu'a pas civilisé, li qu'a toujours parler argent.

(*Le Sourire,*
supplément au numéro de septembre 1899.)

JUSTICE ET INJUSTICE [1]
Féroces commentaires

(...) Nous ne sommes pas d'accord, le ministère public et moi, quand il soutient qu'on ne doit pas se faire justice soi-même. Je sais bien que le ministère a pour lui le code, mais moi j'ai le raisonnement, l'exemple journalier : au prix où est le beurre, la justice n'est pas abordable pour le pauvre peuple. Et je dis que lorsqu'un (...) vil homme d'affaires, habile à contourner le code, vous ruine, il faut le massacrer. Si votre chef, sans tenir compte de votre mérite et de votre travail, vous fait perdre votre gagne-pain, tout cela pour ne pas lui avoir léché son endroit malpropre, il faut impitoyablement le couper en quatre. Les gifles, la bastonnade, le meurtre,

---

1. Le premier titre est de nous.

tout est bon pour se garantir de la vermine qui envahit la société, sinon, si vous n'y prenez garde, vous deviendrez une nation de laquais ; et les hommes tous habillés de jupons. (...) Si vous apprenez aux indigènes la langue française, l'arithmétique et tout ce qui s'ensuit, cela est peut-être fort bien au point de vue de la civilisation, mais si, par l'exemple du mal toujours impuni, l'abâtardissement de notre race blanche, si par l'exemple de l'arbitraire en haut, la platitude en bas, vous croyez civiliser les races vaincues, vous vous trompez. Dans une colonie, regarder fièrement et franchement devant soi, c'est la misère ; les indigènes que vous instruisez vous le diront bientôt. (...)

(Le Sourire,
supplément au numéro de septembre 1899.)

Celui-là seul est heureux qui est libre : mais seul est libre celui qui est ce qu'il peut être, par conséquent ce qu'il doit être. Faut-il, pour vivre, perdre les raisons qui vous font vivre ?

Plusieurs sentinelles rangées contre le mur. Au-dessus sur la chaux blanche se détache en noir l'inscription : Liberté, Égalité, Fraternité. Liberté, oui. Égalité, pas beaucoup. Fraternité, pas du tout.

(Le Sourire, *septembre 1899.*)

MÉNAGERIE [1]

Je suis fort et je fais fortune avec ma ménagerie, la plus belle du monde. Tous les soirs, devant une nom-

1. Ce texte est reproduit trois fois, avec quelques variantes : dans *Le Sourire*, dans *Diverses Choses* et dans *Avant et Après*.

breuse foule j'entre dans la grande cage centrale où Brutus, ce roi du désert, attend vainement une heure de liberté pour courir follement. Lui seul d'abord, puis d'autres lions ; enfin la lionne. Brutalement, je les harcèle du bout de ma pique pour les faire rugir, bondir, eux, terribles, qu'on nomme les fauves, et je me repais de leur odeur. Toute la bête en moi s'assouvit, et la foule m'admire.

Le grand tigre royal arrive seul dans la cage devenue vide ; nonchalamment il demande la caresse, me faisant signe de sa barbe et de ses crocs que les caresses suffisent. Il m'aime. Je n'ose le battre, j'ai peur et il en abuse ; je supporte malgré moi son dédain. Et cette peur me rend heureux, tout mon être palpite. Est-il de bonheur sans douleur ?

La nuit, ma femme cherche mes caresses ; elle sait que j'en ai peur et elle en abuse ; et tous deux (des fauves aussi !) nous menons la vie, avec peur et bravoure, avec joies et douleurs, avec force et faiblesse, regardant le soir à la lueur des quinquets, suffoqués des puanteurs fauves, la foule stupide et lâche, affamée de mort et de carnage, curieuse du spectacle horrible des chaînes de l'esclavage, du fouet et de la pique, à jamais assouvie des hurlements des patients. (...)

(*Le Sourire, octobre 1899.*)

ENCORE SUR LA MÉNAGERIE [1]

Regarde dans la cage cette jolie panthère avec ses noirs ; ses crocs broient lentement mais sûrement une tête de mouton, sa pâture ; les sons rauques qui sor-

---

1. Le titre est de nous.

tent de sa gorge indiquent suffisamment sa jouissance.

La voyant ainsi, je me lèche les babines, j'admire ce félin. Puis son repas terminé, le trivial belluaire et sa pique entrent dans la cage. Il abuse de son pouvoir et surtout de son arme, fait de la parade, blague et brime sa victime.

Mais survient un moment d'oubli et de fol effroi et la jolie panthère révoltée renverse le trivial belluaire ; à son tour elle blague et elle brime, elle brime et elle blague ; ses crocs broient lentement mais sûrement la vilaine tête de belluaire du mignon. Les sons rauques qui sortent de sa gorge indiquent sa jouissance.

Moi je me lèche les babines, j'aime les félins.

(Le Sourire,
supplément au numéro d'octobre 1899.)

UBU ROI
Critique littéraire

Alfred Jarry est un esprit curieux : on joue de lui au Théâtre de l'Œuvre une petite pièce intitulée *Ubu Roi*. Ubu Roi est un sale cloporte qui à la queue de ses sujets part en guerre, toujours pris de coliques extravagantes. Je ne dirai pas que la pièce fit fureur, mais elle fit horreur, car on ne voit pas avec plaisir la race à laquelle on appartient, bafouée, ravalée à ce point. Néanmoins un type nouveau venait d'être créé.

Un homme politique quelconque se montre-t-il sous un aspect foireux : on dit c'est un Ubu. Un procureur, quelconque aussi, qui essuie seulement, avec son mouchoir, les crachats qu'on dépose sur son museau, et dont les pantalons servent de pissotière à tous ceux qui lèvent la cuisse : c'est un Ubu. Tout homme qui dans son

ménage sert à sa femme de vadrouille pour essuyer les
vases de nuit : c'est un Ubu. En principe, tout homme
qui, bête immonde, soulève le dégoût, est un cloporte
qui fait couac quand on met le pied dessus : c'est un Ubu.

Désormais Ubu appartient au dictionnaire de l'Académie : il désignera les corps humains qui ont une âme
de cloporte.

Remercions M. Alfred Jarry.

(Le Sourire, *novembre 1899*.)

RIMBAUD ET MARCHAND

Dans le courant de l'année 1898 je reçus une triste
nouvelle, il s'agissait de la mort d'Arthur Rimbaud
(un ami) [1]. Rimbaud était un poète, par suite considéré
par une partie de la société pour un être inutile sur cette
terre comme tous les artistes. Le monde des lettres en
fut ému, car il s'agissait d'un bien étrange poète, d'une
haute intelligence, mais ce fut tout. Il serait cependant
nécessaire, sans toutefois approfondir la question en un
si court espace, de dire une fois pour toutes que les mots
« gloire d'un pays » utilisés sont généralement compris
en sens tout à fait inverse, surtout quand il s'agit de
colonisation. Coloniser veut dire cultiver une contrée,
faire produire à un pays inculte des choses utiles d'abord

1. Il faut prendre le mot « ami » dans un sens général, car Gauguin
n'a jamais dû rencontrer Rimbaud. Par contre, Verlaine et ses amis
symbolistes lui ont sûrement parlé de lui lors des réunions à Paris,
l'hiver 1890-1891, réunions auxquelles Gauguin assista. (Note de Danielsson et O'Reilly.) Rimbaud était mort à Marseille le 10 novembre
1891. La nouvelle en avait, dit Mallarmé, « circulé par les journaux ».
Mais, à ce moment, Gauguin était à Tahiti. De retour en France, de
1893 à 1895, aurait-il pu continuer à ignorer la mort de Rimbaud?
Jean Loize suggère qu'il aurait appris si tardivement cette mort par les
publications de Paterne Berrichon.

au bonheur des humains qui l'habitent, noble but. Le conquérir, ce pays, y planter un drapeau, y installer une administration parasitaire, entretenue à frais énormes, par et pour la seule gloire d'une métropole, c'est de la folie barbare et c'est de la honte !

Rimbaud le poète, le rêveur, explora, de sa propre initiative et sans autre encouragement ni ressources que son vouloir de liberté et de charité.

Après avoir été un fort en thème de l'enseignement classique, un lauréat des concours académiques, Arthur Rimbaud, ce poète si précocement génial, voulut parcourir le monde. Il allait, sait-on bien, presque toujours à pied, seul et dénué de pécule. En 1880, lorsqu'il arriva à Aden, il savait aussi complètement que le français, dont il demeurera l'un des maîtres, l'anglais, l'allemand, le hollandais, le russe, le suédois, l'espagnol, l'italien, toutes les langues européennes. Profitant de son séjour dans un emploi relativement sédentaire, trouvé en cet Aden, il s'assimila vite, en même temps que l'arabe et divers idiomes orientaux, les connaissances théoriques et pratiques de l'ingénieur. Puis il partit, tout seul toujours, pour aller explorer l'Afrique. Sans autre secours que ses manières d'être condescendantes d'homme supérieur, il parvint à se faire respecter, voire à se faire adorer de peuplades sauvages, jusqu'alors redoutées des voyageurs et auxquelles il enseignait l'industrie et la dignité.

« A Obock, écrivait Rimbaud en 1885, la petite administration française s'occupe uniquement à banqueter et licher les fonds du gouvernement qui ne fera jamais rendre un sou à cette affreuse colonie colonisée jusqu'ici par une douzaine de flibustiers seulement. » Coût à la métropole : 570 000 francs par an environ, aux indigènes 30 000 francs. Il est à craindre que, dans beaucoup de possessions françaises, la situation ne soit proportionnellement la même qu'à la Côte des Somalis. Il suffirait pour s'en instruire de compulser le budget général de la République.

Le parti de la civilisation en Éthiopie est, on peut l'assurer, l'œuvre d'Arthur Rimbaud, dont l'action, malgré les tracasseries de l'impératrice Taïtou, fut, de 1888 à 1891, décisive, tant sur Ménélik que sur le ras Makonnen, ses amis et ses admirateurs.

Voilà en quelques mots l'œuvre d'un individu. J.-A. Rimbaud un poète, un rêveur, donc un inutile, par son initiative solitaire, et cela sans fortune, sans appui de nos gouvernements.

Écrivant cet article, histoire de parler un peu de colonie et de colonisation, puis aussi d'un artiste (qui ne connaît mon faible?), je croyais le terminer aussi : mais voilà que tout à coup se dresse devant moi une autre figure, celle-là glorieuse, mandataire de la société, le capitaine Marchand. Quel est donc cet homme que la France est fière de posséder et surtout quelle est son œuvre?

Je ne vois pas très bien que le capitaine Marchand ait fait ses humanités. Il semble plutôt que se soient les cours modernes de l'école régimentaire, venant corroborer une modeste instruction primaire, qui ont, la soumission aux chefs aidant, fait de cet engagé volontaire dans l'armée un capitaine d'infanterie de marine susceptible d'assumer une expédition coloniale. C'est à la tête d'une troupe armée de fusils Lebel, et sur l'ordre du ministre des Colonies, que ce capitaine partit pour l'Afrique. Sa mission avait pour objet la relève des soldats libérés et subséquemment la défense des possessions françaises administrées par M. Liotard, le commissaire de la République au Congo.

Comme ce Marchand est, dit-on, un officier actif et aventureux, son zèle conquérant et patriotique lui fit descendre le Bahr el-Ghazal, au long duquel il laissa des « postes d'occupation », et aussi parvenir jusqu'au Nil,

à Fachoda dominée par les madhistes [1]. Il paraît qu'aussitôt entré dans cette ville, il fut attaqué par une flot-
tille derviche, qu'il repoussa. Puis, croyant allégrement
le fait de cette victoriette libérateur pour les Shilluks
de la tyrannie des derviches, il aurait cru pouvoir, sans
connaître la langue du pays ni même avoir d'interprète,
conclure, avec le Grand Mek, un traité aux termes
duquel celui-ci plaçait son pays (ce sont les propres
expressions de M. Marchand consignées au Livre jaune)
sous la protection de la France, traité sujet à être plus
tard ratifié par le gouvernement français.

Personne n'ignore ce que, enfin de tout cela, il advint.
Une expédition anglo-égyptienne, commandée par le
sirdar Kitchener, reconquérait le Soudan sur les madhistes. Après la prise de Khartoum, remontant le Nil
pour l'occupation, elle rencontra les couleurs françaises
à Fachoda. Et ce fut, entre la République de France et
le royaume d'Angleterre, un conflit diplomatique ayant
pour premier résultat l'ordre donné au capitaine Marchand de quitter le pays des Shilluks et de réintégrer la
métropole.

Par ce schème rapide de leur biographie, on peut,
croyons-nous, voir déjà les différences essentielles qui
caractérisent Rimbaud et Marchand et nous les ont fait
choisir comme deux types opposés d'agents de colonisation.

Le préjugé, sur les moyens apparents, est estimé que,
des deux, celui devant accomplir la plus civilisatrice
besogne était l'officier, non le poète maudit. Cependant
il en a été tout au contraire. En France, où l'esprit d'initiative manque presque toujours aux individus appelés
à gérer les nouvelles acquisitions de territoire, la politique coloniale est l'ennemie de la colonisation.

1. Partisans du *mahdi* (chef de tribus, littéralement « envoyé
d'Allah ») Mohammed Ahmed qui s'empara de Khartoum, mettant
temporairement en échec la domination anglo-égyptienne au Soudan.

Au moment de mettre terme à ce trop long entretien, une troisième figure se dresse devant moi : excusez-moi, ce sera la dernière. Je ne sais plus quel courrier nous apporta la nouvelle que le conflit entre la France et l'Angleterre était terminé ; toujours est-il que je me trouvais près de l'église à Papeete, vers dix heures du matin, lorsque M. Charlier, le procureur de la République, vint à moi et me dit :

— Mon cher, nous sommes foutus en France.

— Déjà ! m'écriai-je.

— Mais oui, nous sommes foutus, et j'ai honte d'être Français, je sors de chez M. Gallet qui en est indigné ! La France lâche a tout cédé.

J'étais aussi indigné mais pour d'autres motifs, je sus me taire : le moment de parler n'était pas venu.

Monsieur Gallet et son protégé voyaient s'échapper tout à coup l'occasion d'acquérir la gloire, l'avancement. Comment ! Tous ces beaux travaux de défense, cette belle habitation de la Fautaua, tout cela n'aurait été que le rêve d'un instant [1] ?

Moi qui ai pris la mauvaise habitude de réfléchir (...), moi qui ai fait la guerre de 1870, vu des morts, des prisonniers, tout cela pour le caprice de quelques-uns, je n'aime pas la guerre. (...)

(Les Guêpes, n° 5, 12 juin 1899.)

1. « Gauguin fait allusion à des préparatifs de guerre qui auraient été faits alors à Tahiti dans la crainte d'un conflit avec l'Angleterre et d'une prise de possession de l'île. On aurait dressé des plans de résistance, monté des batteries de marine pour défendre la passe, créé dans la vallée de la Fautaua une sorte de réduit-blockhaus, avec un pont pour y parvenir (il se nomme encore le pont de Fachoda). Le gouverneur aurait été se réfugier là en cas d'envahissement par les Anglais. » (Note de Danielsson et O'Reilly.)

DOUX PROGRÈS

Cythère devenue suisse [1] perdit son beau temple de Vénus et un semblant d'austérité genevoise la rendit morne, insupportable. Autrefois donc, à Cythère, le ciel était pur, les femmes adorables et adorées, ayant la joie nue de vivre dans la clémence de l'air, dans la caresse des herbes douces, dans la volupté du bain. Et c'était une perpétuelle fête, une ignorance parfaite du travail que les générosités de la nature font inutile. [Rien de plus riant que son port, avec ses boutiques ensoleillées, ses pirogues [2].]

(...) Les hordes civilisées arrivent et plantent un drapeau ; le sol fertile devient aride, les rivières se dessèchent ; non plus une fête perpétuelle, mais la lutte pour la vie, et le travail incessant. (...) L'orage passe sur nos têtes, pliant jusqu'à terre la crête des cocotiers séculaires. (...) Ils empoisonnent notre terre de leurs excréments infectants, (...) stérilisent le sol, dégradent la matière animée (...). Tout périt (...).

(*Les Guêpes, n° 12, 12 janvier 1900.*)

---

1. « Cythère (= Tahiti) devenue Suisse (= calviniste). » (Note de Danielsson et O'Reilly.)
2. Cette dernière phrase a été ajoutée par Gauguin au même texte lorsqu'il le reprit dans *Avant et Après.*

(...) Mes tableaux et sculptures doivent être sauve-
gardés.

A propos de sculptures, je voudrais bien que l'œuvre
très minime en somme ne soit pas disséminée (...). La
grande figure de céramique [1] qui n'a pas trouvé amateur,
tandis que des vilains pots de Delaherche se vendent
très cher et vont dans les musées, je voudrais l'avoir
pour la mettre sur ma tombe à Tahiti, et avant cela
faire l'ornement de mon jardin. C'est pour vous dire
que je voudrais que vous me l'envoyiez bien em-
ballée (...).

(Octobre 1900, Tahiti.)

AU MÊME

(...) Je crois qu'aux Marquises, avec la facilité qu'on
a pour avoir des modèles (chose qui devient de plus

---

1. Il s'agit de l'*Oviri* (sauvage) avec lequel Gauguin s'identifiait
personnellement (voir avant-propos p. 10).

en plus difficile à Tahiti), et avec des paysages alors à découvert, bref des éléments tout à fait nouveaux et plus sauvages, je vais faire de belles choses. Ici mon imagination commençait à se refroidir, puis aussi le public à trop s'habituer à Tahiti. Le monde est si bête que lorsqu'on lui fera voir des toiles contenant des éléments nouveaux et terribles, Tahiti deviendra compréhensible et charmant. Mes toiles de Bretagne sont devenues de l'eau de rose à cause de Tahiti ; Tahiti deviendra de l'eau de Cologne à cause des Marquises.

(Juin 1901, Tahiti.)

A CHARLES MORICE

(...) Je suis à terre aujourd'hui, vaincu par la misère et surtout la maladie d'une vieillesse tout à fait prématurée. Aurai-je quelque répit pour terminer mon œuvre ? Je n'ose l'espérer : en tout cas je fais un dernier effort en allant le mois prochain m'installer à Fatu-iva, île des Marquises presque encore anthropophage. Je crois que là, cet élément tout à fait sauvage, cette solitude complète me donnera avant de mourir un dernier feu d'enthousiasme qui rajeunira mon imagination et fera la conclusion de mon talent. (...)

(Juillet 1901, Tahiti.)

A MONFREID

(...) J'ai toujours dit, sinon dit : pensé, que la poésie littéraire du peintre était spéciale et non l'illustration

ou la traduction, par des formes, des écrits : il y a en
somme en peinture plus à chercher la suggestion que
la description, comme le fait d'ailleurs la musique. On
me reproche quelquefois d'être incompréhensible parce
que justement on cherche dans mes tableaux un côté
explicatif tandis qu'il n'y en a pas. A ce sujet on pourrait bavarder longuement sans arriver à rien de positif ;
ma foi tant mieux, la critique dit des bêtises et nous
nous en réjouissons si nous avons le sentiment légitime
de notre supériorité, la satisfaction du devoir accompli.
Tas d'imbéciles qui veulent analyser nos jouissances.
A moins qu'il se figurent que nous sommes obligés de
les faire jouir. (...)

(*Août 1901, Tahiti.*)

AU MÊME

(...) Je suis de plus en plus heureux de ma détermination et je vous assure qu'au point de vue de la peinture, c'est admirable. Des modèles ! une merveille, et
j'ai déjà commencé à travailler.

(...) Comme vous avez raison de considérer cette
gloriole tirée de la presse ! La conscience d'abord et
l'estime de quelques-uns, les aristocrates qui comprennent : après cela il n'y a rien.

Vous connaissez mes idées sur toutes ces fausses idées
de littérature symboliste ou autre en peinture ; inutile
donc de les répéter, d'ailleurs nous sommes d'accord
sur ce sujet, la postérité aussi, puisque les œuvres saines
restent quand même et que toutes les élucubrations
critico-littéraires n'ont rien pu y changer. Peut-être
trop orgueilleusement je me loue de ne pas être tombé
dans tous ces travers où la presse louangeuse m'aurait

entraîné comme tant d'autres, Denis par exemple, Redon aussi peut-être. Et je souriais quoique ennuyé quand je lisais tant de critiques qui ne m'avaient pas compris.

Du reste, dans mon isolement ici, on a de quoi se retremper. Ici la poésie se dégage toute seule et il suffit de se laisser aller au rêve en peignant pour la suggérer. Je demande seulement deux années de santé et pas trop de tracas d'argent, qui ont maintenant une prise excessive sur mon tempérament nerveux, pour arriver à une certaine maturité dans mon art. Je sens qu'en art j'ai raison, mais aurai-je la force de l'exprimer d'une façon affirmative? En tout cas j'aurai fait mon devoir et, si mes œuvres ne restent pas, il restera toujours le souvenir d'un artiste qui a libéré la peinture de beaucoup de ses travers académiques d'autrefois et de travers symbolistes (autre genre de sentimentalisme). (...)

(Novembre 1901, Hivaoa, îles Marquises.)

AU MÊME

(...) Moi qui depuis deux mois vis avec une mortelle inquiétude : c'est que je ne suis pas le Gauguin d'autrefois. Ces dernières années terribles et ma santé qui ne se remet pas vite m'ont rendu impressionnable à l'extrême, et dans cet état je suis sans énergie (personne d'ailleurs pour me réconforter, pour me consoler), l'isolement complet.

(...) Ce que vous me dites de la collaboration de Morice pour *Noa Noa* ne me déplaît pas. Cette collaboration a eu de ma part deux buts. Elle n'est pas ce que sont les autres collaborations, c'est-à-dire deux auteurs travaillant en commun. J'avais eu l'idée, parlant des non-civilisés, de faire ressortir leur caractère à côté du nôtre, et j'avais trouvé assez original d'écrire (moi tout simplement en sauvage), et à côté le style d'un civilisé qui est Morice. J'avais donc imaginé et ordonné cette collaboration dans ce sens ; puis aussi, n'étant pas, comme on dit, du métier, savoir un peu lequel de nous deux valait le mieux ; du sauvage naïf et brutal ou du civilisé pourri. Morice a voulu quand même faire paraître le livre hors de saison ; ce n'est pas après tout déshonorant pour moi.

(Mai 1902, Hivaoa, îles Marquises.)

A ANDRÉ FONTAINAS

Je vous envoie ce petit manuscrit écrit à la hâte, à seule fin que l'ayant lu et (si approbation de votre part) vous en demandiez pour moi au *Mercure de France* la publication. Pour deux raisons je ne m'adresse pas directement au *Mercure*.

La première, c'est que vous en êtes le critique d'art et que par ce fait vous pourriez croire de ma part à une malveillance qui n'existe pas.

La deuxième, c'est que le *Mercure* m'est servi gratuitement. Étant pauvre, mon silence vaudrait peut-être mieux.

Ce que j'écris n'a aucune prétention littéraire mais une conviction profonde dont je tiens à faire part. (...) Mon œuvre depuis le début jusqu'à ce jour (on peut le voir) est une, avec toutes les graduations que comporte l'éducation d'un artiste. A tout cela j'ai fait le silence et continuerai à le faire, persuadé que la vérité ne se dégage pas de la polémique, mais des œuvres qu'on a faites. D'ailleurs mon existence dans l'éloignement

complet prouve suffisamment combien je cherche peu
la gloire fugitive. Mon plaisir est de voir le talent chez
les autres.

Et si je vous écris tout cela c'est que tenant à votre
estime, je ne voudrais pas que mon manuscrit soit mal
compris de vous, que vous puissiez y voir une idée de
faire parler de moi. Non... Seulement j'ai de sourdes
colères quand je vois maltraiter un homme comme
Pissarro, me demandant à qui ce sera le tour demain.

Quand on me maltraite c'est autre chose, cela ne
m'est pas désagréable, me disant : tiens! je suis peut-
être quelque chose.

(*Septembre 1902, Atuona.*)

A MONFREID

(...) Quand vous recevrez cette lettre, vous aurez
déjà probablement lu, si toutefois le *Mercure* l'a publié,
l'article de contre-critique que j'ai envoyé. Je pense
que cela ne vous aura pas déplu, car je me suis efforcé
de prouver que les peintres en aucun cas n'ont besoin
de l'appui et de l'instruction des hommes de lettres.

Je me suis efforcé aussi de lutter contre tous ces partis
s'établissant à chaque époque en dogmes, et qui dérou-
tent non seulement les peintres, mais encore le public
d'amateurs. (...) Vous connaissez depuis longtemps ce
que j'ai voulu établir : le droit de tout oser : mes capacités (et les difficultés pécuniaires pour vivre étant trop
grandes pour une pareille tâche) n'ont pas donné un
grand résultat, mais cependant la machine est lancée.
Le public ne me doit rien puisque mon œuvre picturale
n'est que relativement bonne, mais les peintres qui,
aujourd'hui, profitent de cette liberté, me doivent quelque chose.

Il est vrai que beaucoup s'imaginent que cela s'est fait tout seul. D'ailleurs je ne leur demande rien et ma conscience suffit à me récompenser.

(*Octobre 1902, îles Marquises.*)

AU MÊME

(...) J'ai reçu une lettre de Fontainas qui me dit que le *Mercure* n'a pas voulu insérer mon écrit. J'en avais le pressentiment. Tous les mêmes, ils veulent bien critiquer les peintres, mais ils n'aiment pas que les peintres viennent démontrer leur imbécillité. (...)

(*Février 1903.*)

A ANDRÉ FONTAINAS

(...) Votre aimable lettre ne me surprend pas en ce qui concerne le refus du *Mercure* : j'en avais le pressentiment. Au *Mercure* il y a des hommes comme Mauclair auxquels il ne faut pas toucher. C'est plutôt cela que la non-actualité. (...)

(*Février 1903, Atuona.*)

Racontars de rapin

(Extraits)

L'article de 1902 envoyé au Mercure de France, et refusé par cette revue, est celui qui sera publié beaucoup plus tard, en 1951, sous le titre Racontars de rapin *par les soins de Mme Joly-Ségalen.*

Je vais essayer de parler peinture, non en homme de lettres, mais en peintre. (...) Il sera beaucoup question de la critique, peut-être trop, mais ce sera à elle, au public de tenir compte de l'exagération d'un esprit turbulent.

(...) L'art plastique demande trop de connaissances approfondies : il exige toute une existence d'artiste supérieur, surtout quand au lieu de se généraliser il se particularise, quand il devient individuel, ayant à tenir compte de la nature particulière de celui qui fait œuvre, tenir compte aussi du milieu où il vit et de son éducation. Chez l'artiste il y a à regarder l'avenir, tandis que le critique soi-disant instruit n'est instruit que du passé. Et du passé, que retient-il en général sinon des noms aux catalogues ?

Quelle que soit sa précocité intellectuelle, quelle que soit sa vigilance à parcourir les musées, il ne peut en si peu de temps arriver à approfondir les anciens, tandis que nous qui avons des dons spéciaux et pour qui c'est le but, pour qui ce sont des raisons de vivre, nous arrivons à peine à connaître les secrets des maîtres.

Le Giotto connaît-il la perspective ? La connaissant, pourquoi n'en fait-il pas usage ?

Nous nous demandons pourquoi l'*Infante* de Velasquez (Galerie La Caze) n'a-t-elle que des épaules factices et pourquoi la tête ne s'emmanche pas dessus. Et que cela fait bien ; tandis qu'une tête de Bonnat s'emmanche sur de vraies épaules. Et que cela fait mal !

Velasquez cependant reste debout malgré que Carolus-Duran le corrige.

Les arts plastiques ne se laissent pas deviner facilement ; pour les faire parler il faut les interroger à toute heure en s'interrogeant soi-même. Arts complexes s'il en fut. Il y a de tout, de la littérature, de l'observation, du virtuose (je ne dis pas [de l']adresse), des dons de l'œil, de la musique.

(...) A notre époque, la critique est faite par des hommes de talent et instruits, consciencieusement, avec désintéressement, dévouement, avec conviction, avec émotion même. Mais cela n'est pas nouveau ! D'autrefois, pour mémoire, citons-en deux : Taine, Saint-Victor.

Le premier a parlé de tout sauf de peinture (lire *Essai de critique* par Albert Aurier).

Le second, plus affirmatif, a parlé surtout des peintres. Marchal, le grand Marchal, disait-il. Pauvre peintre hissé sur un immense piédestal qui lui a donné le vertige et il s'est tué. Qui le connaît aujourd'hui ? Par contre, Millet était traité de grossier, se complaisant dans le fumier et Saint-Victor l'enfouissait dans le cercueil. Dieu merci, Millet en est ressorti : n'empêche qu'en 1872, Millet trouvait difficilement rue Laffite 50 francs de quelques dessins pour payer la sage-femme [1]. Probablement les paroles sacrées de M. de Saint-Victor furent la cause de tout ce dénuement.

---

1. Dans *Diverses choses* Gauguin avait déjà noté : « Millet en 1872, ayant sa femme en couches, parcourut toute la rue Laffitte avec trois dessins les offrant à n'importe quel prix. Il finit par obtenir 50 francs pour le tout (...) » (Manuscrit du Louvre, p. 372). Voir également plus haut, p. 54, l'article de 1889 : « Qui trompe-t-on ici ? »

Ces quelques exemples ne donnent-ils pas lieu à réflexion, faisant supposer à toute époque l'erreur possible ?

(...) Se souvient-on du banquet Puvis de Chavannes ? Toutes les villes, les corporations, l'État étaient représentés et devaient parler. M. Brunetière, inscrit d'avance, représentait la critique d'art. Or tout le monde sait que M. Brunetière est un homme remarquable, érudit, écrivain, logicien etc., un homme qui est écouté par une société d'élite. Il parla :

« Monsieur Puvis — (parlant de Puvis le mot Monsieur était drôle) — Monsieur Puvis, j'ai à vous féliciter d'avoir fait de la grande peinture avec des couleurs atténuées, sans vous être laissé entraîner aux couleurs voyantes. » Ce fut tout mais assez. J'y étais et j'ai murmuré.

Le mot impressionnisme ne fut pas prononcé, mais il était entre les lignes : apercevez-vous le dogme de la peinture claire sans couleurs ? M. Brunetière n'aime pas les rubis et les émeraudes. Seules les perles ! Je vois la perle mais aussi la coquille.

Peut-être M. Brunetière lira ceci. Il sourira, dédaigneux et dira : « Que M. Gauguin aille d'abord à l'École Normale et nous discuterons ensuite. » Aura-t-il raison ? Après le régime du sabre le régime de l'homme de lettres.

Je lis souvent : « Nul mieux que lui ne sut peindre le poison du champignon. Nul mieux que lui ne sut saisir au vol la grâce fugitive de la femme. Nul... » Comme on le voit, toutes les places sont prises ; il ne nous reste rien.

Le critique nous apprend à penser : reconnaissants, nous voudrions lui apprendre quelque chose. Impossible : il sait tout.

(...) Savoir dessiner n'est pas dessiner bien. Examinons cette fameuse science du dessin ; mais c'est une science que savent tous les prix de Rome, et même ceux qui ayant concouru sont sortis bons derniers ; science

que tous sans exception ont apprise en quelques
années (...).

Un peintre qui n'a jamais su dessiner mais qui dessine
bien, c'est Renoir. (...) Chez Renoir rien n'est en place :
ne cherchez pas la ligne, elle n'existe pas ; comme par
magie une jolie tache de couleur, une lumière caressante parlent suffisamment. Sur les joues comme sur
une pêche, un léger duvet ondule, animé par la brise
d'amour qui raconte aux oreilles sa musique. On voudrait
mordre à la cerise qui exprime la bouche et, à travers
le rire, perle la petite quenotte blanche et aiguisée.
Prenez garde, elle mord cruellement ; c'est une quenotte
de femme. Divin Renoir qui ne sait pas dessiner.

(...) Si on examine l'art de Pissarro dans son ensemble
malgré ses fluctuations — Vautrin est toujours Vautrin
malgré ses nombreuses incarnations [1] —, on y trouve
non seulement une excessive volonté artistique qui ne
se dément jamais, mais encore un art essentiellement
intuitif de belle race. Si loin que soit la meule de foin,
là-bas sur le coteau, Pissarro sait se déranger, en faire le
tour, l'examiner. Il a regardé tout le monde, dites-vous !
pourquoi pas ? Tout le monde l'a regardé aussi mais
le renie. Ce fut un de mes maîtres et je ne le renie pas.

De lui, à une vitrine, un charmant éventail. Une
simple barrière entrouverte sépare deux prés très verts
(vert Pissarro) et laisse passer un troupeau d'oies qui
s'avancent l'œil aux écoutes, se disant inquiètes :
« Allons-nous chez Seurat ou chez Millet ? » Finalement
elles vont toutes chez Pissarro.

(...) Monsieur le Critique, vous n'avez pas la prétention d'avoir découvert Cézanne. Aujourd'hui vous
l'admirez. L'admirant (ce qui nécessite compréhension)

1. Allusion au personnage de l'ancien bagnard, aux multiples métamorphoses, que Balzac a introduit dans plusieurs de ses romans et,
notamment, dans *Splendeurs et Misères des Courtisanes*, dont la partie
finale a pour titre : « La dernière incarnation de Vautrin. »

vous dites : « Cézanne est monochrome. » Vous auriez pu dire polychrome et même polyphone. De l'œil et de l'oreille! (...) « Cézanne ne vient de personne : il se contente d'être Cézanne! » Il y a erreur, sinon il ne serait le peintre qu'il est. Il n'est pas comme Loti sans avoir lu ; il connaît Virgile ; il a regardé Rembrandt et le Poussin avec compréhension.

(...) Plus loin notre cher critique, d'un ton de docteur, donne des conseils. « Prenez garde, dit-il à Carrière, un pas de plus et vous trébuchez dans l'obscurité. Nous vous aimions pourtant et nous vous admirions. Ce ne sont plus que des apparitions qu'il nous est presque impossible d'apercevoir [1]. »

Je ne sais et je n'ai pas besoin de savoir ce qui se passe en l'âme de Carrière. Son âme lui appartient. Peut-être que Carrière, fatigué de parler à des sourds, ne veut plus parler qu'à ses fidèles, leur disant : « Mettez le sceau sur ce que je vous dis. » Je serai de ceux-là.

(...) A une exposition à Londres, un critique avisé écrivit : « Monsieur Degas nous paraît un bon élève de Nittis! » Ne serait-ce pas cette manie qu'ont les hommes de lettres d'aller se chamailler devant les tribunaux pour l'idée première? Et cette manie se communique aux peintres qui soignent leur originalité, comme les femmes leur beauté. Et puis c'est si commode de s'écrier : « Ah! vous savez, Tartempion récolte le fruit de toutes mes recherches, il m'a volé et je n'ai plus rien. »

(...) Non, mille fois non, l'artiste ne naît pas tout d'une pièce. Qu'il apporte un nouveau maillon à la chaîne commencée, c'est déjà beaucoup.

(...) Je lis ce qui s'écrit. Lire dans les bois sauvages, ce n'est pas lire à Paris. Lisant de si loin, je fus étonné

---

1. Dans *Diverses choses* Gauguin avait noté : « Un tableau de Carrière : les belles couleurs existent et indistinctement se voient. »

de ce que les gens de lettres refusèrent le Balzac de Rodin, statue que je n'ai pas vue et que je ne peux pas juger. Mais Rodin, sinon le plus grand sculpteur, au moins l'un des rares grands sculpteurs de notre époque, refusé par les gens de lettres! Cela m'effraye plus que la catastrophe de la Martinique. Rodin aurait-il oublié de consulter le critique pour faire la comparaison entre l'art littéraire et les arts plastiques?

(...) Qu'a voulu dire Delacroix quand il parle de la musique du tableau? Ne vous y trompez pas, Bonnard, Vuillard, Sérusier, pour citer quelques jeunes, sont des musiciens, et soyez persuadés que la peinture colorée entre dans une phase musicale. Cézanne, pour citer un ancien, semble être un élève de César Franck; il joue du grand orgue constamment, ce qui me faisait dire qu'il était polyphone.

(...) Nos émotions, devant ou à la lecture d'une œuvre d'art, tiennent à beaucoup de choses. (...) Le critique doit, s'il veut faire œuvre véritable de critique, se méfier avant tout de lui-même, au lieu de chercher à se retrouver dans l'œuvre.

J'ai pour voisin de brousse un vieux que la mort semble dédaigner. Son tatouage le rend effrayant ainsi que sa maigreur. Il fut condamné autrefois pour anthropophagie puis on le fit revenir avant l'expiration de sa peine. Un farceur de capitaine italien, me voulant du bien, lui raconte que c'était moi, autrefois tout-puissant, qui avais intercédé en sa faveur : je ne démentis pas le mensonge et cela me fut utile. Car le vieux, qu'on n'a jamais pu baptiser chrétien, reste pour tous un sorcier ; et il a mis sur ma personne et ma maison le tabou, c'est-à-dire que je suis sacré.

Quoique ayant appris des missionnaires toutes les superstitions que ces religieux leur apprennent, ils conservent encore leurs anciennes traditions.

Ce vieux et moi nous sommes des amis et je lui donne du tabac sans que pour cela il s'en étonne. Je lui demande quelquefois si la chair humaine est bonne à manger ; c'est alors que sa figure s'illumine d'une infinie douceur (douceur toute particulière aux sauvages) et il me montre son formidable ratelier. J'eus la curiosité de lui donner un jour une boîte de sardines : ce ne fut pas long. Avec ses dents, il ouvrit sans se faire mal la boîte et il mangea le tout, rubis sur l'ongle. Comme on le voit, plus je vieillis, moins je me civilise.

Encore une histoire, ce sera la dernière. Dès les premiers temps de mon arrivée à Fatuiva, ma simple case en bambous ; un léger débroussage : un sentier.

Déjà le soleil venait de disparaître, laissant ses reflets rouges border la montagne. Assis sur un caillou je fumais ma cigarette, pensant à je ne sais quoi ou plutôt ne pensant à rien, comme les gens qui sont fatigués. Devant moi la brousse venait de s'entrouvrir, laissant passer un être informe que précédait un bâton interrogateur. Marchant lentement, le cul rasant le sol, il se dirigea vers moi.

Était-ce la peur ou je ne sais quoi qui me glaçait ? Mais sans parler je retins en quelque sorte ma respiration. Ces quelques minutes me parurent un quart d'heure. Je saisis le bâton explorateur et je prononçai un « Hou ! » significatif comme une légère plainte.

Je pus enfin distinguer un corps complètement nu, maigriot, desséché, tout à fait tatoué, ce qui lui donnait l'aspect d'un crapaud.

Alors, sans proférer une parole, elle m'examina de la main. Je sentis d'abord sur mon visage, puis sur le corps (j'étais nu aussi avec un paréo à la ceinture) une main poussiéreuse, froide, de ce froid particulier aux reptiles. Sensation terrifiante de dégoût. Arrivée au nombril, la main entrouvrit le linge et palpa avec attention le membre viril. *Pupa* (Européen) [1], s'écria-t-elle comme un grognement, puis elle s'en alla, toujours dans la même position, vers la brousse en sens opposé.

Il faut vous dire que les indigènes mâles, arrivés à l'état adulte, subissent en guise de circoncision une véritable mutilation qui laisse comme cicatrice un énorme bourrelet de chair, propice à de délicieux moments.

Dès le lendemain, je m'informais et on m'apprit que depuis fort longtemps cette folle aveugle vivait ainsi dans la brousse, mangeant les restes des pourceaux. Dieu dans son infinie bonté la laissait vivre. Elle était d'ailleurs au courant des heures du jour et de la nuit, ne voulant supporter sur elle aucun vêtement, sinon un collier de fleurs qu'elle savait très bien faire elle-même. Toute autre chose, elle le mettait en pièces.

Ce fut pour moi pendant deux semaines une obsédante vision et tout mon travail devant mon chevalet en était imprégné malgré moi. Tout, autour de moi, prenait un aspect barbare, sauvage, féroce. Art grossier de Papou.

Avec les événements de la Révolution, l'art du xviiie siècle cessa de vivre. Puis les nombreuses années de destruction, les soldats, le fonctionnarisme. Il y a eu pendant toute une période un arrêt complet dans les arts ; l'activité cérébrale allait ailleurs.

Je ne voudrais point médire des nouveaux grands seigneurs, généraux partis d'en bas qui constituent pour beaucoup la gloire française, mais il est évident que ces nouveaux grands seigneurs, la nation tout entière n'étaient sensibles qu'à la politique, qu'à la patrie. Napoléon Ier, qui passe pour avoir tout reconstitué, reconstitua l'art aussi sous forme de code. Ce n'est plus le peintre mais le professeur.

1. Le mot s'orthographie aujourd'hui *popaa*.

A ce système on y gagna des écoles bien tenues où figurait en statues de plâtre, David, tout comme nos présidents de la République dans les monuments publics. Ce n'est plus une langue, comme autrefois, dans chaque pays avec le souvenir des belles traditions, mais en quelque sorte un « volapük »[1], formé avec des recettes. Ce fut une férule aussi. Rien ne fut négligé pour aller vite en besogne. Cours de dessin d'après l'antique, d'anatomie, de perspective, d'histoire, etc. Un langage unique.

Quand l'État s'en mêle, il fait bien les choses. De toutes parts, des professeurs brevetés donnant l'assurance du parfait, et d'une immense médiocrité. Ce volapük qui se parle encore et fait loi! Que faire avec une pareille langue, un jargon aussi infâme? Commode pour les médiocres, il devait être, par contre, pour les hommes de génie un terrible tourment.

Entre autres, Delacroix, toujours en lutte avec l'école et son tempérament ; comment marier ce dessin ignoble avec une aussi belle fiancée que la couleur qu'il entrevoyait? De là cette sentence toujours prononcée à l'École des Beaux-Arts : « Delacroix est un grand coloriste mais il ne sait pas dessiner. »

Parallèlement à lui, Ingres, volontaire obstiné, sentant aussi l'incohérence d'un pareil langage, se mit tout simplement à reconstruire une langue logique et belle à son usage, un œil sur la Grèce et l'autre sur la nature.

Comme chez Ingres le dessin était la ligne, on s'aperçut moins du changement. Ce mouvement cependant fut considérable. Personne ne le comprit autour de lui, même son élève Flandrin qui ne parla jamais que le volapük et qui, pour cela même, passa pour être le

---

1. Alias : espéranto. (*Note de Gauguin.*) En réalité le *volapük* fut suppléé par l'espéranto. Cette langue à prétentions universelles avait été fabriquée en 1879 par Jonathan Martin Schleyer. L'espéranto dû au docteur Zamenhof vers 1887 lui fut préféré.

maître tandis que Ingres fut relégué au dernier plan,
pour revenir aujourd'hui resplendissant.

Entre Ingres et Cimabue, il y a des points communs :
entre autres le ridicule, le beau ridicule, ce qui ferait
dire : « Il n'y a rien qui ressemble à une croûte comme un
chef-d'œuvre. » Et vice versa. Les vierges de Cimabue,
par ce fait de ridicule, sont plus près de ce phénomène
devenu dogme (Jésus enfanté d'une Vierge et du Saint-
Esprit) que toute autre vierge vulgairement pucelle.

(...) Une épaule, disait Ingres en fureur à ses élèves,
n'est pas une carapace de tortue. L'anatomie est une
vieille connaissance, mais non une amie. Malgré son
caractère officiel, Ingres fut certainement le plus incompris de son époque : peut-être, pour cela même, il fut
officiel. On ne voyait pas le révolutionnaire, le recons-
tructeur qui était en lui : par cela même il ne fut pas
suivi à l'École. Ingres mourut, mal enterré probablement car il est aujourd'hui tout à fait debout, non plus
comme un officiel, mais tout à fait en dehors. Il ne pouvait être l'homme des majorités.

(...) Après les événements de 1870, la rentrée au
Salon fut formidable, comme nombre.

Soldats haineux de leur défaite vis-à-vis de la Prusse,
fiers de leurs ignobles représailles envers la Commune.
Le grand Bonnat fut le peintre du petit Thiers, avec
sérénité, sans honte. Après Thiers, Mac-Mahon, le tueur
de cuirassiers, passait la revue au vernissage. Saluez,
peintres français, voilà votre chef qui vous crie : « Garde
à vous. En avant marche ! » Et tout le monde emboîtait
le pas. Derrière lui, Meissonier, le colonel de la garde
nationale, criait aussi : « En avant marche », Meissonier
le peintre de ces hordes de fer où tout était en fer, sauf
les cuirasses.

Tout le monde s'en mêlait : l'État d'une part avec
tout son faux luxe, ses décorations et ses achats. (...)
D'autre part la Presse et la haute Banque : la spécula-

tion. Puis aussi le grand nombre des artistes et les influences de femmes.

(...) Avec Zola arrivait le trivial naturalisme et la pornographie, pornographie de sous-entendus. Que de portraits de femmes distinguées ressemblant à d'infâmes gouges. Le demi-nu. Avec l'esprit du journalisme, la peinture devint des faits divers, du calembour, du feuilleton. Avec la photographie, la promptitude, la facilité et l'exactitude du dessin. De nouveau Ingres se trouve par terre.

(...) Voilà donc, sommairement indiqué, où en était l'art il y a vingt-cinq ans, malgré les exceptions. Une vaste prison, mais aussi un lupanar obligatoire. A Saint-Denis, les rois ont leur tombe. Les peintres ont le Luxembourg.

Donateurs, inspecteurs avec la permission du directeur des Beaux-Arts et du Conseil d'État ont introduit en quelques années Daumier, Puvis de Chavannes, Manet, collection Caillebotte avec triage. Je comprends leurs bonnes intentions mais je ne saurais leur donner raison.

Le Luxembourg était une maison de passe [1]. Ou on voulait, saisi de honte, effacer cette vilaine tache. Il fallait alors le détruire de fond en comble et non y introduire d'honnêtes gens comme mélange. Ou on voulait (ce qui est probable) honorer d'honnêtes gens méconnus. Drôle de façon d'honorer que de conduire au lupanar d'honnêtes filles, leur disant : « Vous êtes maintenant au service du public, sous la direction de la patronne et de la sous-maîtresse. »

(...) Où cela devient intéressant, où cela devient une page d'histoire de l'art fin du siècle, c'est quand on va au Panthéon. Inconsciemment sans doute, l'État a mis en regard toutes les sommités officielles devant un seul

1. Le Musée du Luxembourg était, et demeura longtemps, supposé être consacré à l'art moderne.

homme. Tout ce que pourra dire la critique, tout ce que je viens de dire, devient inutile lorsqu'on se trouve au Panthéon.

Les hordes d'Attila vaincues et charmées par la petite Geneviève ne sont point dans les tableaux. Les barbares sont les peintres eux-mêmes. Sainte Geneviève, c'est Puvis de Chavannes qui les chasse de Paris pour toujours. Quel plus bel enseignement pour les peintres, pour les critiques que celui-là ?

Je ne certifierai pas, mais je crois que ce fut en 1872 que parut la première exposition d'un petit groupe désigné depuis : « Impressionnistes ». D'où venaient-ils, ces bohèmes ? Des loups assurément, puisque sans collier. Presque classiques, bien simples cependant, leurs tableaux parurent bizarres : on ne sut jamais pourquoi.

Et ce fut un fou-rire. Non ce n'était pas sérieux : une escapade pour s'amuser. Quelques spécialistes d'aliénation mentale furent appelés, n'osant pas se prononcer pour la folie, le cas n'ayant pas été prévu. Quelques oculistes, incertains pourtant, penchèrent pour le daltonisme.

C'était cependant sérieux et le Salon ne s'en douta pas sinon il aurait ouvert à deux battants les portes, les noyant dans le nombre, les faisant taire (peut-être) avec un petit os à ronger. Quoi qu'il en soit le Salon officiel ne vit rien de quoi l'inquiéter et cela devint sérieux, très sérieux. Je ne ferai pas leur histoire : tout le monde la connaît. Je la signale seulement pour constater un des plus grands efforts influents qui aient été faits en France par quelques-uns seulement avec leur seule force, le talent, en lutte contre une puissance formidable qui était l'Officiel, la Presse et l'Argent.

Mais ce ne fut qu'un triomphe pictural d'une certaine peinture, tombée aujourd'hui plus ou moins adroitement dans le domaine public, exploitée par l'étranger, par quelques marchands, quelques collectionneurs spéculateurs.

Mais aussi, c'est une école (encore une école, avec tout l'esclavage qu'elle entraîne). C'est un dogme de plus. Il y en a qui les aiment, puisque les néo-impressionnistes vinrent à la suite essayer un autre dogme, peut-être encore plus terrible puisqu'il est scientifique et mène tout droit à la photographie en couleurs. Je parle du dogme et non des peintres néo-impressionnistes qui ont beaucoup de talent. Ils devraient se souvenir que ce n'est pas le système qui constitue le génie.

Il était donc nécessaire, tout en tenant compte des efforts faits et de toutes les recherches, même scientifiques, de songer à une libération complète, briser des vitres, au risque de se couper les doigts, quitte à la génération suivante désormais indépendante, dégagée de toute entrave, à résoudre génialement le problème.

Je ne dis pas « définitivement » car c'est justement un art sans fin dont il est question, riche en techniques de toutes sortes, apte à traduire toutes les émotions de la nature et de l'homme, s'appropriant à chaque individualité, à chaque époque, en joies et en souffrances.

Il fallait pour cela se livrer corps et âme à la lutte, lutter contre toutes les écoles (toutes sans distinction) non point en les dénigrant, mais par autre chose, affronter non seulement l'officiel mais encore les impressionnistes, les néo-impressionnistes, l'ancien et le nouveau public.

Ne plus avoir de femme, des enfants qui vous renient. Qu'importe l'injure. Qu'importe la misère. (...) Faire tout ce qui était défendu, et reconstruire plus ou moins heureusement sans crainte d'exagération : avec exagération même. Apprendre à nouveau, puis une fois su, apprendre encore ; vaincre toutes les timidités, quel que soit le ridicule qui en rejaillisse. Devant son chevalet, le peintre n'est esclave ni du passé, ni du présent : ni de la nature, ni de son voisin.

(...) Cet effort dont je parle fut fait il y a environ

une vingtaine d'années, sourdement, en état d'ignorance, mais cependant résolu : puis il alla en s'affermissant.

Que chacun s'attribue l'enfantement de l'œuvre! Qu'importe. Ce qu'il importe, c'est ce qui est aujourd'hui et qui va ouvrir la marche de l'art au xxe siècle. Rien ne vient par hasard. Ce n'est pas par hasard qu'à un moment donné, à côté de l'Officiel pataugeant, est survenue toute une jeunesse étonnante d'intelligence, d'art varié, semblant chaque jour résoudre tous les problèmes auxquels on ne songeait pas auparavant. C'est que la Bastille qui faisait peur était démolie, c'est que l'air libre était bon à respirer.

Toutes les portes leur étaient ouvertes ; même, un favorable accueil leur était réservé dès le début de leur carrière. Aujourd'hui, la hardiesse n'est plus une boule noire mais du snobisme. Toutes les barrières du ridicule sont franchies. Pour exposer leur œuvre, les peintres choisissent leur jour, leur heure, leur salle. Libres. Sans jury. Ce n'est plus Mac-Mahon qui leur dit : « En avant marche! », mais des admirateurs instruits d'art. Cela est plus encourageant, plus noble aussi qu'une médaille d'honneur.

(...) Voilà, il me semble, de quoi nous consoler de deux provinces perdues, car avec cela nous avons conquis toute l'Europe, et surtout, en ces derniers temps, créé la liberté des arts plastiques.

(Septembre 1902, Atuona.)

A MONFREID

(...) Tous ces derniers temps, pendant mes longues nuits d'insomnie, je me suis mis à écrire un recueil de ce que j'ai vu, entendu et pensé durant mon existence. Il y a là des choses terribles pour quelques-uns, pour la conduite de ma femme surtout et des Danois. (...)

(*Février 1903, îles Marquises.*)

A ANDRÉ FONTAINAS

Je viens d'écrire tout un recueil, souvenirs d'enfance, les pourquoi de mes instincts, de mon évolution intellectuelle : aussi ce que j'ai vu et entendu (critiques à ce sujet des hommes et des choses), mon art, celui des autres, mes admirations, mes haines aussi. Ce n'est point une œuvre littéraire d'une forme choisie entre autres, c'est autre chose ; le civilisé et le barbare en présence. Là donc le style doit concorder, déshabillé comme l'homme tout entier, choquant souvent. Cela m'est facile du reste. Je ne suis pas écrivain.

Je vous envoie par le prochain courrier le manuscrit : le lisant vous comprendrez entre les lignes l'intérêt personnel et méchant que j'ai à ce que ce livre soit publié. Je veux qu'il le soit, même sans luxe ; je ne tiens pas à la lecture de beaucoup, quelques-uns seulement.

Mais pourquoi s'adresser à vous, un homme qu'on ne connaît pas intimement ? Toujours ma bizarre nature, mon instinct. Quoique à distance la confiance me vient sans raisonnement. C'est donc une grosse affaire dont je vous charge, un labeur, une responsabilité. J'écris pour cela à un de mes amis [1], (...) lui disant de sacrifier dans tout le lot de ma première exposition de Tahiti (à n'importe quel prix pour faire la somme qu'il faudra pour cette édition).

1. Monfreid.

Si donc vous vous chargez de l'opération, et je pense que vous ne voudrez pas me désillusionner et me faire un grand chagrin, reprenez donc ce qui a été écrit pour le *Mercure* et veuillez l'introduire dans le livre à la place que vous jugerez convenable.

Les dessins sont du même genre que le style, très inusités, froissant quelquefois. Je vous serais très reconnaissant (quoi qu'il arrive), de garder en souvenir de moi dans un coin quelque part, comme un bibelot sauvage, et non pour figurer dans votre tiroir aux merveilles, le manuscrit avec ses croquis. Ce n'est pas un paiement, un troki-troka. Nous autres indigènes des Marquises, nous ne connaissons pas cela ; nous savons seulement quelquefois allonger la main amicalement. Notre main ne saurait être gantée.

Dans votre gracieuse lettre, vous me dites : « Pourquoi ne voit-on plus vos œuvres ? Vous méprisez-vous à ce point ? » Non, je ne me méprise pas, au contraire, mais voilà ce qui se passe. Je suis atteint depuis plusieurs années d'un eczéma aux pieds jusqu'à mi-jambe, et depuis un an surtout j'ai de telles souffrances qu'il m'est impossible de faire aucun travail soutenu : je reste quelquefois deux mois sans toucher un pinceau. (...) Si j'arrive, sinon à guérir, à ne plus autant souffrir, il n'y aura que demi-mal car mon cerveau continue à travailler et je me remettrai à l'œuvre pour tâcher de terminer sainement l'œuvre que j'ai commencée.

C'est d'ailleurs la seule raison qui m'empêche dans les plus terribles moments de me brûler la cervelle. Chez moi la foi est invincible. Vous voyez, cher Monsieur, que je ne me méprise pas. Une chose est à craindre, c'est que je devienne aveugle... Cette fois-là, alors je serai vaincu.

(*Février 1903, Atuona.*)

Avant et après

Et voici, reclassées dans un ordre plus cohérent, avec des sous-titres qui sont de nous, de larges extraits des « notes éparses » de Gauguin, rédigées peu de mois avant sa mort aux Marquises, le 8 mai 1903. Par sa dimension il s'agit d'un véritable livre, bien que Gauguin s'en défendît (« Ceci n'est pas un livre », y répète-t-il maintes fois). Somme inégale mais souvent admirable de ce que Gauguin a « vu, entendu et pensé » durant son existence, il se hausse souvent au niveau d'une autobiographie et d'un testament. Il ne sera publié que longtemps après la mort de son auteur : tout d'abord un fac-similé du manuscrit original avec ses beaux monotypes en noir et blanc sera édité en 1914 par Kurt Wulff à Munich. Mais le livre ne sera imprimé qu'en 1923, à Paris, par les éditions Georges Crès. Le fac-similé sera reproduit en 1948 par l'éditeur Paul Carin Andersen, Copenhague.

DÉDICACE

A Monsieur Fontainas tout ceci tout cela mû par un sentiment inconscient, né dans l'isolement et la sauvagerie (...).

I. PETITE PRÉFACE

(...) Petite préface (...) J'estime (...) qu'aujourd'hui on écrit beaucoup trop. Entendons-nous sur ce sujet. Beaucoup, beaucoup, savent écrire, c'est incontestable, mais très peu, excessivement peu, se doutant de ce que c'est que l'art littéraire qui est un art très difficile. La même chose se passe pour les arts plastiques, et cependant tout le monde en fait. Il est cependant du devoir de chacun de s'essayer, de s'exercer. À côté de l'art, l'art très pur, il y a cependant, étant donné la richesse de l'intelligence humaine, et de toutes ses facultés, beaucoup de choses à dire et il faut les dire.

Voilà toute ma préface ; je n'ai pas voulu faire un livre qui ait la plus petite apparence d'œuvre d'art (je ne saurais) : mais en homme très informé de beaucoup de choses qu'il a vues, lues et entendues dans tous les mondes, monde civilisé et monde barbare, j'ai voulu en pleine nudité, sans crainte et sans honte, écrire... tout cela.

C'est mon droit. Et la critique ne saura empêcher que cela soit, même si c'est infâme.

(...) Je ne suis pas du métier. Je voudrais écrire comme je fais mes tableaux, c'est-à-dire à ma fantaisie, selon la lune, et trouver le titre longtemps après.

Des mémoires ! c'est de l'histoire. C'est une date. Tout y est intéressant. Sauf l'auteur. Et il faut dire qui on est et d'où l'on vient. Se confesser : après Jean-Jacques Rousseau c'est une grave affaire. Si je vous dis que par les femmes je descends d'un Borgia d'Aragon, vice-roi du Pérou [1], vous direz que ce n'est pas vrai et que je suis prétentieux. Mais si je vous dis que cette famille est une famille de vidangeurs, vous me mépriserez.

Si je vous dis que du côté de mon père ils se nommaient tous des Gauguin, vous direz que c'est d'une naïveté absolue : m'expliquant sur ce sujet, voulant dire que je ne suis pas un bâtard, sceptiquement vous souriez.

Le mieux serait de se taire, mais se taire quand on a

1. L'Espagnol aragonais Don Pio de Tristan Moscoso, grand-oncle de la mère de Gauguin, avait été vice-roi du Pérou par intérim.

envie de parler, c'est une contrainte. Les uns dans la
vie ont un but, d'autres n'en ont pas. Depuis longtemps
on me rabâche la vertu : je la connais, mais je ne l'aime
pas.

(...) Je ne suis pas de ceux qui médisent quand même
de la vie. On a souffert, mais on a joui et, si peu que cela
soit, c'est encore de cela qu'on se souvient.

(...) Notes éparses, sans suite comme les rêves, comme
la vie, toute faite de morceaux. (...) Ceci n'est pas un
livre. (...) Différents épisodes, maintes réflexions, certaines boutades, arrivent en ce recueil, venant d'on ne
sait où, convergent et s'éloignent ; jeu d'enfant, figures
de kaléidoscope. Sérieux quelquefois, badin souvent au
gré de la nature si frivole ; l'homme traîne, dit-on, son
double avec lui. (...) Je me souviens d'avoir vécu ; je me
souviens aussi de ne pas avoir vécu. Rêver réveillé,
c'est à peu près la même chose que rêver endormi. Le
rêve endormi est souvent plus hardi, quelquefois un peu
plus logique.

(...) On le sait bien, direz-vous, il est bon de le dire
encore, sans cesse, toujours : comme les inondations, la
morale nous écrase, étouffe la liberté, en haine de fraternité. Morale du cul, morale religieuse, morale patriotique, morale du soldat, du gendarme. Le devoir en
l'exercice de ses fonctions, le code militaire, dreyfusard
ou non dreyfusard.

La morale de Drumont, de Déroulède.

La morale de l'instruction publique, de la censure.

La morale esthétique ; du critique assurément.

La morale de la magistrature, etc.

Mon recueil n'y changera rien, mais... ça soulage.

(...) Les subterfuges de la parole, les artifices du style,
brillants détours qui me conviennent quelquefois en
tant qu'artiste, ne conviennent pas à mon cœur barbare,

si dur, si aimant. On les comprend et l'on s'exerce à les manier ; luxe qui concorde avec la civilisation et dont je ne dédaigne pas les beautés.

Sachons nous en servir et nous en réjouir, mais librement ; douce musique qu'à mon heure j'aime entendre jusqu'au moment où mon cœur réclame le silence.

Il y a des sauvages qui s'habillent quelquefois.

II. SOUVENIRS DE JEUNESSE

Ma grand-mère était une drôle de bonne femme. Elle se nommait Flora Tristan. Proudhon disait qu'elle avait du génie. N'en sachant rien je me fie à Proudhon.

Elle inventa un tas d'histoires socialistes, entre autres l'Union ouvrière. Les ouvriers reconnaissants lui firent dans le cimetière de Bordeaux un monument.

Il est probable qu'elle ne sut pas faire la cuisine. Un bas-bleu socialiste, anarchiste. On lui attribue d'accord avec le père Enfantin le Compagnonnage, la fondation d'une certaine religion, la religion de Mapa dont Enfantin aurait été le dieu Ma et elle, la déesse Pa.

Entre la vérité et la fable je ne saurai rien démêler et je vous donne tout cela pour ce que cela vaut. Elle mourut en 1844 : beaucoup de délégations suivirent son cercueil.

Ce que je peux assurer cependant c'est que Flora Tristan était une fort jolie et noble dame. Elle était intime amie avec Mme Desbordes-Valmore. Je sais aussi qu'elle employa toute sa fortune à la cause ouvrière, voyageant sans cesse. Entre-temps elle alla au Pérou voir son oncle le citoyen Don Pio de Tristan Moscoso (famille d'Aragon).

Sa fille qui était ma mère fut élevée entièrement dans

une pension, la pension Bascans, maison essentiellement républicaine.

C'est là que mon père, Clovis Gauguin, fit sa connaissance. Mon père était, à ce moment-là, chroniqueur politique au journal de Thiers et Armand Marrast, *Le National*.

Mon père, après les événements de 48 (je suis né le 7 juin 1848), a-t-il pressenti le coup d'État de 1852? je ne sais ; toujours est-il qu'il lui prit la fantaisie de partir pour Lima avec l'intention d'y fonder un journal. Le jeune ménage possédait quelque fortune.

Il eut le malheur de tomber sur un capitaine épouvantable ce qui lui fit un mal atroce, ayant une maladie de cœur très avancée. Aussi lorsqu'il voulut descendre à terre à Port-Famine dans le détroit de Magellan, il s'affaissa dans la baleinière. Il était mort d'une rupture d'anévrisme.

Ceci n'est pas un livre, ce ne sont pas des mémoires non plus, et si je vous en parle ce n'est qu'incidemment, ayant en ce moment dans ma tête un tas de souvenirs de mon enfance.

Le vieux, le tout vieil oncle, Don Pio, devint tout à fait amoureux de sa nièce, si jolie et si ressemblante à son frère bien-aimé, Don Mariano. Don Pio s'était remarié à l'âge de quatre-vingts ans et il eut de ce nouveau mariage plusieurs enfants, entre autres Echenique qui fut longtemps président de la République du Pérou [1].

Tout cela constituait une nombreuse famille et ma mère fut au milieu de tout cela une véritable enfant gâtée.

J'ai une remarquable mémoire des yeux et je me souviens de cette époque, de notre maison et d'un tas d'événements ; du monument de la présidence, de l'église

1. Gauguin fait erreur : Echenique était le gendre, et non le fils, de Don Pio dont il avait épousé la fille aînée.

dont le dôme avait été placé après coup, tout sculpté en
bois.

Je vois encore notre petite négresse, celle qui doit
selon la règle porter le petit tapis à l'Église et sur lequel
on prie. Je vois aussi notre domestique le Chinois qui
savait si bien repasser le linge. C'est lui d'ailleurs qui me
retrouva dans une épicerie où j'étais en train de sucer de
la canne à sucre, assis entre deux barils de mélasse,
tandis que ma mère éplorée me faisait chercher de tous
les côtés. J'ai toujours eu la lubie de ces fuites, car à
Orléans, à l'âge de neuf ans, j'eus l'idée de fuir dans la
forêt de Bondy avec un mouchoir rempli de sable au
bout d'un bâton que je portais sur l'épaule.

C'était une image qui m'avait séduit, représentant un
voyageur, son bâton et son paquet sur l'épaule [1]. Défiez-
vous des images. Heureusement que le boucher me prit
par la main sur la route et me reconduisit au domicile
maternel en m'appelant polisson. En qualité de très
noble dame espagnole, ma mère était violente et je reçus
quelques gifles d'une petite main souple comme du
caoutchouc. Il est vrai que, quelques minutes après, ma
mère, en pleurant, m'embrassait et me caressait.

Mais n'anticipons pas et revenons à notre ville de Lima.
A Lima en ce temps, ce pays délicieux, où il ne pleut
jamais, le toit était une terrasse et les propriétaires
étaient imposés de la folie, c'est-à-dire que sur la terrasse
se trouve un fou attaché par une chaîne à un anneau et
que le propriétaire ou locataire doit nourrir d'une certaine nourriture de première simplicité. Je me souviens
qu'un jour, ma sœur, la petite négresse et moi, couchés
dans ma chambre dont la porte ouverte donnait sur une
cour intérieure, nous fûmes réveillés et nous pûmes apercevoir juste en face, le fou qui descendait l'échelle. La
lune éclairait la cour. Pas un de nous n'osa dire un mot.

2. C'était sans doute une image du *Juif errant.*

J'ai vu et je vois encore le fou entrer dans notre chambre, nous regarder puis tranquillement remonter sur sa terrasse.

Une autre fois je fus réveillé la nuit et je vis le superbe portrait de l'oncle pendu dans la chambre. Les yeux fixes, il nous regardait et il bougeait. C'était un tremblement de terre. On a beau être très brave, et même très malin, on tremble avec le tremblement de terre. Il y a là une sensation commune à tout le monde et que personne ne nie avoir ressentie.

Je le sus plus tard quand je vis en rade d'Iquique une partie de la ville s'effondrer et la mer jouer avec les navires comme des balles maniées par une raquette.

Je n'ai jamais voulu être franc-maçon, ne voulant faire partie d'aucune société par instinct de liberté ou défaut de sociabilité. Je reconnais pourtant l'utilité de cette institution quand il s'agit des marins ; car sur cette même rade d'Iquique, je vis un brick de commerce, traîné par un très fort raz de marée, forcé d'aller se briser sur les rochers. Il hissa au haut des mâts son guidon de franc-maçon et de suite une grande partie des navires sur rade lui envoya des embarcations pour le remorquer à la bouline [1]. Par suite il fut sauvé.

Ma mère aimait à raconter ses gamineries à la présidence, entre autres.

Un officier supérieur de l'armée qui avait du sang indien dans les veines s'était vanté d'aimer beaucoup le piment. Ma mère, à un dîner où cet officier était invité, alla commander aux cuisines deux plats de piment doux. L'un était ordinaire, l'autre extraordinaire, assaisonné à tout casser avec des piments forts. Au dîner ma mère se fit inscrire sa voisine et, tandis que tout le monde était servi du plat ordinaire, notre officier était servi du plat extraordinaire. Il n'y vit que du feu surtout quand, s'en

---

1. Bouline, de l'anglais *bowline*, corde de proue.

étant servi une énorme assiette, il sentit le sang lui
monter à la figure. Et ma mère très sérieuse de lui dire :

— Est-ce que le plat est mal assaisonné et ne le trouvez-vous pas assez fort ?

— Au contraire, Madame, ce plat est excellent!

Et le malheureux eut le courage de vider l'assiette
rubis sur l'ongle.

Ce qué ma mère était gracieuse et jolie quand elle
mettait son costume de Liménienne, la mantille de soie
couvrant le visage et ne laissant voir qu'un seul œil : cet
œil si doux et si impératif, si pur et caressant.

Je vois encore notre rue où les *gallinaços* [1] venaient
manger les immondices. C'est que Lima n'était pas ce
qu'elle est aujourd'hui, une grande ville somptueuse.

Quatre années s'écoulèrent ainsi lorsqu'un beau jour
des lettres pressantes arrivèrent de France. Il fallait
revenir pour régler la succession de mon grand-père
paternel. Ma mère, si peu pratique en affaires d'intérêt,
revint en France à Orléans. Elle eut tort, car l'année
suivante, 1856, le vieil oncle fatigué d'avoir taquiné
avec succès Madame la Mort [2] se laissa surprendre.

Don Pio de Tristan Moscoso n'existait plus. Il avait
cent treize ans [3]. Il avait constitué, en souvenir de son
bien-aimé frère, à ma mère une rente de 5 000 piastres
fortes, ce qui faisait un peu plus de 25 000 francs. La
famille, au lit de mort, contourna les volontés du vieillard et s'empara de cette immense fortune qui fut engloutie à Paris en folles dépenses. Une seule cousine est
restée à Lima, vit encore très riche à l'état de momie. Les
momies du Pérou sont célèbres.

Echenique vint l'année suivante proposer un arrange-

1. En français : *urubu*, espèce de vautours d'Amérique du Sud dévo-
rateurs de charognes.
2. Titre d'un drame de Rachilde publié dans son *Théâtre* (1891) avec
un frontispice dessiné par Gauguin représentant une femme voilée.
3. Erreur de Gauguin. Don Pio mourut à l'âge de quatre-vingt-sept
ans.

ment à ma mère qui, toujours orgueilleuse, répondit :
« Tout ou rien. » Ce fut rien. Quoique en dehors de la
misère ce fut désormais d'une très grande simplicité.

Beaucoup plus tard, en 1880 je crois, Echenique revint
à Paris comme ambassadeur chargé d'arranger avec le
Comptoir d'Escompte la garantie de l'emprunt péruvien (affaire du Guano). Il descendit chez sa sœur qui
avait rue de Chaillot un splendide hôtel et, en ambassadeur discret, il raconta que tout allait bien. Ma cousine
joyeuse comme toutes les Péruviennes s'empressa d'aller
jouer à la hausse sur l'emprunt péruvien dans la maison
Dreyfus.

Ce fut le contraire, car quelques jours après, le Pérou
était invendable. Elle but un bouillon de quelques millions.

— *Caro mio !* m'a-t-elle dit, je souis rouinée ; je n'ai
plus maintenant que huit chevaux à l'écurie. Que vais-je
devenir ?

Elle avait deux filles admirables de beauté. Je me
souviens de l'une d'elles, enfant de mon âge, que j'avais,
il paraît, essayé de violer. J'avais à ce moment six ans.
Le viol ne dut pas être bien méchant, et nous eûmes
probablement tous deux l'idée des jeux innocents.

Comme on le voit, ma vie a été toujours cahin-caha,
bien agitée. En moi, beaucoup de mélanges. Grossier
matelot. Soit. Mais il y a de la race, ou pour mieux dire,
il y a deux races.

(...) J'eus pour maître d'études le père Baudoin, gre-
nadier survivant de Waterloo. Il culottait admirablement les Jean Nicot [1]. Au dortoir la chemise levée,
irrespectueusement, nous disions : « Garde à vous!
Portez arme! » Et le vieux, la larme à l'œil, se souvenait
du grand Napoléon. Le grand Napoléon savait les faire

1. Du nom de l'introducteur du tabac en France, d'où le mot nicotine.

mourir : il sut aussi les faire vivre. « Des soldats, disait
le père Baudoin, il n'y en a plus. »

(...) J'ai oublié, tout à l'heure, vous parlant de mon
enfance à Lima, de vous raconter quelque chose qui a
trait à l'orgueil espagnol. Cela peut vous intéresser.

Il y avait autrefois à Lima un cimetière genre indien ;
des casiers et des cercueils dans ces casiers ; inscriptions
de toutes sortes. Un industriel français, M. Maury, eut
l'idée d'aller trouver des familles riches et de leur proposer des tombeaux de marbre sculpté. Cela réussit à
merveille. Un tel était général, un autre un grand capitaine, etc. Tous des héros. Il s'était muni pour cela d'un
certain nombre de photographies d'après des monuments
sculptés en Italie. Il eut un succès fou. Pendant quelques
années de nombreux navires arrivaient remplis de mar-
bres sculptés, en Italie, à très bon marché et qui faisaient
beaucoup d'effet.

C'est lui qui commanda sur mesure un dôme en bois
sculpté pour l'église avec pièces qui n'avaient plus qu'à
être remontées sur l'ancien dôme. Ma mère, qui avait
appris en pension le dessin, fit à la plume un dessin admirable, c'est-à-dire, atroce, de cette église avec son jardin
entouré de grilles. Enfant je trouvais ce dessin très joli ;
puis c'était de ma mère : vous me comprendrez sûrement.

J'ai revu à Paris ce tout vieux père Maury entouré de
ses deux nièces, ses uniques héritières. Il possédait une
très belle collection de vases (céramique des Incas) et
beaucoup de bijoux en or sans alliage faits par les Indiens. Qu'est-ce que tout cela est devenu ? Ma mère
aussi avait conservé quelques vases péruviens et surtout
pas mal de figurines en argent massif tel qu'il sort de la
mine. Le tout a disparu dans l'incendie de Saint-Cloud,
allumé par les Prussiens. Une bibliothèque assez importante, et dans tout cela presque tous nos papiers de
famille.

Rien que la reliure portant le nom de Lamartine me rappelle mon adorable mère qui ne perdait jamais une occasion de lire son *Jocelyn*.

(...) Mon bon oncle d'Orléans qu'on appelait Zizi parce qu'il se nommait Isidore et qu'il était tout petit, m'a raconté que lorsque j'arrivais du Pérou nous habitions la maison du grand-père : j'avais sept ans. On me voyait quelquefois dans le jardin, trépignant et jetant du sable tout autour de moi. « Eh bien, mon petit Paul, qu'est-ce que tu as ? » Je trépignais encore plus fort, disant : « Bébé est méchant. »

Déjà enfant je me jugeais et j'éprouvais le besoin de le faire savoir. D'autres fois on me voyait immobile, en extase et silencieux sous un noisetier qui ornait le coin du jardin ainsi qu'un figuier.

— Que fais-tu là, mon petit Paul ?

— J'attends que les noisettes elles tombent.

En ce temps, je commençais à parler français et, par habitude sans doute de la langue espagnole, je prononçais avec affectation toutes les lettres.

Un peu plus tard je taillais avec un couteau et sculptais des manches de poignard sans le poignard ; un tas de petits rêves incompréhensibles pour les grandes personnes. Une vieille bonne femme de nos amies s'écriait avec admiration : « Ce sera un grand sculpteur. » Malheureusement cette femme ne fut point prophète.

On me mit externe dans un pensionnat d'Orléans. Le professeur dit : « Cet enfant sera un crétin ou un homme de génie. » Je ne suis devenu ni l'un ni l'autre.

Je revins un jour avec quelques billes de verre colorié. Ma mère furieuse me demanda où j'avais eu ces billes. Je baissai la tête et je dis que je les avais changées contre ma balle élastique.

— Comment, toi mon fils, tu fais du négoce ?

Ce mot négoce dans la pensée de ma mère devenait
une chose méprisante. Pauvre mère! elle avait tort et
avait raison en ce sens que déjà enfant je devinais qu'il
y a un tas de choses qui ne se vendent pas.

A onze ans j'entrai au petit séminaire où je fis des
progrès très rapides. Je lis dans le *Mercure* quelques
appréciations de quelques littérateurs sur cette éducation de séminaire dont ils ont eu à se débarrasser plus
tard. Je ne dirai pas comme Henri de Régnier que cette
éducation n'entre en rien dans mon développement
intellectuel : je crois, au contraire, que cela m'a fait
beaucoup de bien [1].

Quant au reste, je crois que c'est là où j'ai appris dès
le jeune âge à haïr l'hypocrisie, les fausses vertus, la
délation (*Semper tres*) [2] ; à me méfier de tout ce qui
était contraire à mes instincts, mon cœur et ma raison.
J'appris là aussi un peu de cet esprit d'Escobar qui, ma
foi, est une force non négligeable dans la lutte. Je me
suis habitué là à me concentrer en moi-même, fixant
sans cesse le jeu de mes professeurs, à fabriquer mes
joujoux moi-même, mes peines aussi, avec toutes les
responsabilités qu'elles comportent.

(...) Une histoire en amène une autre. Je me souviens
qu'une fois, un soir, j'avais un peu bu et à minuit je
rentrais dans une rue du Havre ; j'étais marin de commerce à cette époque. Je faillis me casser le nez contre
un volet qui, entrouvert, débordait. « Cochon! » m'écriai-
je, et je tapai sur le volet qui ne voulut pas se refermer.
Je te crois, il y avait là un pendu qui ne voulait pas.
Cette fois je ne dépendis pas, continuant mon chemin

1. L'instruction donnée au petit séminaire d'Orléans était, de fait,
très variée et étendue. Gauguin y acquit une solide culture générale.
2. Voir plus haut p. 212 la règle imposée dans les établissements
religieux : *Nunquam duo, semper tres* (jamais deux, toujours trois) qui
incitait au mouchardage.

(j'avais un peu trop bu) me disant sans cesse à haute voix : « Le cochon! c'est se fouttt' des passants, il y a de quoi vous casser la figure. »

(...) Mon premier voyage de pilotin fut à bord du *Luzitano* (Union des Chargeurs, voyage du Havre à Rio de Janeiro).

(...) En rade de Rio de Janeiro, le navire est mouillé. Belle nuit, chaleur intense. Chacun cherche un peu de fraîcheur. Sur le gaillard d'avant, les matelots sont couchés. A l'arrière, les officiers causent avant de chercher le sommeil.

Soudain un cri : « Un homme à la mer! » C'est le mousse, un enfant. D'un mouvement involontaire — il rêvait, sans doute — il perdit l'équilibre, et maintenant il est entraîné par le courant de l'avant à l'arrière.

L'enfant ne sait pas nager. Nous regardons tous, comme au théâtre. Le cuisinier, un nègre, tardivement s'éveille, curieusement vient regarder. Il comprend et s'écrie :

— *Oui, fout, sagué touné, il va se noyé!*

Sans hésiter, il se jette à l'eau et ramène l'enfant à l'échelle de l'arrière. Chacun, alors, de saisir une corde pour la jeter au mousse, qui est déjà remonté. La sottise et la peur résident en nous. Un intelligent, un brave survient, et chacun devient intelligent et brave. (...)

(...) Quelques jours avant le départ, du Havre, pour Rio de Janeiro, un jeune homme vint à moi, me disant :

— C'est vous mon successeur comme pilotin : tenez, voici un petit carton et une lettre que vous serez bien aimable de faire parvenir à son adresse. Je lus : « Madame Aimée Rua d'Ovidor. »

— Vous verrez, me dit-il, une charmante femme à laquelle je vous recommande d'une façon toute particulière. Elle est comme moi de Bordeaux.

Je vous fais grâce, lecteur, du voyage en mer, cela

vous ennuierait. Je vous dirai pourtant que le capitaine Tombarel était un quart de nègre tout à fait charmant papa, que le *Luzitano* était un joli navire de 1 200 tonneaux, très bien aménagé pour passagers, et qui filait par belle brise ses 12 nœuds à l'heure. La traversée fut très belle, sans tempête.

Comme vous le pensez, la première occupation fut d'aller avec mon petit carton et la lettre à l'adresse indiquée. Ce fut une joie.

— Comme il est gentil d'avoir pensé à moi, et toi, laisse-moi te regarder, mon mignon, comme tu es joli.

J'étais à cette époque tout petit et j'avais, malgré mes dix-sept ans et demi, l'air d'en avoir quinze. Malgré cela, j'avais fauté une première fois au Havre avant de m'embarquer, et mon cœur battait la breloque. Ce fut pour moi un mois tout à fait délicieux.

Cette charmante Aimée, malgré ses trente ans, était tout à fait jolie, première actrice dans les opéras d'Offenbach. Je la vois encore richement habillée partir dans son coupé attelé d'une ardente mule. Tout le monde la courtisait. (...) Et Aimée fit cascader ma vertu. Le terrain était propice sans doute, car je devins très polisson.

Au retour, nous eûmes plusieurs passagères, entre autres une Prussienne tout à fait boulotte. Ce fut au tour du capitaine d'être pincé, et il chauffait dur, mais inutilement. La Prussienne et moi nous avions trouvé un nid charmant dans la soute aux voiles dont la porte donnait sur la chambre près de l'escalier. (...)

(...) Je hais profondément le Danemark. Son climat, ses habitants [1].

---

1. On sait que Gauguin avait séjourné à Copenhague avec sa famille en 1884-1885.

Oh! il y a en Danemark du bon, c'est incontestable. (...) En Danemark on sacrifie beaucoup à l'éducation, aux sciences, et tout particulièrement à la médecine. L'hôpital de Copenhague peut être considéré comme un des plus beaux établissements de ce genre, par son importance et surtout par sa tenue intérieure qui est de premier ordre.

Rendons-leur cet hommage, d'autant plus qu'après je ne vois plus rien que de néfaste. Pardon, j'oubliais encore ceci, c'est que les maisons sont admirablement construites et installées soit pour le froid, soit pour l'aération en été, et que la ville est jolie. Il faut dire aussi que les réceptions au Danemark sont en général dans la salle à manger où l'on mange admirablement. C'est toujours ça et ça fait passer le temps. Par exemple ne vous laissez pas trop ennuyer par ce genre uniforme de conversation : « Vous, un grand pays, vous devez nous trouver bien en retard. Nous sommes si petits. Comment trouvez-vous Copenhague, notre musée, etc. ? c'est bien peu de chose. » Tout cela dit pour que vous disiez juste le contraire : et vous le dites assurément par politesse.

Le musée! parlons-en. A vrai dire il n'y a pas de collection de peinture, sinon quelques tableaux de la vieille école danoise, des Meissoniers paysagistes et faiseurs de petits bateaux. Espérons que cela a changé aujourd'hui. Il y a un monument construit exprès pour leur grand sculpteur Thorvaldsen, un Danois qui a vécu et est mort en Italie. J'ai vu cela, très bien vu, et ma tête a bourdonné. La mythologie grecque devenue scandinave, puis avec un autre lavage devenue protestante. Les Vénus baissent leurs yeux et pudiquement se drapent dans le linge mouillé. Les nymphes qui dansent la gigue. Oui, Messieurs, elles dansent la gigue, voyez leurs pieds.

On dit en Europe, le grand Thorvaldsen, mais on ne l'a pas vu. Son fameux lion, le seul visible pour les voyageurs en Suisse : un dogue danois empaillé [1]. Disant cela je sais qu'en Danemark on va brûler du sucre dans tous les coins pour m'apprendre à en casser sur le dos du plus grand sculpteur danois.

(...) Laissez-moi vous introduire dans un salon comme on en voit aujourd'hui rarement. Le salon d'un comte, de très grande noblesse danoise. Le vaste salon est carré. Deux énormes panneaux de tapisserie allemande, exécutés spécialement pour la famille, merveilleux autant que vous puissiez l'imaginer. Deux dessus de porte, vues de Venise, par Turner. Le mobilier en bois sculpté avec armes de la famille, tables de marqueterie, étoffes du temps, le tout une merveille d'art.

Vous êtes introduit et l'on vous reçoit. Vous vous asseyez sur un pouf, forme colimaçon, en velours rouge, et sur la table merveilleuse, un dessus de quelques francs venant du « Bon Marché », album de photographies et vases de fleurs du même genre.

A côté du salon une très jolie salle de musée. La collection des tableaux ; le portrait de l'aïeul par Rembrandt, etc. Ça sent le moisi. Personne n'y va. La famille préfère le temple où on lit la Bible et où tout vous pétrifie.

Je reconnais qu'au Danemark le système des fiançailles a du bon en ce sens que ça n'engage à rien (on change de fiancé comme de chemises), puis cela a toutes les apparences de l'amour, de la liberté et de la morale. Vous êtes fiancés, allez vous promener, en voyage même ; le manteau des fiançailles est là qui couvre tout. On joue avec « le tout mais pas ça », ce qui a l'avantage, des deux parts, d'apprendre à ne pas s'oublier et faire des bêtises. L'oiseau à chaque fiançaille perd un tas de petites plumes qui repoussent sans qu'on s'en aperçoive. Très pratiques les Danois. Goûtez-y, mais ne vous

---

1. Il s'agit sans doute d'une œuvre de Thorvaldsen : *Le Lion de Lucerne*.

emballez pas. Vous pourriez vous en repentir et souvenez-vous que la Danoise est une femme pratique par excellence. Comprenez donc, c'est un petit pays ; il faut qu'il soit prudent. Jusqu'aux enfants à qui on apprend à dire : « Papa, il faut de la galette, sinon mon pauvre père tu peux te fouiller. » J'en ai connu.

(...) Dans la balance du Nord le cœur le plus vaste ne résiste pas contre une pièce de cent sous. Moi aussi j'ai observé le nord, et ce que j'y ai trouvé de meilleur, ce n'est pas assurément ma belle-mère mais le gibier qu'elle cuisinait si admirablement. Le poisson aussi est excellent. Avant le mariage tout est familial, mais après, gare dessous, tout est dissolvant.

(...) Dans la pièce d'Ibsen, *L'Ennemi du peuple*, la femme (seulement à la fin) devient à la hauteur de son mari. Aussi banale et intéressée, si ce n'est plus, que la foule durant toute son existence, elle a juste une minute qui fond toute la glace du Nord qui est en elle. (...) Je connais un autre ennemi du peuple dont la femme non seulement n'a pas suivi son mari, mais encore a si bien élevé les enfants qu'ils ne connaissent pas leur père ; que ce père toujours au pays des loups n'a jamais entendu murmurer à son oreille : « Cher père. » A la mort, s'il y a héritage, ils se présenteront.

(...) Ne vous avisez pas de lire Edgar Poe autrement que dans un endroit très rassurant. Quoique très brave, ne l'étant guère (comme dit Verlaine), il vous en cuirait. Et surtout, après n'essayez pas de vous endormir avec la vue d'un Odilon Redon.

Laissez-moi vous raconter une histoire vraie. Ma femme et moi nous lisions tous deux devant la cheminée. Dehors il faisait froid. Ma femme lisait le *Chat noir* d'Edgar Poe et moi, *Bonheur dans le crime* de Barbey d'Aurevilly.

Le feu allait s'éteindre et dehors il faisait froid. Il

fallut aller chercher du charbon. Ma femme descendit
à la cave d'une petite maison que nous avait sous-louée
le peintre Jobbé-Duval.

Sur les marches, un chat noir bondit effrayé : ma
femme aussi. Elle continua cependant son chemin
après hésitation. Deux pelletées de charbon, lorsque
se détacha du bloc de charbon une tête de mort. Transie
de peur ma femme laissa le tout dans la cave et remonta
au galop l'escalier, finalement s'évanouit dans la
chambre. Je descendis à mon tour et voulant continuer
à reprendre du charbon je mis à jour tout un squelette.
Le tout était un ancien squelette articulé servant au
peintre Jobbé-Duval qui l'avait jeté à la cave lorsqu'il
fut tout démantibulé [1].

Comme vous le voyez, c'est d'une simplicité extrême ;
mais cependant la concordance est bizarre. Défiez-vous
d'Edgar Poe, et moi-même, reprenant ma lecture, me
souvenant du chat noir, je me pris à songer à cette
panthère qui sert de prélude à cette extraordinaire
histoire qui est : *Bonheur dans le crime* de Barbey d'Aurevilly.

J'allais quelquefois aux mardis de cet admirable
homme et poète qui se nommait Stéphane Mallarmé.
Un de ces mardis on parla de la Commune, j'en parlai
aussi.

Revenant de la Bourse quelque temps après les événements de la Commune, j'entrai au café Mazarin. A
une table se trouvait un monsieur, air militaire, qui
me rappelait sûrement un ancien camarade de collège
et, comme je le regardais par trop attentivement, il me
dit hautainement, tirant sa moustache :

— Est-ce que je vous dois quelque chose ?

1. Gauguin avait sous-loué en 1880 un pavillon avec atelier et jardin,
8, rue Carcel, à Vaugirard, appartenant au peintre Jobbé-Duval.

— Excusez-moi, lui ai-je dit, n'auriez-vous pas été à Loriol [1]? Je me nomme Paul Gauguin.

Et lui :

— Je me nomme Denneboude.

La reconnaissance fut faite aussitôt et mutuellement [de] se raconter ce qu'on était devenu. Lui officier sorti de Saint-Cyr avait été fait prisonnier par les Prussiens et, à l'entrée des troupes de Versailles à Paris, il commandait un bataillon. Avec son bataillon, arrivant par les Champs-Élysées, place de la Concorde, puis remontant jusqu'à la gare Saint-Lazare, il rencontra une barricade, fit des prisonniers. Parmi ces prisonniers se trouvait un brave gamin de Paris d'environ treize ans, pris le fusil à la main.

— Pardon, mon capitaine, s'écria le gamin, je voudrais avant de mourir aller dire adieu à ma pauvre grand-mère qui habite, là-haut, dans la mansarde que vous voyez là ; mais soyez tranquille, ce ne sera pas long.

— Fous-moi le camp!

J'allais serrer la main de ce brave Denneboude, un camarade d'enfance : je ne le fis pourtant et il continua.

— Nous remontâmes la rue jusqu'à la barrière Clichy, mais avant d'arriver, le gamin arrivait essouflé s'écriant : « Me voilà, mon capitaine. »

Et moi, Gauguin, anxieux, de dire :

— Qu'en as-tu fait?

— Eh bien! dit-il, je l'ai fusillé. Tu comprends, mon devoir de soldat...

De ce moment je crus comprendre ce qu'était [que] cette fameuse conscience de soldat et, le garçon passant, sans mot dire, je payai les bocks, me sauvant *presto*, *illico*, le cœur en désordre.

---

1. Gauguin avait été pensionnaire, à Paris, en 1862-1864, dans un établissement libre d'instruction secondaire, 49, rue d'Enfer, tenu par M. Loriol.

Stéphane Mallarmé alla chercher un superbe volume de Victor Hugo et, avec cette voix de magicien qu'il maniait si bien, il se mit à lire cette histoire que je viens de raconter : seulement à la fin, Hugo, trop respectueux de l'humanité, ne fait pas fusiller le jeune héros [1].

III. SUR VINCENT VAN GOGH

Nous intercalons ici deux fragments, l'un tiré de Diverses choses, *l'autre d'un article des* Essais d'Art libre *de janvier 1894, pour compléter les souvenirs sur Van Gogh d'*Avant *et* Après.

(...) Ce fut à Arles que j'allai retrouver Vincent van Gogh, après des sollicitations nombreuses de sa part. Il voulait, disait-il, fonder l'Atelier du Midi, dont je serais le chef. Ce pauvre Hollandais était tout ardent, tout enthousiaste. Or la lecture de *Tartarin de Tarascon* lui avait fait croire à un Midi extraordinaire, à exprimer en jets de flamme.

Et sur sa toile les chromes surgissaient, inondant de soleil les mas, toute la plaine de la Camargue.

(...) Dans ma chambre jaune, des fleurs de soleil, aux yeux pourpres, se détachent sur un fond jaune ; elles se baignent le pied dans un pot jaune, sur une table jaune. Dans un coin du tableau, la signature du peintre : Vincent. Et le soleil jaune, qui passe à travers les rideaux

---

1. Cet épisode a été raconté par *Le Figaro* du 3 juin 1871 avec la conclusion que l'officier aurait renvoyé l'adolescent à sa famille avec un coup de pied dans le derrière. Victor Hugo en tira le célèbre poème de son recueil *L'Année terrible* qui se termine par les mots : « ... et l'officier fit grâce ». Cependant, en 1905, un poète et militant socialiste, Charles Vérecque, composera à son tour une pièce de vers selon laquelle l'adolescent aurait été bel et bien fusillé. Qui croire ?

jaunes de ma chambre, inonde d'or toute cette floraison, et le matin, de mon lit, quand je me réveille, je
m'imagine que tout cela sent très bon.

Oh! oui, il l'a aimé le jaune, ce bon Vincent, ce
peintre de Hollande, lueurs de soleil qui réchauffaient
son âme, en horreur du brouillard. Un besoin de chaleur.

Quand nous étions tous deux, à Arles, fous tous deux,
en guerre continuelle pour les belles couleurs, moi, j'adorais le rouge ; où trouver un vermillon parfait ? Lui,
traçait de son pinceau le plus jaune, sur le mur, violet
soudain :

> *Je suis sain d'Esprit,*
> *Je suis Saint-Esprit.*

Dans ma chambre jaune, une petite nature morte ;
violette, celle-là. Deux souliers énormes, usés, déformés.
Les souliers de Vincent. Ceux qu'il prit, un beau matin,
neufs alors, pour faire son voyage à pied, de Hollande
en Belgique. Le jeune prêtre (il venait de terminer ses
études théologiques pour être comme son père, pasteur)
le jeune prêtre s'en allait voir, dans les mines, ceux
qu'il appelait ses frères. Tels ils les avait vus dans la
Bible, opprimés, simples travailleurs, pour le luxe des
grands.

Contrairement aux enseignements de ses professeurs,
sages Hollandais, Vincent avait cru à un Jésus aimant
les pauvres, et son âme, toute pénétrée de charité,
voulait, et la parole consolante, et le sacrifice : pour les
faibles, combattre les grands. Décidément, décidément,
Vincent déjà était fou.

Son enseignement de la Bible dans les mines fut, je
crois, profitable aux mineurs d'en bas, désagréable aux
autorités d'en haut, de dessus la terre. Il fut vite rappelé,
révoqué, et le conseil de famille réuni votait la folie,
la réclusion de santé. Il ne fut cependant pas enfermé,
grâce à son frère Théo.

Dans la mine sombre, noire, un jour, le jaune de chrome inonda, lueur terrible de feu grisou, dynamite du riche, qui ne manque pas, celle-là. Des êtres qui rampaient en ce moment, grouillaient salement dans le charbon, dirent ce jour-là adieu à la vie, adieu aux hommes, sans blasphème.

Un d'eux, terriblement mutilé, brûlé au visage, fut recueilli par Vincent. « Et cependant, disait le médecin de la Compagnie, c'est un homme foutu, à moins d'un miracle, ou de soins maternels dispendieux. Non, c'était folie de s'en occuper. »

Vincent croyait aux miracles, à la maternité.

Le fou (décidément il était fou) veilla quarante jours au chevet du moribond ; il empêchait impitoyablement l'air de pénétrer sur ses blessures et paya les médicaments. Prêtre consolateur (décidément il était fou), il parla. L'œuvre folle fit revivre un mort, un chrétien.

Quand le blessé, sauvé enfin, redescendit dans la mine reprendre son travail, vous auriez pu voir, disait Vincent, la tête de Jésus martyr, portant sur son front l'auréole, les zigzags de la Couronne d'épines, cicatrices rouges sur le jaune terreux du front d'un mineur. (...)

Décidément, cet homme était fou.

LES CREVETTES ROSES [1]

(Avant) hiver *[18]* 86

La neige [y] commence à tomber, c'est l'hiver, je vous fais grâce du linceul, c'est simplement la neige. Les pauvres gens souffrent. Souvent les propriétaires ne comprennent pas cela.

1. Ce texte ayant déjà été inséré par Gauguin dans *Diverses choses*, les passages entre crochets indiquent les variantes.

Or, ce jour de décembre, dans la rue Lepic, de notre bonne ville de Paris, les piétons se pressent plus que de coutume, sans aucun désir de flâner. Parmi ceux-là un frileux [être] bizarre par son accoutrement, se dépêche de gagner le boulevard extérieur. Peau de bique l'enveloppe, bonnet de [même] fourrure, du lapin sans doute, la barbe rousse hérissée [le tout, manteau, bonnet et la barbe hérissée]. Tel un bouvier.

Ne soyez pas observateur à demi et malgré le froid ne passez pas votre chemin sans examiner avec soin la main blanche et harmonieuse, l'œil bleu si clair, si enfant [si vif, si intelligent]. C'est un pauvre gueux assurément, [mais ce n'est pas un bouvier, c'est un peintre].

Il se nomme Vincent van Gogh. [Van Gogh il se nomme.]

Hâtivement il entre chez un marchand de flèches sauvages, vieille ferraille et tableaux à l'huile à bon marché. Pauvre artiste! tu as donné une parcelle de ton âme en peignant cette toile que tu viens vendre.

C'est une petite nature morte, des crevettes roses sur un papier rose.

— Pouvez-vous me donner pour cette toile un peu d'argent pour m'aider à payer mon loyer? [le terme approche].

— Mon Dieu, mon ami, la clientèle devient difficile, elle me demande des Millets bon marché : puis vous savez, ajoute le marchand, votre peinture n'est pas très gaie, la renaissance est aujourd'hui sur le Boulevard. Enfin, on dit que vous avez du talent et je veux faire quelque chose pour vous. Tenez, voilà cent sous.

Et la pièce ronde tinta sur le comptoir. Van Gogh prit la pièce sans murmure, remercia le marchand et sortit. Péniblement il remonta la rue Lepic ; arrivé près de son logis, une pauvre, sortie de Saint-Lazare, sourit au peintre, désirant sa clientèle. La belle main blanche sortit du paletot ; van Gogh était un liseur, [il pense] il crut à *La Fille Élisa* [1] et sa pièce de 5 francs devint la propriété de la malheureuse [de la catin]. Rapidement, comme honteux de sa charité, il s'enfuit, l'estomac creux.

[(*Après*)] *hiver* [18] *94*

Un jour viendra et je le vois comme s'il était venu. J'entre à la salle n° 9 de l'hôtel des Ventes ; le commissaire-priseur vend une collection de tableaux, j'entre : « 400 francs *les Crevettes roses*, 450, 500 francs. Allons, Messieurs, cela vaut mieux que cela. »

Personne ne dit mot. Adjugé *les Crevettes roses* par Vincent van Gogh. [Adjugé. Je m'éloignai tout songeur. Je pensai à *La Fille Élisa*, à van Gogh.]

(...) Voilà bien longtemps que j'ai envie d'écrire sur van Gogh et je le ferai certainement un beau jour que je serai en train : pour le moment je vais raconter à son sujet, ou pour mieux dire à notre sujet, certaines choses aptes à faire cesser une erreur qui a circulé dans certains cercles.

Le hasard, sûrement, a fait que durant mon existence plusieurs hommes qui m'ont fréquenté et discuté avec moi sont devenus fous.

Les deux frères van Gogh sont dans ce cas et quelques-uns mal intentionnés, d'autres avec naïveté, m'ont attribué leur folie. Certainement quelques-uns peuvent avoir plus ou moins d'ascendant sur leurs amis, mais de là à provoquer la folie, il y a loin. Bien longtemps après la catastrophe, Vincent m'écrivit de la maison de santé où on le soignait. Il me disait : « Que vous êtes heureux d'être à Paris. C'est encore là où se trouvent les sommités, et certainement vous devriez consulter un spécia-

1. Roman d'Edmond de Goncourt.

liste pour vous guérir de la folie. Ne le sommes-nous pas tous ? »

Le conseil était bon, c'est pourquoi je ne l'ai pas suivi, par contradiction sans doute.

Les lecteurs du *Mercure* ont pu voir dans une lettre de Vincent, publiée il y a quelques années, l'insistance qu'il mettait à me faire venir à Arles pour fonder à son idée un atelier dont je serais le directeur.

Je travaillais en ce temps à Pont-Aven en Bretagne et soit que mes études commencées m'attachaient à cet endroit, soit que par un vague instinct je prévoyais un quelque chose d'anormal, je résistai longtemps jusqu'au jour où, vaincu par les élans sincères d'amitié de Vincent, je me mis en route.

J'arrivai à Arles fin de nuit et j'attendis le petit jour dans un café de nuit. Le patron me regarda et s'écria : « C'est vous le copain ; je vous reconnais. »

Un portrait de moi que j'avais envoyé à Vincent et suffisant pour expliquer l'exclamation de ce patron. Lui faisant voir mon portrait, Vincent lui avait expliqué que c'était un copain qui devait venir prochainement.

Ni trop tôt, ni trop tard, j'allai réveiller Vincent. La journée fut consacrée à mon installation, à beaucoup de bavardages, à de la promenade pour être à même d'admirer les beautés d'Arles et des Arlésiennes dont, entre parenthèses, je n'ai pu me décider à être enthousiaste.

Dès le lendemain nous étions à l'ouvrage ; lui en continuation et moi à nouveau. Il faut vous dire que je n'ai jamais eu les facilités cérébrales que les autres sans tourment trouvent au bout de leur pinceau. Ceux-là débarquent du chemin de fer, prennent leur palette et, en rien de temps, vous campent un effet de soleil. Quand c'est sec, cela va au Luxembourg, et c'est signé Carolus-Duran.

Je n'admire pas le tableau mais j'admire l'homme.

Lui si sûr, si tranquille.

Moi si incertain, si inquiet.

Dans chaque pays, il me faut une période d'incubation, apprendre chaque fois, l'essence des plantes, des arbres, de toute la nature enfin, si variée et si capricieuse, ne voulant jamais se faire deviner et se livrer.

Je restai donc quelques semaines avant de saisir clairement la saveur âpre d'Arles et ses environs. N'empêche qu'on travaillait ferme, surtout Vincent. Entre deux êtres, lui et moi, l'un tout volcan et l'autre bouillant aussi, mais en dedans, il y avait en quelque sorte une lutte qui se préparait.

Tout d'abord je trouvai en tout et pour tout un désordre qui me choquait. La boîte de couleurs suffisait à peine à contenir tous ces tubes pressés, jamais refermés et, malgré tout ce désordre, tout ce gâchis, un tout rutilait sur la toile ; dans ses paroles aussi. Daudet, de Goncourt, la Bible brûlaient ce cerveau de Hollandais. A Arles, les quais, les ponts et les bateaux, tout le Midi devenaient pour lui la Hollande. Il oubliait même d'écrire le hollandais et, comme on a pu voir par la publication de ses lettres à son frère, il n'écrivait jamais qu'en français et cela admirablement avec des « tant que », « quant à » à n'en plus finir.

Malgré tous mes efforts pour débrouiller dans ce cerveau désordonné une raison logique dans ses opinions critiques, je n'ai pu m'expliquer tout ce qu'il y avait de contradictoire entre sa peinture et ses opinions. Ainsi, par exemple, il avait une admiration sans bornes pour Meissonier et une haine profonde pour Ingres. Degas faisait son désespoir et Cézanne n'était qu'un fumiste. Songeant à Monticelli il pleurait.

Une de ses colères c'était d'être forcé de me reconnaître une grande intelligence, tandis que j'avais le front trop petit, signe d'imbécillité. Au milieu de tout cela une grande tendresse ou plutôt un altruisme d'Évangile.

Dès le premier mois je vis nos finances en commun prendre les mêmes allures de désordre. Comment faire ? la situation était délicate, la caisse étant remplie modestement par son frère, employé dans la maison Goupil ; pour ma part en combinaison d'échange en tableaux. Parler : il le fallait et se heurter contre une susceptibilité très grande. Ce n'est donc qu'avec beaucoup de précautions et bien des manières câlines peu compatibles avec mon caractère que j'abordai la question. Il faut l'avouer, je réussis beaucoup plus facilement que je ne l'avais supposé.

Dans une boîte, tant pour promenades nocturnes et hygiéniques, tant pour le tabac, tant aussi pour dépenses impromptu y compris le loyer. Sur tout cela un morceau de papier et un crayon pour inscrire honnêtement ce que chacun prenait dans cette caisse. Dans une autre boîte le restant de la somme divisée en quatre parties pour la dépense de nourriture chaque semaine. Notre petit restaurant fut supprimé et, un petit fourneau à gaz aidant, je fis la cuisine tandis que Vincent faisait les provisions, sans aller bien loin de la maison. Une fois pourtant Vincent voulut faire une soupe, mais je ne sais comment il fit ses mélanges. Sans doute comme les couleurs sur ses tableaux. Toujours est-il que nous ne pûmes la manger. Et mon Vincent de rire en s'écriant : « Tarascon ! la casquette au père Daudet. »

(...) Combien de temps sommes-nous restés ensemble ? je ne saurais le dire, l'ayant totalement oublié. Malgré la rapidité avec laquelle la catastrophe arriva, malgré la fièvre de travail qui m'avait gagné, tout ce temps me parut un siècle.

Sans que le public s'en doute, deux hommes ont fait là un travail colossal utile à tous deux. Peut-être à d'autres ? Certaines choses portent leur fruit.

Vincent, au moment où je suis arrivé à Arles, était en plein dans l'école néo-impressionniste, et il pataugeait considérablement, ce qui le faisait souffrir ; non point que cette école, comme toutes les écoles, soit mauvaise, mais parce qu'elle ne correspondait pas à sa nature, si peu patiente et indépendante.

Avec tous ses jaunes sur violets, tout ce travail de complémentaires, travail désordonné de sa part, il n'arrivait qu'à de douces harmonies incomplètes et monotones ; le son du clairon y manquait.

J'entrepris la tâche de l'éclairer, ce qui me fut facile car je trouvai un terrain riche et fécond. Comme toutes les natures originales et marquées au sceau de la personnalité, Vincent n'avait aucune crainte du voisin et aucun entêtement.

Dès ce jour mon van Gogh fit des progrès étonnants ; il semblait entrevoir tout ce qui était en lui et de là toute cette série de soleils sur soleils, en plein soleil [1].

Il serait oiseux ici d'entrer dans des détails de technique. Ceci dit pour vous informer que van Gogh, sans perdre un pouce de son originalité, a trouvé de moi un enseignement fécond. Et chaque jour il m'en était reconnaissant. Et c'est ce qu'il veut dire quand il écrit à M. Aurier qu'il doit beaucoup à Paul Gauguin.

Quand je suis arrivé à Arles, Vincent se cherchait, tandis que moi, beaucoup plus vieux, j'étais un homme fait. A Vincent je dois quelque chose, c'est, avec la conscience de lui avoir été utile, l'affermissement de mes idées picturales antérieures puis dans les moments

---

1. En septembre 1902, Gauguin avait, dans une lettre à André Fontainas, précisé la nature de sa contribution : « Examinez la peinture de Van Gogh avant et après mon séjour avec lui à Arles. Van Gogh, influencé par les recherches néo-impressionnistes, procédait toujours par grandes oppositions de ton sur une complémentaire jaune, sur violet, etc. Tandis que plus tard, d'après mes conseils et mon enseignement, il procéda tout autrement. Il fit des soleils jaunes sur fond jaune, etc., apprit l'orchestration d'un ton pur par tous les dérivés de ce ton. Puis dans le paysage tout ce fatras habituel d'objets nature-morte, nécessité d'autrefois, fut remplacé par de grands accords de couleurs solides rappelant l'harmonie totale. (...) »

difficiles me souvenir qu'on trouve plus malheureux
que soi.

(...) Dans les derniers temps de mon séjour, Vincent
devint excessivement brusque et bruyant, puis silencieux. Quelques soirs je surpris Vincent qui, levé, s'approchait de mon lit.

A quoi attribuer mon réveil à ce moment?

Toujours est-il qu'il suffisait de lui dire très grave-
ment :

« Qu'avez-vous, Vincent? » pour que, sans mot dire,
il se remît au lit pour dormir d'un sommeil de plomb.

J'eus l'idée de faire son portrait en train de peindre
la nature morte qu'il aimait tant, des tournesols. Et le
portrait terminé, il me dit : « C'est bien moi, mais moi
devenu fou. »

Le soir même nous allâmes au café. Il prit une légère
absinthe. Soudainement il me jeta à la tête son verre
et le contenu. J'évitai le coup et le prenant à bras le
corps je sortis du café, traversai la place Victor-Hugo
et quelques minutes après Vincent se trouvait sur son
lit où, en quelques secondes, il s'endormit pour ne se
réveiller que le matin.

A son réveil, très calme, il me dit :

— Mon cher Gauguin, j'ai un vague souvenir que je
vous ai offensé hier soir.

R. — Je vous pardonne volontiers et d'un grand cœur,
mais la scène d'hier pourrait se produire à nouveau et,
si j'étais frappé, je pourrais ne pas être maître de moi
et vous étrangler. Permettez-moi donc d'écrire à votre
frère pour lui annoncer ma rentrée.

Quelle journée, mon Dieu! Le soir arrivé j'avais
ébauché mon dîner et j'éprouvai le besoin d'aller seul
prendre l'air aux senteurs des lauriers en fleurs. J'avais
déjà traversé presque entièrement la place Victor-
Hugo, lorsque j'entendis derrière moi un petit pas bien
connu, rapide et saccadé. Je me retournai au moment

même où Vincent se précipitait sur moi, un rasoir
ouvert à la main. Mon regard dut à ce moment être bien
puissant car il s'arrêta et, baissant la tête, il reprit
en courant le chemin de la maison.

Ai-je été lâche en ce moment et n'aurais-je pas dû
le désarmer et chercher à l'apaiser ? Souvent j'ai interrogé ma conscience et je ne me suis fait aucun reproche.
Me jette la pierre qui voudra. D'une seule traite je fus
à un bon hôtel d'Arles où, après avoir demandé l'heure,
je retins une chambre et je me couchai. Très agité je ne
pus m'endormir que vers trois heures du matin et je me
réveillai assez tard vers sept heures et demie.

En arrivant sur la place je vis rassemblée une grande
foule. Près de notre maison des gendarmes, et un petit
monsieur au chapeau melon qui était le commissaire de
police.

Voici ce qui s'était passé. Van Gogh rentra à la maison
et immédiatement se coupa l'oreille juste au ras de la
tête. Il dut mettre un certain temps à arrêter la force
de l'hémorragie, car le lendemain de nombreuses ser-
viettes mouillées s'étalaient sur les dalles des deux
pièces du bas. Le sang avait sali les deux pièces et le
petit escalier qui montait à notre chambre à coucher.

Lorsqu'il fut en état de sortir, la tête enveloppée d'un
béret basque tout à fait enfoncé, il alla tout droit dans
une maison où, à défaut de payse, on trouve une connaissance et donna au factionnaire son oreille bien
nettoyée et enfermée dans une enveloppe. « Voici, dit-
il, en souvenir de moi », puis s'enfuit et rentra chez lui
où il se coucha et s'endormit. Il eut le soin toutefois
de fermer les volets et de mettre sur une table près de
la fenêtre une lampe allumée.

Dix minutes après toute la rue accordée aux filles de
joie était en mouvement et on jasait sur l'événement.

J'étais loin de me douter de tout cela lorsque je me
présentai sur le seuil de notre maison et lorsque le

monsieur au chapeau melon me dit à brûle-pourpoint, d'un ton plus que sévère : — Qu'avez-vous fait, Monsieur, de votre camarade?

— Je ne sais...

— Que si... vous le savez bien... il est mort.

Je ne souhaite à personne un pareil moment, et il me fallut quelques longues minutes pour être apte à penser et comprimer les battements de mon cœur.

La colère, l'indignation, la douleur, aussi, et la honte de tous ces regards qui déchiraient toute ma personne m'étouffaient et c'est en balbutiant que je dis :

— C'est bien, Monsieur, montons et nous nous expliquerons là-haut.

Dans le lit Vincent gisait complètement enveloppé par les draps, blotti en chien de fusil : il semblait inanimé. Doucement, bien doucement, je tâtai le corps dont la chaleur annonçait la vie assurément. Ce fut pour moi comme une reprise de toute mon intelligence et de mon énergie.

Presque à voix basse je dis au commissaire de police :

— Veuillez, Monsieur, réveiller cet homme avec beaucoup de ménagements et, s'il demande après moi, dites-lui que je suis parti pour Paris : ma vue pourrait peut-être lui être funeste.

Je dois avouer qu'à partir de ce moment ce commissaire de police fut aussi convenable que possible, et intelligemment il envoya chercher un médecin et une voiture.

Une fois réveillé, Vincent demanda après son camarade, sa pipe et son tabac, songea même à demander la boîte qui était en bas et contenait notre argent. Un soupçon sans doute qui m'effleura, étant déjà armé contre toute souffrance!

Vincent fut conduit à l'hôpital où, aussitôt, son cerveau recommença à battre la campagne. Tout le reste, on le sait dans le monde que cela peut intéresser et il

serait inutile d'en parler, si ce n'est cette extrême souffrance d'un homme qui, soigné dans une maison de
fous, s'est vu par intervalles mensuels reprendre la
raison suffisamment pour comprendre son état et
peindre avec rage les tableaux admirables qu'on
connaît.

La dernière lettre que j'ai eue était datée d'Auvers,
près Pontoise. Il me disait qu'il avait espéré guérir
assez pour venir me retrouver en Bretagne, mais qu'aujourd'hui il était obligé de reconnaître l'impossibilité
d'une guérison : « Cher Maître (la seule fois qu'il ait
prononcé ce mot), il est plus digne, après vous avoir
connu et vous avoir fait de la peine, de mourir en bon
état d'esprit qu'en état qui dégrade. »

Et il se tira un coup de pistolet dans le ventre, et ce
ne fut que quelques heures après, couché dans son lit
et fumant sa pipe, qu'il mourut ayant toute sa lucidité
d'esprit, avec amour pour son art et sans haine des
autres.

Dans *Les Monstres*, Jean Dolent écrit : « Quand
Gauguin dit : " Vincent ", sa voix est douce. » Ne le
sachant pas, mais l'ayant deviné. Jean Dolent a raison.
On sait pourquoi.

IV. SUR EDGAR DEGAS

Qui connaît Degas ? Personne, ce serait exagéré.
Quelques-uns seulement. Je veux dire le connaître
bien. Même de nom, il est inconnu pour les millions de
lecteurs des journaux quotidiens. Seuls, les peintres,
beaucoup par crainte, le reste par respect admirent
Degas. Le comprennent-ils bien ?

Degas est né... je ne sais, mais il y a si longtemps qu'il

est vieux comme Mathusalem. Je dis Mathusalem parce
que j'estime que Mathusalem à cent ans devait être
comme un homme de trente ans de notre époque. En
effet, Degas est toujours jeune.

Il respecte Ingres, ce qui fait qu'il se respecte lui-
même. A le voir, son chapeau de soie sur la tête, ses
lunettes bleues sur les yeux, il a l'air d'un parfait
notaire, d'un bourgeois du temps de Louis-Philippe,
sans oublier le parapluie.

S'il y a un homme qui cherche peu à passer pour un
artiste, c'est bien celui-là ; il l'est tellement. Et puis il
déteste toutes les livrées, même celle-là. Il est très bon,
mais spirituel il passe pour être rosse. Méchant et rosse.
Est-ce la même chose ?

Un jeune critique qui a la manie d'émettre une opinion,
comme les augures prononcent leurs sentences, a dit :
« Degas, un bourru bienfaisant ! » Degas un bourru ! Lui
qui dans la rue se tient comme un ambassadeur à la cour.
Bienfaisant ! c'est bien trivial. Il est mieux que cela.

(...) Ah ! je vois ce que c'est. Bourru. Degas se défie
de l'interview. Les peintres cherchent son approbation,
lui demandent son appréciation et lui, le bourru, le rosse,
pour éviter de dire ce qu'il pense, vous dit très aimablement : « Excusez-moi, mais je ne vois pas clair, mes
yeux... »

En revanche, il n'attend pas que vous soyez connu.
Chez les jeunes, il devine, et lui, le savant, ne parle
jamais d'un défaut de science. Il se dit : « Assurément,
plus tard, il saura », et vous dit, tel un papa, comme à
moi au début : « Vous avez le pied à l'étrier. »

Parmi les forts, personne ne le gêne.

(...) Degas dédaigne les théories d'art, nullement
préoccupé de technique.

A ma dernière exposition chez Durand-Ruel, *Œuvres
de Tahiti*, [18]91-[18]92, deux jeunes gens bien inten-

tionnés ne pouvaient s'expliquer ma peinture [1]. Amis respectueux de Degas ils lui demandèrent, voulant être éclairés, son sentiment.

Avec ce bon sourire paternel, lui si jeune, il leur récita la fable du *Chien et du Loup* :

— Voyez-vous, Gauguin, c'est le loup.

Voilà l'homme. Quel est le peintre ?

Un des premiers tableaux connus de Degas c'est un magasin de coton [2]. Pourquoi le décrire ? Voyez-le plutôt, et surtout voyez-le bien et surtout ne venez pas nous dire : « Nul ne sut mieux peindre le coton. » Il ne s'agit pas de coton, pas même de cotonniers.

Lui-même le sut si bien qu'il passa à d'autres exercices... On put voir que jeune il était un maître. Bourru déjà. Peu visibles les tendresses des cœurs intelligents.

Élevé dans un monde élégant, il osa s'extasier devant les magasins de modistes de la rue de la Paix, les jolies dentelles, ces fameux tours de main de nos Parisiennes pour vous torcher un chapeau extravagant. Les revoir aux courses campés crânement sur des chignons et, par-dessus ou pour mieux dire à travers tout cela, un bout de nez mutin au possible.

Et s'en aller le soir pour se reposer de la journée à l'Opéra. Là, s'est dit Degas, tout est faux, la lumière, les décors, les chignons des danseuses, leur corset, leur sourire. Seuls vrais, les effets qui en découlent, la carcasse, l'ossature humaine, la mise en mouvement, arabesques de toutes sortes. Que de force, de souplesse et de grâce. A un certain moment le mâle intervient avec [une] série d'entrechats, soutient la danseuse qui se pâme. Oui, elle se pâme, ne se pâme qu'à ce moment-là. Vous tous qui cherchez à coucher avec une danseuse, n'espérez

1. L'un de ces deux jeunes gens était l'un des fils d'Henri Rouart que Degas avait amené à l'exposition. Dans la fable de La Fontaine il est question d' « un loup maigre sans collier ».
2. A la Nouvelle-Orléans.

pas un seul instant qu'elle se pâmera dans vos bras. C'est pas vrai : la danseuse ne se pâme que sur la scène.

(...) Lignes de parquet se dirigeant au point d'horizon planté là-bas, très loin, très haut, ligne de danseuses les croisant, marche cadencée, maniérée, d'avance ordonnée.

(...) Les danseuses de Degas ne sont pas des femmes. Ce sont des machines en mouvement avec de gracieuses lignes prodigieuses d'équilibre. Arrangées comme un chapeau de la rue de la Paix avec tout ce factice si joli. Les gazes légères aussi se soulèvent et l'on ne songe pas à voir le dessous, pas même un noir qui dépare le blanc.

Les bras sont trop longs à ce que dit le monsieur qui, le mètre à la main, calcule si bien les proportions. Je le sais aussi, en tant que nature morte. Les décors ne sont pas des paysages, ce sont des décors. De Nittis en a fait aussi et c'était beaucoup mieux.

Des chevaux de course, des jockeys, dans des paysages de Degas. Très souvent les haridelles montées par des singes.

Dans tout cela il n'y a pas de motif : seulement la vie des lignes, des lignes, encore des lignes. Son style c'est lui.

Pourquoi signe-t-il ? Nul n'en a moins besoin que lui.

En ces derniers temps, il fit beaucoup de nus. Les critiques en général virent la femme. Degas voit la femme... Mais il ne s'agit pas de femmes, pas plus qu'autrefois il ne s'agissait de danseuses ; tout au plus certaines phases de la vie connues par indiscrétion. De quoi s'agit-il ? Le dessin était à terre. Il fallait le relever et, regardant ces nus, je m'écrie : « Maintenant il est debout. »

Chez l'homme, comme chez le peintre, tout est exemple. Degas est un des rares maîtres qui, n'ayant qu'à se baisser pour en prendre, a dédaigné les palmes, les

honneurs, la fortune, sans aigreur, sans jalousie. Il
passe dans la foule si simplement! Sa vieille bonne hollandaise est morte, sinon elle dirait : « C'est toujours pas
pour vous qu'on sonnerait les cloches comme ça. »

Un de ces peintres qui figurent comme tant d'autres
aux Indépendants pour se dire indépendant dit à
Degas :

— Voyons, Monsieur Degas, est-ce que nous n'aurons
pas le plaisir un jour de vous voir parmi nous aux Indépendants?

Degas a souri aimablement... et vous dites que c'est
un bourru!

(...) On emprunte beaucoup à Degas et il ne s'en
plaint pas. Dans son escarcelle à malices il y en a tellement qu'un caillou de plus ou de moins, ça ne l'appau-
vrit pas.

(...) Il y en a qui disent : « Rembrandt et Michel-
Ange sont grossiers, j'aime mieux Chaplin. » Une très
vilaine femme me dit : « Je n'aime pas Degas parce
qu'il peint des femmes laides. » Puis elle ajoute : « Avez-
vous vu mon portrait au Salon par Gervex? »

L'habillé de Carolus-Duran est cochon. Le nu de
Degas est chaste. Mais elles se lavent dans des tubs!
c'est justement pour cela qu'elles sont propres. Mais on
voit le bidet, le clysoir, la cuvette! C'est tout comme chez
nous.

(...) Au restaurant de très grands peintres discutent
et ça n'en finit pas et l'on demande à Degas son avis :

— Tout ça, dit-il, c'est une affaire de cimaise.

V. SUR L'ART

Je me souviens aussi de Manet. Encore un que personne ne gênait. Il me dit autrefois ayant vu un tableau de moi (au début) que c'était très bien, et moi de répondre avec du respect pour le maître : « Oh ! je ne suis qu'un amateur. » J'étais en ce temps employé d'agent de change et je n'étudiais l'art que la nuit et les jours de fête.

— Que non, dit Manet... Il n'y a d'amateurs que ceux qui font de la mauvaise peinture.

Cela me fut doux.

(...) Dans une exposition sur le boulevard des Italiens je vis une étrange tête. Je ne sais pourquoi en moi il se passait quelque chose et pourquoi devant une peinture j'entendis d'étranges mélodies. Une tête de docteur très pâle dont les yeux ne vous fixent pas, ne regardent pas, mais écoutent.

Je lus au catalogue : *Wagner* par Renoir. Ceci se passe de commentaires.

TROIS CARICATURISTES

Gavarni élégamment plaisante ;
Daumier sculpte l'ironie ;
Forain distille la vengeance.

Gérôme me dit : « Voyez-vous la grande affaire en sculpture, c'est de bien calculer son armature... » Qu'en dis-tu, Rodin ?

(...) Le père Corot à Ville-d'Avray :

— Eh bien ! père Mathieu, ça te plaît-il, ce tableau ?

— Oh que oui, les rochers y sont bien ressemblants.
Les rochers étaient des vaches

Cézanne peint rutilant paysage ; fonds d'outre-mer, verts pesants, ocres qui chatoient ; les arbres s'alignent, les branches s'entrelacent, laissant cependant voir la maison de son ami Zola aux volets vermillon qu'orangent les chromes qui scintillent sur la chaux des murs. Les véronèses qui pétardent signalent la verdure raffinée du jardin, et en contraste le son grave des orties violacées au premier plan orchestre le simple poème. C'est à Médan.

Prétentieux, le passant épouvanté regarde ce qu'il pense être un pitoyable gâchis d'amateur et, souriant professeur, il dit à Cézanne :

— Vous faites de la peinture.

— Assurément, mais si peu…

— Oh ! je vois bien : tenez, je suis un ancien élève de Corot et, si vous voulez me permettre avec quelques habiles touches, je vais vous remettre tout cela en place. Les valeurs, les valeurs… il n'y a que ça.

Et le vandale impudemment étale sur la rutilante toile quelques sottises. Les gris sales couvrent les soieries orientales.

Cézanne s'écrie :

— Monsieur vous avez de la chance, et faisant un portrait vous devez sans doute mettre les luisants sur le bout du nez, comme sur un bâton de chaise.

Cézanne reprend sa palette, gratte avec le couteau toutes les saletés du monsieur.

Et, après un temps de silence, il lance un formidable pet, se retourne vers le monsieur, disant :

— Hein ! ça soulage.

X un pointilliste. Ah ! oui, celui qui les fait le plus rond.

Dans des sentiers convergents des figures campagnardes, nulles de pensées, cherchent on ne sait quoi. Cela pourrait être de Pissarro.

Sur le bord de la mer un puits : quelques figures parisiennes de rayures habillées et bigarrées, assoiffées d'ambition sans doute, cherchent dans ce puits tari l'eau qui pourrait les désaltérer. Le tout de confetti.

Cela pourrait être de Signac.

Les belles couleurs, sans qu'on s'en doute, existent et se devinent derrière le voile que la pudeur a tiré. D'amour conçues les fillettes évoquent la tendresse, les mains saisissent et caressent. Sans hésiter je dis que c'est de Carrière. La vidangeuse, le vin à quatre sous, la maison du pendu. Impossible à décrire. Faites mieux, allez les voir.

D'un compotier les raisins mûrs dépassent la bordure : sur le linge les pommes vert pomme et celles rouge prune se marient. Les blancs sont bleus et les bleus sont blancs. Un sacré peintre que ce Cézanne.

Avec un camarade devenu célèbre, il se rencontre en se croisant sur le pont des Arts :

— Tiens, Cézanne, où vas-tu ?

— Comme tu vois, je vais à Montmartre et toi à l'Institut.

Un jeune Hongrois me dit qu'il était élève de Bonnat.

— Mes compliments, lui ai-je répondu, votre patron vient de remporter le prix au concours du timbre-poste avec son tableau au Salon [1].

Le compliment fit son chemin ; vous pensez si Bonnat fut content et le lendemain le jeune Hongrois faillit me battre.

Enquête sur l'influence allemande. Nombreuses réponses que je lis avec intérêt, et tout à coup je me mets à rire. Brunetière !

---

1. Allusion au *Portrait de Madame Pasca* exposé par Léon Bonnat au Salon de 1875.

Comment ? La Revue du *Mercure* a osé s'adresser, interroger la *Revue des Deux Mondes !*

Brunetière, si long à réfléchir qu'il ne sait pas encore à qui il devra s'adresser pour lui faire sa statue. Rodin. Peut-être ! Cependant son Balzac était si peu réussi et ses bourgeois de Calais si peu savants.

Et il dit : « Tout le monde aujourd'hui parle de tout sans rien avoir appris. » Il me semble là que tout le monde a son paquet au *Mercure*. Pauvres Rodin et Bartholomé qui croyaient avoir appris la sculpture. Pauvre Rémy de Gourmont qui croyait avoir appris quelque peu de la littérature.

Et nous, pauvre public, qui avons cru qu'il y avait d'autres artistes que M. Brunetière. (...) Heureusement que je n'ai pas été interrogé, car sans modestie, moi qui n'ai rien appris, j'aurais été tenté de répondre que Corot et Mallarmé étaient bien français. Je serais alors aujourd'hui singulièrement mortifié. (...)

CATHÉDRALES [1]

Sceptique, je regarde tous ces saints et ne les vois vivants. Aux niches des cathédrales ils ont un sens, là seulement. Gargouilles aussi, monstres inoubliables : mon œil en suit les accidents sans effroi, bizarres enfantements.

L'ogive gracieuse allège la pesanteur du monument : les grandes marches invitent les passants curieux à voir le dedans. Le clocher : croix d'en haut. Le grand transept : croix du dedans.

Dans sa chaire le prêtre bafouille de l'enfer ; sur leurs chaises, ces dames causent de nos modes (...).

1. Le titre est de nous.

(...) Roujon, homme de lettres, directeur des Beaux-Arts. Une audience m'est accordée et on m'introduit.

A cette même direction, j'avais été introduit deux années auparavant avec Ary Renan, devant aller étudier à Tahiti ; et pour m'en faciliter l'étude, le ministre de l'Instruction publique m'avait accordé une mission. C'est à cette direction qu'on me dit :

— Cette mission est gratuite, mais selon nos usages et comme nous l'avons fait précédemment, pour la mission du peintre Dumoulin au Japon, nous vous dédommagerons au retour par quelques achats. Tranquillisez-vous, monsieur Gauguin, quand vous reviendrez, écrivez-nous, et nous vous enverrons le nécessaire pour le voyage.

Des paroles, des paroles...

Me voilà donc chez l'auguste Roujon, directeur des Beaux-Arts.

Il me dit délicieusement.

— Je ne saurais encourager votre art qui me révolte et que je ne comprends pas ; votre art est trop révolutionnaire pour que cela ne fasse pas un scandale dans *nos* Beaux-Arts, dont je suis le directeur, appuyé par des inspecteurs.

Le rideau s'agita et je crus voir Bouguereau, un autre directeur (qui sait ? peut-être le vrai). Certainement il n'y étais pas, mais j'ai l'imagination vagabonde et pour moi il y était.

Comment ! moi, révolutionnaire, moi qui adore et respecte Raphaël ? Qu'est-ce qu'un art révolutionnaire ? à quelle époque cesse sa révolution ? Si ne pas obéir à Bouguereau ou à Roujon constitue une révolution, alors là j'avoue être le Blanqui de la peinture.

Et cet excellent directeur des Beaux-Arts (centre droit) me dit aussi, en ce qui concernait les promesses de son prédécesseur :

— Avez-vous un écrit ?

Les directeurs des Beaux-Arts seraient-ils encore moins que les plus simples mortels des bas-fonds de Paris pour que leur parole, même devant témoins, ne soit valable qu'avec leur signature ? Pour tant soit peu qu'on ait conscience de la dignité humaine on n'a plus qu'à se retirer ; c'est ce que je fis immédiatement, pas plus riche qu'auparavant.

Un an après mon départ pour Tahiti (deuxième voyage) ce très aimable et délicat directeur, ayant appris par quelqu'un de naïf, sans doute, que mon admirateur croyait encore aux bonnes actions, que j'étais à Tahiti cloué par la maladie et dans une atroce misère, m'envoya très officiellement une somme de deux cents francs, « à titre d'encouragement ». Comme on le pense, les deux cents francs sont retournés à la direction [1].

On doit à quelqu'un et on lui dit : « Tenez, voici une petite somme dont je vous fais cadeau, à titre d'encouragement. »

Le dessin, qu'est-ce que c'est cela ? Ne vous attendez pas de ma part à un cours à ce sujet. La critique veut dire probablement un tas de choses sur papier avec du crayon, pensant sans doute que c'est encore là où l'on reconnaît si un homme sait dessiner. Savoir dessiner ce n'est pas dessiner bien. Se doute-t-il, ce critique, cet homme compétent, que décalquer le contour d'une figure peinte donne un dessin d'aspect tout autre ? Dans le portrait du voyageur de Rembrandt (galerie La Caze) la tête est carrée. Prenez-en le contour et vous verrez que la tête est deux fois plus haute qu'elle n'est large.

1. Une lettre de Gauguin à Charles Morice, de 1896, inédite jusqu'à sa publication dans *Burlington Magazine* de mars 1956, nous confirme qu'un an environ après son retour à Tahiti, c'est-à-dire vers juillet 1896, Gauguin avait reçu de Roujon, par l'intermédiaire du gouverneur, un mandat de 200 francs. Il envoya effectivement une lettre de refus (dont il avait pris soin, au préalable, de communiquer le libellé à son ami William Molard).

Je me souviens du temps où le public jugeant le dessin des cartons Puvis de Chavannes, tout en accordant à Puvis de grands dons de composition, affirmait que Puvis de Chavannes ne savait pas dessiner. Et ce fut un étonnement quand un beau jour il fit chez Durand-Ruel une exposition exclusivement de dessins-études, au crayon noir, à la sanguine.

— Tiens, tiens, se dit ce charmant public, mais Puvis sait dessiner comme tout le monde ; il connaît l'anatomie, les proportions, etc. Mais alors, pourquoi sur ses tableaux ne sait-il pas dessiner ?

Dans une foule, il y a toujours un plus malin que les autres. Et ce malin dit :

— Vous ne voyez pas que Puvis se fout de vous ? Encore un qui veut faire son original et ne pas faire comme tout le monde.

Mon Dieu, qu'allons-nous devenir ? C'est probablement ce qu'a voulu comprendre ce critique qui me demandait mes dessins, se disant : « Voyons un peu s'il sait dessiner. » Qu'il se rassure. Je vais le renseigner. Je n'ai jamais su faire un dessin proprement, manier un tortillon et une boulette de pain. Il me semble qu'il manque toujours quelque chose : la couleur.

Devant moi une figure de Tahitienne. Le papier blanc me gêne.

Carolus-Duran se plaint des impressionnistes, de leur palette surtout. C'est si simple, dit-il : « Voyez Velasquez. Un blanc, un noir. »

Si simples que cela, les blancs et les noirs de Velasquez.

J'aime à entendre ces gens-là. Ces jours terribles où l'on se croit bon à rien, où l'on jette ses pinceaux, on se souvient d'eux et l'espoir renaît.

Pourquoi aujourd'hui, me remémorant tout l'autre-fois jusqu'à maintenant, suis-je obligé de voir (cela crève

les yeux) presque tous ceux que j'ai connus, surtout les
derniers jeunes que j'ai conseillés et soutenus, ne plus
me connaître ?

(...) L'artiste, à dix ans, à vingt ans, à cent ans, c'est
toujours l'artiste, tout petit, un peu grand et très grand.
N'a-t-il pas ses heures, ses moments ; jamais impec-
cable, puisque homme et vivant ? Le critique lui dit :
« Voilà le nord », un autre lui dit : « Le nord, c'est le
sud », soufflant sur un artiste comme sur une girouette.
L'artiste meurt, les héritiers tombent sur l'œuvre ;
classent les droits d'auteur, l'Hôtel des Ventes, les inédits
et tout ce qui s'ensuit. Le voilà déshabillé complètement.
Pensant à cela, je me déshabille auparavant, ça soulage.

La critique déshabille. Mais c'est tout autrement. Un
critique chez moi voit les peintures, et la poitrine oppres-
sée me demande mes dessins. Mes dessins ! que nenni : ce
sont mes lettres, mes secrets. L'homme public, l'homme
intime. Vous voulez savoir qui je suis : mes œuvres ne
vous suffisent-elles pas ? Même en ce moment où j'écris,
je ne montre que ce que je veux bien montrer. Mais vous
me voyez souvent tout nu ; ce n'est pas une raison, c'est
le dedans qu'il faut voir. Au surplus, moi-même, je ne
me vois pas toujours très bien.

(...) *Ces nymphes, je les veux perpétuer*[1], et il les a
perpétuées, cet adorable Mallarmé ; gaies, vigilantes
d'amour, de chair et de vie, près du lierre qui enlace, à
Ville-d'Avray, les grands chênes de Corot, aux teintes
dorées, d'odeur animale, pénétrantes ; saveurs tropicales
ici comme ailleurs, de tous les temps, jusque dans l'éternité.

1. Premier vers de *L'Après-midi d'un faune*.

(...) J'ai travaillé et bien employé ma vie ; intelligemment même, avec courage. Sans pleurer. Sans déchirer : j'avais cependant de très bonnes dents.

(...) J'estime que la vie n'a de sens que quand on la pratique volontairement. (...) Se remettre entre les mains de son créateur, c'est s'annuler et mourir.

(...) Personne n'est bon, personne n'est méchant ; tout le monde l'est semblablement et autrement.

(...) C'est si peu de chose la vie d'un homme et il y a cependant le temps de faire de grandes choses, morceaux de l'œuvre commune.

(...) J'ai été bon quelquefois ; je ne m'en félicite pas. J'ai été méchant souvent ; je ne m'en repens pas.

Civilisés! Vous êtes fiers de ne pas manger de la chair humaine. Sur un radeau vous en mangeriez. (...) En revanche tous les jours vous mangez le cœur de votre voisin.

VI. A TAHITI ET AUX MARQUISES

(...) Lisant le *Journal des Voyages*, un homme pense quitter Paris, une civilisation qui l'obsède ; il prend le train et le bateau à Marseille, navire somptueux. Déjà sur le navire, quelques jours de marche et il commence à connaître ce monde colonial qu'il ne soupçonnait pas.

Tous les jours, brillants festins, longue table de mets succulents : un officier préside la table :

— Maître d'hôtel! qu'est-ce que c'est que cela ?

Croyez-vous que je sois habitué à manger une pareille nourriture ? Le gouvernement paye et j'en veux pour mon argent.

Chez lui l'employé déjeune avec deux sous de figues et un sou de radis. Le dimanche la salade et une trempette dans le vinaigre rehaussé d'ail ; à bord c'est différent ; on est en congé et aux frais de la princesse on veut gobeloter en grognant.

Palais délicats de ruffian, souvent mari complaisant : des enfants en veux-tu en voilà, boutonneux, scrofuleux, tout le portrait de leurs parents ; déjà marqués du sceau de la médiocrité : bienfaits de l'instruction publique et obligatoire.

A travers le grand Océan un navire vient de toucher la terre et c'est un îlot qui n'est pas marqué sur la carte. Trois habitants cependant : un gouverneur, un huissier et un marchand de tabac avec timbres-poste. Déjà !

(...) Arrivée à Tahiti. L'arrivant doit une visite : inénarrables le chapeau gibus, le gouverneur, les balayeurs aussi. On susurre. Finalement, mais gracieusement, on vous demande : « Avez-vous de l'argent ? »

(...) Ne vous avisez pas de faire connaissance d'un procureur de la République française. Comme à moi, il vous en cuirait [1]. (...) Tout le monde, même le commandant du navire de guerre, voulut me dissuader d'une pareille escapade :

— Vous ne savez pas ce que c'est qu'un procureur et un gouverneur aux colonies, me disait-on : autant arrêter la marche d'une comète en lui mettant un grain de sel sur la queue.

1. Allusion à une querelle de 1899 entre Gauguin et le procureur de la République Edouard Charlier à propos de larcins menus mais répétés dont l'artiste avait été victime, et pour lesquels il avait cru devoir déposer une plainte à laquelle le procureur ne daignera pas donner suite. Ce fut effectivement cet incident qui décida Gauguin à se lancer dans la polémique journalistique (cf. B. Danielsson et P. O'Reilly, *Gauguin journaliste à Tahiti*, 1966).

Voilà comment je devins journaliste, polémiste si vous voulez. Mais naviguer au milieu de ces récifs sans s'y briser, n'est pas une petite affaire. Il me fallut étudier les détours pour ne pas aller en prison.

Au 17ᵉ de latitude Sud [1] là, comme ailleurs, conseillers généraux, juges, fonctionnaires, gendarmes, et un gouverneur.

(...) Un gros procureur, procureur de la République ; après avoir interrogé deux jeunes voleurs, me rend visite. Dans ma case, il y a des choses bizarres, puisque non coutumières : des estampes japonaises, photographies de tableaux, Manet, Puvis de Chavannes, Degas, Rembrandt, Rapahël, Michel-Ange, Holbein.[Après ces noms, rien de moi : (je n'ose).]

Le gros procureur (un amateur qui a un très joli coup de crayon, dit-on) [qui dessine, dit-on, fort bien, a un joli coup de crayon] regarde et devant un portrait de femme de Holbein, du musée de Dresde, il me dit :

— C'est d'après une sculpture... n'est-ce pas ?

— Non. C'est un tableau de Holbein, école allemande.

— Eh bien, ça ne fait rien, ça ne me déplaît pas [ça me plaît], c'est gentil.

Holbein ? gentil !

Sa voiture l'attend, et il va plus loin, en vue de l'Orofena, déjeuner gentiment, sur l'herbe, entouré d'un gentil paysage.

(...) Sur la véranda, douce sieste, tout repose. Mes yeux voient sans comprendre l'espace devant moi ; et j'ai la sensation du sans fin dont je suis le commencement.

Moorea à l'horizon ; le soleil s'en approche. Je suis sa marche dolente sans comprendre. J'ai la sensation d'un

---

1. Gauguin avait déjà inséré ce texte dans *Diverses choses*. Les passages entre crochets indiquent les variantes.

mouvement désormais perpétuel : une vie générale qui
jamais ne s'éteindra. (...)

(...) Laissez-moi vous faire part d'un cliché qui existe
ici et qui a le don de m'énerver : les Maoris viennent de
la Malaisie. Sur les bateaux qui circulent dans l'Océan
Pacifique, et à leur débarquement à Tahiti, les fonctionnaires toujours instruits vous disent :

— Monsieur, les Maoris sont d'exportation malaise.
— Mais pourquoi ? vous écriez-vous.

Il n'y a pas de pourquoi. C'est le cliché, vu, revu et
corrigé par tous les photographes. Seule la Malaisie a
fourni des hommes. L'ancienne terre océanienne, fabriquer des hommes. Fi donc !

A quelle époque les hommes ont-ils commencé à
exister sur notre globe ? Qu'importe, puisque je vous dis
que seule la Malaisie...

A quelle époque la pensée dégagée de son animalité
a-t-elle eu quelques éléments rudimentaires et par suite
fait un commencement de langage dont les premiers
sons rudes sortis du gosier ont fourni les premiers éléments ?

Réflexion faisant n'y aurait-il pas lieu de supposer
que le premier mode de penser ainsi que celui du langage
ont été les mêmes, à peu près les mêmes ? Rien d'extraordinaire que même plus tard, beaucoup plus tard, on
retrouve aussi bien en Malaisie qu'en Océanie et en
Afrique, etc., les quelques mots génériques que selon le
gosier l'être primitif a pu prononcer, de même le mode
de penser.

Ce qu'il voit, ce qu'il touche, ce qu'il sent sont d'abord,
avant tout et pour tout, ce que l'homme a dû penser, le
désir de prendre ensuite (...) et le moyen de prendre qui
est la main.

De là ce mot *rima* ou *lima* qui veut dire main et qu'on
retrouve dans presque toutes les langues, en Malaisie

comme partout ailleurs, plus ou moins transformé comme prononciation. Le mot *rama* en latin n'y ressemble-t-il pas ? De même pour le chiffre 5 qui représente une main et 10, deux mains. De tous temps connus les sauvages se sont servis de la brasse comme mesure, du pied aussi.

(...) Cette question de langue a été une des grandes causes qui ont fait adopter ce cliché : Malaisie-Maoris.

Vaut mieux ne pas savoir que de savoir à tort.

Et j'affirmerai que, pour moi, les Maoris ne sont pas des Malais. (...)

(...) Jean-Jacques Rousseau se confesse. C'est moins un besoin qu'une idée. L'homme du peuple est sale, mais apte à se nettoyer. On ne voulait pas le croire et cependant il a fallu le croire. C'est autre chose que Voltaire qui a dit à la caste noble : vous êtes ridicules, nous sommes ridicules, restons ridicules.

Candide est un naïf enfant, il en faut. Restons ce que nous sommes.

Jacques le Fataliste [1] reste fatalement le serviteur.

Jean-Jacques Rousseau, c'est autre chose.

L'éducation d'*Émile* ! celle qui révolte un tas de braves gens. C'est encore la plus lourde chaîne qu'un homme ait essayé de briser. Moi-même dans mon pays je n'ose y penser. Ici, désormais éclairé, tranquillement je regarde. J'ai vu un chef indigène, celui qui sans la domination française serait devenu roi, demander à un colon blanc marié avec une blanche, lui demander un de ses enfants. L'adoptant il lui aurait donné presque toutes ses terres et 500 piastres d'économie en payement au père.

Ici l'enfant est pour tous le plus grand bienfait de la

---

1. Roman de Diderot.

nature, et c'est à qui l'adoptera. Voilà la sauvagerie des Maoris : celle-là je l'adopte.

Tous mes doutes se sont dissipés. Je suis et je resterai ce sauvage.

Le christianisme ici ne comprend rien. Heureusement que malgré tous ses efforts, conjointement avec les lois civilisées de succession, le mariage n'est qu'une cérémonie d'amusement. Le bâtard, l'enfant adultérin seront comme par le passé des monstres imaginaires de notre civilisation.

Ici l'éducation d'*Émile* se fait au grand soleil qui éclaire, adopté de choix par quelqu'un et adopté par toute la société.

Souriantes, les jeunes filles, librement, peuvent enfanter autant d'Émiles qu'elles voudront.

(...) Pour quelque menue monnaie ma chair est satisfaite et mon esprit reste tranquille.

Me voilà donc présenté au public comme un animal dénué de tout sentiment, incapable de vendre son âme pour une marguerite. Je n'ai pas été Werther, je ne serai pas Faust. Qui sait ? les vérolés et les alcooliques seront peut-être les hommes de l'avenir. La morale m'a tout l'air d'aller comme les sciences et tout le reste vers une morale toute nouvelle qui serait peut-être le contraire de celle d'aujourd'hui. Le mariage, la famille, et un tas de bonnes choses dont on me corne les oreilles m'ont tout l'air de voyager considérablement en locomotive à grande vitesse.

Et vous voulez, tas de bourgeois [1], que je sois de votre avis ?

(...) J'avais acheté à Port-Saïd quelques photographies. Le péché commis, (...) chez moi, sans détours, dans l'al-

---

1. Ces trois mots rayés par Gauguin sur le manuscrit.

côve, elles figuraient. Les hommes, les femmes, les enfants ont ri : presque tout le monde enfin : cela fut un instant et l'on n'y pensa plus. Seuls, les gens qui se disent honnêtes ne vinrent pas chez moi et seuls toute l'année ils y pensèrent.

Monseigneur, à confesse, dans maints endroits, se fit renseigner ; quelques sœurs mêmes devinrent de plus en plus pâles, les yeux cernés. Méditez cela, et clouez visiblement une indécence sur votre porte : vous serez désormais débarrassé des honnêtes gens, les personnes les plus insupportables que Dieu ait créées.

(...) Je me dis qu'il était temps de filer vers un pays plus simple et avec moins de fonctionnaires. Et je songeai à faire mes malles pour aller aux Marquises. La terre promise, des terres à ne savoir qu'en faire, de la viande, de la volaille et pour vous conduire, par-ci, par-là, un gendarme doux comme un mérinos.

De ce pas, le cœur à l'aise, confiant comme une pucelle qui serait barrée, je pris le bateau et j'arrivai tranquillement à Atuona, chef-lieu de Hivaoa.

Il me fallut singulièrement en rabattre. La fourmi n'est point prêteuse, c'est là le moindre défaut : et j'avais l'air d'une cigale qui aurait chanté tout l'été.

Tout d'abord, les nouvelles à mon arrivée furent qu'il n'y avait point de terres à louer ou à vendre, sinon à la mission et encore. L'évêque était absent et il me fallut attendre un mois ; mes malles et un chargement de bois de construction restaient sur la plage.

Durant ce mois j'allais comme vous le pensez tous les dimanches à la messe, forcé de jouer mon rôle de vrai catholique et de polémiste contre les protestants. Ma réputation était faite et Monseigneur sans se douter de mon hypocrisie voulut bien (parce que c'était moi) me vendre un petit terrain rempli de cailloux et de brousse, au prix de 650 francs. Je me mis courageusement à

l'œuvre et, grâce encore à quelques hommes sous la
recommandation de l'évêque, je fus installé rondement.
L'hypocrisie a du bon.

Ma case finie, je ne songeai guère à faire la guerre au
pasteur protestant qui d'ailleurs est un jeune homme
bien élevé et d'un esprit très libéral : je ne songeai pas
non plus à retourner à l'Église.

Une poule survint et la guerre fut allumée.

Quand je dis une poule je suis modeste, car toutes les
poules arrivèrent sans aucune invitation.

(...) Ici, en ce pays, le mariage commence à mordre :
c'est d'ailleurs une régularisation. Chrétiens d'exportation s'acharnent à cette œuvre singulière.

Le gendarme remplit les fonctions de maire. Deux
couples convertis aux idées matrimoniales, tout de neuf
habillés, écoutent la lecture des lois matrimoniales.
Le « oui » prononcé, ils sont mariés. A la sortie l'un des
deux mâles dit à l'autre : « Si nous changions ? » Et très
gaiement chacun partit avec une nouvelle femme, se
rendit à l'église où les cloches remplirent l'atmosphère
d'allégresse.

Monseigneur avec une éloquence qui caractérise les
missionnaires tonna contre les adultères et bénit la
nouvelle union qui déjà en ce saint lieu commençait
l'adultère.

Une autre fois, à la sortie de l'église, le marié dit à la
demoiselle d'honneur : « Que tu es belle. » Et la mariée
dit au garçon d'honneur : « Que tu es beau. » Ce ne fut
pas long, et couple nouveau obliquant à droite, couple
obliquant à gauche, s'enfoncèrent dans la brousse à
l'abri des bananiers où là, devant le Dieu tout-puissant,
il y eut deux mariages au lieu d'un. Monseigneur est
content et dit : « Nous civilisons. »

Dans un îlot, dont j'ai oublié le nom et la latitude,
un évêque exerce son métier de moralisation chrétienne.
C'est, dit-on, un lapin. Malgré l'austérité de son cœur

et de ses sens, il aima une enfant de l'école, paternelle-
ment, purement. Malheureusement, le diable se mêle
quelquefois de ce qui ne le regarde pas, et un beau jour
notre évêque se promenant sous bois aperçut son enfant
chérie qui, nue dans la rivière, lavait sa chemise.

> *Petite Thérèse le long d'un ruisseau*
> *Lavait sa chemise au courant de l'eau,*
> *Elle était tachée par un accident*
> *Qui arrive aux fillettes douze fois par an.*

— Tiens, se dit-il ; mais elle est à point.

Je te crois qu'elle était à point : demandez plutôt
aux quinze vigoureux jeunes gens qui le même soir en
eurent l'étrenne. Au seizième elle renâcla.

L'adorable enfant fut mariée à un bedeau logeant
dans l'enclos. Alerte et proprette elle balayait la chambre
de Monseigneur, classait les parfums. Au service divin,
le mari tenait la chandelle.

Comme le monde est vilain. Les mauvaises langues
jasèrent, à tort assurément, et j'en eus la conviction
profonde, lorsqu'un jour une femme archicatholique
me dit :

— Vois-tu (et en même temps elle vidait sans sourciller un verre de rhum), vois-tu, mon petit, tout ça
c'est des blagues, Monseigneur ne couche pas avec
Thérèse, il la confesse seulement pour tâcher d'apaiser
sa passion.

Thérèse, c'est la reine haricot. N'essayez pas de
comprendre je vais vous l'expliquer.

Le jour des Rois, Monseigneur avait fait faire chez
le Chinois une superbe galette. La part que Thérèse
avait eue contenait un haricot et de ce fait elle devint
la reine, Monseigneur étant le roi. De ce jour, Thérèse
continua à être la reine, et le bedeau, le mari de la reine :
Calchas, vous m'entendez bien.

Mais, hélas, le fameux haricot a vieilli et notre lapin, très malin, a trouvé quelques kilomètres plus loin un nouveau haricot. Figurez-vous un haricot chinois, grassouillet au possible, on en mangerait. Et toi, peintre en quête de sujets gracieux, prends tes pinceaux et immortalise ce tableau. Alezan brûlé, harnachements épiscopaux. Notre lapin campé vigoureusement sur la selle et son haricot dont les rondeurs devant et derrière seraient capables de ressusciter un chanteur du pape. Encore une dont la chemise... vous savez... inutile de répéter. Quatre fois ils descendirent de cheval. (...)

(...) Monseigneur est un lapin, tandis que moi je suis un vieux coq, bien dur et passablement enroué. Si je disais que c'est le lapin qui a commencé, je dirais la vérité. Vouloir me condamner au vœu de chasteté ! c'est un peu fort : pas de ça, Lisette.

Couper deux superbes morceaux de bois de rose et les sculpter genre marquisien ne fut qu'un jeu pour moi. L'un représentait un diable cornu (*Le Père Paillard*) [1]. L'autre, une charmante femme, fleurs dans les cheveux.

(...) J'ai devant moi, des cocotiers, des bananiers ; tout est vert. Pour faire plaisir à Signac je vous dirai que des petits points de rouge (la complémentaire) se disséminent dans le vert. Malgré cela, ce qui va fâcher Signac, j'atteste que dans tout ce vert on aperçoit de grandes taches de bleu. Ne vous y trompez pas, ce n'est pas le ciel bleu, mais seulement la montagne dans le lointain.

Que dire à tous ces cocotiers ? Et cependant, j'ai besoin de bavarder ; aussi j'écris au lieu de parler.

Tiens ! voilà la petite Vaitauni qui s'en va à la rivière. (...) Cette bissexuelle n'est pas comme tout le monde et

---

1. Caricature sculptée de l'évêque catholique des Marquises, Mgr Joseph Martin.

ça vous émoustille quand piéton lassé on se sent impuis-
sant. Elle a les seins les plus ronds et les plus charmants
que vous puissiez imaginer. Je vois ce corps doré presque
nu se diriger vers l'eau fraîche. Prends garde à toi,
chère petite ; le gendarme poilu, gardien de la morale,
mais faune en cachette, est là qui te guette. Sa vue satisfaite, il te donnera une contravention pour se venger
d'avoir troublé ses sens et par suite outragé la morale
publique. (...)

Oh! braves gens de la métropole, vous ne connaissez
pas ce que c'est qu'un gendarme aux colonies. Venez-
y voir et vous verrez un genre d'immondices que vous
ne pouvez soupçonner.

(...) Dieu, que j'ai si souvent offensé, m'a cette fois
épargné : au moment où j'écris ces lignes un orage tout
à fait exceptionnel vient de faire des terribles ravages.

Dans l'après-midi d'avant-hier, le gros temps qui
s'accumulait depuis quelques jours prit des proportions
menaçantes. Dès huit heures du soir, c'était la tempête.
Seul, dans ma case, je m'attendais à chaque instant à la
voir s'écrouler : les arbres énormes qui au tropique ont
peu de racines sur un sol qui une fois détrempé n'a plus
de consistance, craquaient de toutes parts et tombaient
sur le sol avec un bruit sourd. Surtout les *maioré* (arbres
à pain qui ont un bois très cassant). Les rafales ébran-
laient la toiture légère en feuilles de cocotier, s'introdui-
saient de tous côtés, m'empêchant de tenir la lampe
allumée. Ma maison démolie avec tous mes dessins,
matériaux accumulés depuis vingt ans, c'était ma ruine.

Vers dix heures un bruit continu, comme un édifice
de pierre qui s'écroulerait, attira mon attention. Je n'y
tins plus et je sortis dehors de ma case, les pieds aussitôt
dans l'eau. A la pâle lueur de la lune qui venait de se
lever, je pus voir que j'étais ni plus ni moins au milieu
d'un torrent qui charriait les cailloux venant se heurter

aux piliers de bois de ma maison. Je n'avais plus qu'à attendre les décisions de la Providence et je me résignai. La nuit fut longue.

Aussitôt le petit jour je mis le nez dehors. Quel étrange spectacle que, dans cette nappe d'eau, ces blocs de granit, ces énormes arbres venant d'on ne sait où. La route qui était devant mon terrain avait été coupée en deux tronçons : de ce fait je me trouvais sur un îlot enfermé moins agréablement que le diable dans un bénitier.

Il faut vous dire que ce que l'on nomme la vallée d'Atuona est une gorge très resserrée en certains endroits où la montagne forme muraille. En pareil cas toutes les eaux des plateaux du haut descendent à pic dans le torrent. L'administration toujours peu intelligente (...), au lieu de faciliter l'écoulement des grandes eaux, a fait juste le contraire, barrant de toutes parts avec un amoncellement de cailloux. De plus, sur les bords, même au milieu du torrent, elle laisse pousser des arbres, qui naturellement sont renversés par les eaux et forment autant d'instruments de démolition, renversant tout sur leur passage. Les maisons dans ces pays chauds et pauvres sont de construction légère et un rien les renverse : autant d'éléments de désastre. La raison n'est donc rien, pour qu'on la foule de pareille façon ; déjà il n'est plus question que de reboucher sommairement les trous faits par le torrent. Mais des ponts ! où est l'argent l'éternelle question. Où est l'argent ?

(...) Ma case a résisté et lentement nous allons tâcher de réparer les dégâts. Mais à quand la prochaine inondation ?

(...) L'inondation et l'orage sont à peine terminés, chacun se débrouille comme il peut, coupant les arbres déracinés, installant de tous côtés des petites passerelles pour circuler de voisin à voisin. On attend le courrier qui n'arrive pas et en admettant une chance énorme nous avons l'espoir que dans un an l'administration voudra bien réparer nos désastres et nous envoyer un peu d'argent.

(...) A ma fenêtre ici, aux Marquises, à Atuona, tout s'obscurcit, les danses sont finies, les douces mélodies se sont éteintes. Mais ce n'est pas le silence. En *crescendo* le vent zigzague les branches, la grande danse commence ; le cyclone bat son plein. L'Olympe se met de la partie ; Jupiter nous envoie toutes ses foudres, les titans roulent les rochers, la rivière déborde.

Les immenses *maioré* sont renversés, les cocotiers ploient leur échine, et leur chevelure frise la terre ; tout fuit ; les rochers, les arbres, les cadavres entraînés vers la mer. Passionnante orgie des dieux en courroux.

Le soleil revient, les cocotiers altiers relèvent leur panache, l'homme aussi.

(...) Je veux vous parler des Marquisiens, ce qui sera assez difficile aujourd'hui. Rien de pittoresque à se mettre sous la dent. Jusqu'à la langue, qui aujourd'hui est abîmée par tous les mots français mal prononcés. Un cheval (*chevalé*), un verre (*verra*), etc.

On ne semble pas se douter en Europe qu'il y a eu soit chez les Maoris de la Nouvelle-Zélande, soit chez les Marquisiens un art très avancé de décoration. Il se trompe, Monsieur le fin critique, quand il prend tout cela pour un art de Papou !

Chez les Marquisiens surtout, il y a un sens inouï de la décoration. Donnez-lui un objet de formes géométriques quelconques, même de géométrie gobine [1], il parviendra, le tout harmonieusement, à ne laisser aucun vide choquant et disparate. La base en est le corps humain ou le visage. Le visage surtout. On est

---

1. Gobin : bossu, difforme ; voir plus haut, note p. 136.

étonné de trouver un visage là où l'on croyait à une figure étrange géométrique. Toujours la même chose et cependant jamais la même chose.

Aujourd'hui même à prix d'or ne ne retrouverait plus ces beaux objets en os, en écaille, en bois de fer qu'ils faisaient autrefois. La gendarmerie a tout dérobé et vendu à des amateurs collectionneurs et cependant l'administration n'a pas songé un seul instant, chose qui lui aurait été facile, à faire un musée à Tahiti de tout l'art océanien.

Tous ces gens qui se disent cependant si instruits n'ont pu se douter un instant de la valeur des artistes marquisiens. Il n'y a pas la moindre femme de fonctionnaire qui devant cela ne se soit écrié : « Mais c'est horrible ! c'est de la sauvagerie ! » De la sauvagerie ! Elles en ont plein la bouche.

Modes surannées, tourtes depuis les pieds jusqu'à la tête, communes de hanche, corset tripaillant, bijouterie en toc, coudes ou menaçant ou saucissonnant, elles déparent une fête dans ce pays. Mais elles sont blanches, et leur ventre bedonne.

Toute élégante, la population qui n'est pas blanche. (...) L'un dit : « Ce sont des Papous » ; l'autre : « Ce sont des négresses. » (...) Nommons-la la race maorie. (...) Je dis bien, toute élégante. Toute femme fait sa robe, tresse son chapeau, et lui met des rubans à en remontrer à n'importe quelle modiste de Paris, arrange les bouquets avec autant de goût que sur le boulevard de la Madeleine. Leur joli corps sans contrainte sous la chemise de dentelle et de mousseline ondule gracieusement. Des manches sortent des mains essentiellement aristocratiques : en revanche les pieds larges et solides, sans bottine, nous offusquent quelque temps seulement, car plus tard ce serait la bottine qui nous offusquerait. Autre chose aussi, aux Marquises, qui révolte quelques bégueules, c'est que toutes ces jeunes filles fument la

pipe, sans doute, le calumet, pour ceux qui voient dans
tout la sauvagerie.

Quoi qu'il en soit, envers et contre tout, le voulant
même, la femme maorie ne saurait être fagotée et ridicule ; c'est qu'il y a en elle ce sens du beau décoratif
que j'admire dans l'art marquisien après l'avoir étudié.
Puis ne serait-ce que cela ? N'est-ce donc rien qu'une
jolie bouche qui, au sourire, laisse voir d'aussi belles
dents? (...) Et ce joli sein au bouton doré si rebelle au
corset ? Ce qui distingue la femme maorie d'entre toutes
les femmes et qui souvent la fait confondre avec l'homme,
ce sont les proportions du corps. Une Diane chasseresse
qui aurait les épaules larges et le bassin étroit.

(...) Chez la Maorie, la jambe depuis la hanche jusqu'au pied donne une jolie ligne droite. La cuisse est très
forte, mais non dans la largeur, ce qui la rend très ronde
et évite cet écart qui a fait donner pour quelques-unes
dans nos pays la comparaison avec une paire de pincettes.

Leur peau est jaune doré, c'est entendu et c'est vilain
pour quelques-uns, mais tout le reste, surtout quand il
est nu, est-ce donc si vilain que cela ? Et ça se donne
pour presque rien.

Une chose cependant m'ennuie aux Marquises, c'est
ce goût exagéré pour les parfums ; car c'est alors que le
marchand leur vend une parfumerie épouvantable de
musc et de patchouli. Réunis dans une église, tous ces
parfums deviennent insupportables. Mais là encore, la
faute en est aux Européens. Quant à l'eau de lavande
vous ne la sentirez pas parce que l'indigène, à qui il
est défendu de vendre une goutte d'alcool, la boit
aussitôt qu'il peut mettre la main dessus.

Revenons à l'art marquisien. Cet art a disparu grâce
aux missionnaires. Les missionnaires ont considéré que
de sculpter, décorer, c'était le fétichisme, c'était offenser
le Dieu des chrétiens. Tout est là, et les malheureux
se sont soumis. La nouvelle génération, depuis le ber-

ceau, chante en un français incompréhensible les cantiques, récite le catéchisme. (...) Si une jeune fille ayant
cueilli des fleurs fait artistiquement une jolie couronne
et la met sur sa tête, Monseigneur se fâche !

Bientôt le Marquisien sera incapable de monter à un
cocotier, incapable d'aller dans la montagne chercher
les bananes sauvages qui peuvent le nourrir. L'enfant
retenu à l'école, privé d'exercices corporels, le corps
(histoire de décence) toujours vêtu, devient délicat,
incapable de supporter la nuit dans la montagne. Ils
commencent à porter tous des souliers, et leurs pieds,
désormais fragiles, ne pourront courir dans les rudes
sentiers, traverser les torrents sur des cailloux.

Aussi nous assistons à ce triste spectacle qui est l'ex-
tinction de la race en grande partie poitrinaire, les reins
inféconds et les ovaires détruits par le mercure.

(...) Quand vous arrivez aux Marquises, vous vous
dites, voyant ces tatouages qui couvrent et le corps et
la figure tout entière : ce sont de terribles gaillards.
Et puis ils ont été anthropophages.

On se méprend complètement.

L'indigène marquisien n'est point un gaillard terrible ;
c'est même au contraire un homme intelligent et tout
à fait incapable de ruminer une méchanceté. Doux à en
être bête et timoré envers tout ce qui commande. On
dit qu'il a été anthropophage et l'on se figure que c'est
fini : c'est une erreur. Il l'est toujours, sans férocité :
il aime la chair humaine comme un Russe aime le caviar,
comme un cosaque aime la chandelle. Demandez à un
vieillard endormi s'il aime la chair humaine et, réveillé
cette fois, l'œil brillant, il vous répond avec une douceur
infinie : « Oh ! que c'est bon ! »

En ce moment le brigadier s'évertue à dire aux indigènes que c'est lui le chef et non Monsieur Gauguin. (...)
Lui et Pandore font la paire.

La petite Taia qui le blanchit n'est pas bête. Quand elle veut lui carotter dix sous, elle lui dit : « Vous êtes beaucoup savant » et il les donne.

— C'est moi le chef, ce n'est pas Monsieur Gauguin. Comment trouvez-vous la petite Taia ? je vous la sers pour une vraie Marquisienne. Des gros yeux ronds, une bouche de poisson et une rangée de dents capables de vous ouvrir une boîte de sardines. Ne la lui laissez pas longtemps, car elle la mangerait. En tout cas elle connaît déjà par cœur son brigadier.

(...) C'est lui le chef et non Monsieur Gauguin. Sur sa poitrine, les médailles brillent de tout leur éclat. Sur sa rubiconde face l'alcool brille sans éclat.

— En foi de quoi, conséquemment, subséquemment, lui avons délivré son certificat d'identité, suivi de son signalement.

(...) Depuis quelque temps trois navires baleiniers naviguent dans nos eaux et la gendarmerie est sur les dents. Pourquoi tout ce brouhaha, ces sourdes colères ? Des baleiniers !

(...) Les baleiniers ont pour habitude de ne pas emporter de monnaie, sachant très bien qu'en mer la monnaie ça ne se mange pas et qu'à terre il y a des philosophes qui méprisent le vil métal.

C'est ainsi, imbus de ces fausses idées, qu'ils arrivèrent aux Marquises, notamment à Tahuata. Ils comptaient faire leur provision d'eau et échanger de la bimbeloterie et flanelles légères contre bananes, bestiaux et autres provisions de bouche.

Que nenni ! descendre à terre des marchandises qui n'ont pas payé l'octroi de mer ! Mais les indigènes, contents de livrer des productions de la terre dont ils ne savent que faire contre les objets qui leur plaisent, se demandent vraiment si nous leur voulons du bien ou du mal. Mais trois ou quatre pelés et un tondu, mar-

chands de morue, s'écrient que « c'est de la concurrence
déloyale ».

Somme toute, le gendarme est essoufflé et le navire
nuitamment, de gauche à droite, soulagé de ses marchandises. Bien approvisionné, il repart.

L'île de Tahuata se trouve enrichie de quelques
produits européens. Où est le mal ? et pourquoi tous
ces cris ?

En ce moment, l'île de Tahuata a été ravagée par un
raz de marée épouvantable qui a soulevé des blocs
énormes de corail et beaucoup de coquillages pour les
collectionneurs. Avec le corail on fera de la chaux. Les
baleiniers qui sont de fins marins voyant leur baro-
mètre faire des farces ont prévu l'accident et sont
partis, non sans laisser au gendarme de très jolis
cadeaux. Des pots-de-vin ? Fi donc, des cadeaux (avec
factures) !

Que voulez-vous, ont dit les capitaines, la contrebande
doit être toujours bien avec les gendarmes.

(Janvier-février 1903.)

Derniers écrits

Depuis deux ans qu'il résidait aux Marquises, Gauguin, comme ce qui précède le laisse entrevoir, s'était attiré la haine des gendarmes. Ils lui reprochaient de monter les indigènes contre les autorités établies, de les inciter à refuser de payer leurs impôts et à ne plus envoyer leurs enfants à l'école. A quoi s'ajoutaient de vertueuses complaintes contre la liberté sexuelle qu'aurait encouragée Gauguin de sa case baptisée par lui « Maison du Jouir ». Ses mœurs n'étaient-elles pas « celles d'un disciple d'Épicure, ce que le Marquisien n'avait guère besoin de connaître » (lettre du brigadier de gendarmerie Charpillet, du 28 août 1902). Ne prenait-il pas « la défense de tous les vices des indigènes » et quand ils s'assemblaient « complète-ment nus » pour se saouler au vin d'orange, ne voyait-il pas dans ces « scènes sauvages » qui tournaient à l'orgie « rien de plus qu'un simple amusement nécessaire au bien-être de l'in-digène » ? (Rapport de l'inspecteur Salles, au ministère des Colonies, 4 avril 1903.)

Les choses se gâtèrent lorsque, au début de février 1903, Gauguin avait écrit à l'administrateur des Marquises, François Picquenot, pour réclamer une enquête sur le gendarme de l'île voisine de Tahuata, Étienne Guichenay, qui, selon la rumeur, avait touché des pots-de-vin des capitaines baleiniers américains. Ceux-ci auraient vendu en fraude des quantités de marchandises aux indigènes, faisant ainsi du tort au commerce local. Picquenot demanda par écrit des explications à Guichenay. Celui-ci s'empressa de transmettre la lettre de l'administrateur à son collègue Claverie, d'Hivaoa, qui décida de poursuivre Gauguin pour « diffamation d'un gendarme dans l'exercice de ses fonctions ». En conséquence de quoi, un juge, le 31 mars 1903, condamna Gauguin à trois mois de prison et 500 francs d'amende, en application indue de la loi de 1881 sur la presse!

Nous donnons ci-dessous des extraits de lettres adressées par Gauguin au gouverneur Édouard Petit, et aux inspecteurs des Colonies, l'un et les autres de passage aux Marquises, et, après sa condamnation, à l'administrateur des Marquises, à son avocat Me Brault ainsi qu'au lieutenant de gendarmerie résidant à Tahiti.

Ces deux dernières lettres précèdent de peu sa mort, de même que les deux ultimes lettres à Charles Morice et à Daniel de Monfreid dont les extraits terminent le recueil.

A MONSIEUR ÉDOUARD PETIT,
GOUVERNEUR DES ÉTABLISSEMENTS FRANÇAIS
DE L'OCÉANIE, TAHITI.

Monsieur le Gouverneur,

Comme un touriste pressé de faire le tour du monde en 80 jours, vous avez visité les Marquises. Solennellement d'ailleurs, puisqu'un navire de guerre français resplendissant de nos couleurs nationales vous servait de yacht, avec tout l'apparat d'usage.

Il y avait tout lieu d'espérer, de croire même que vous veniez pour être renseigné sur l'état de nos affaires, et par suite gouverner sainement la colonie, apporter dans la mesure du possible des améliorations tant désirées, cette colonie complètement remise entre vos mains, sans représentant au Conseil général, de ce fait dans l'impossibilité, si ce n'est à un colon isolé et bien intentionné, de faire connaître ses espérances et faire valoir ses droits.

Les espérances comme les croyances se sont envolées avec la fumée du navire de guerre. Vous avez été saluer Monseigneur à l'Évêché, et ensuite à la case gouvernementale vous faire saluer par le gendarme.

Fatigué sans doute de·cette extraordinaire corvée, vous vous êtes reposé en faisant de la photographie. Belles jeunes filles aux seins fermes et au ventre lisse prenant leurs ébats dans le cours d'eau : voilà de quoi enrichir votre superbe collection et intéresser l'école du plein air ; nulle trace cependant du désir de faire de la colonisation.

Ce qui eût été intéressant et utile, c'est : si, vous départissant de cette morgue que vous avez affectée dès le début de votre arrivée à Tahiti (afin sans doute de rendre impossible toute conversation entre vous et le colon), vous eussiez consulté les seules personnes capables de vous renseigner ; ceux qui ayant habité les Marquises s'efforcent, mais en vain, avec leur intelligence, leurs capitaux, et leur activité, de coloniser.

Vous auriez appris alors que nous ne sommes pas des palefreniers de vos écuries (comme votre conduite à notre égard semble le faire croire) ; vous auriez appris aussi beaucoup de choses que vous feignez ou voulez ne pas savoir.

Elles sont intéressantes pour tout le monde, ici et en France, puisqu'il s'agit de la prospérité ou de la ruine d'une colonie appartenant à la France qui, croyant en vos capacités et votre bon vouloir, vous en a donné la direction.

Il s'agit aussi d'humanité. Vous seul semblez n'y rien comprendre et ne pas vous y intéresser. A en juger d'après les superbes photographies que vous avez faites aux Marquises, il est évident que c'est une terre délicieuse où tout respire la beauté et la joie de vivre, la luxuriance de la végétation.

Les bons germes tombent sur la bonne terre et la douce brise fait le reste ; ce miracle est accompli et la récolte n'a plus qu'à monter sur de bons et solides navires faisant le service régulier, non sans en avoir soldé l'impôt d'exportation.

Mais si d'autre part laissant la photographie de côté, on en vient à l'évidence des chiffres et qu'amoureux du bien on consulte les sages expérimentés, le ciel s'assombrit et on n'enregistre plus que des mécomptes.

Tout d'abord, vous auriez appris que, faute de main-d'œuvre (surtout si on n'est pas fervent catholique), il serait impossible à deux ou trois cultivateurs de faire la récolte de cinq hectares de café ou de vanille ; mais pourquoi parler agriculture si presque toutes les terres propices sont entre les mains de quelques-uns, notamment presque la moitié chez l'évêque ?

Il ne reste donc au colon que la seule ressource de trouver quelques ares de terre pour y faire sa case et faire du commerce, commerce bien restreint pour un petit capitaliste en concurrence avec une grosse maison (la Société Commerciale) outillée depuis longtemps pour l'accaparement du commerce en général.

Ou bien l'élevage du bétail qui nécessite aussi de grandes dépenses en parcs, en transport et aussi en main-d'œuvre devenue de plus en plus rare. Élevage qui, vu les difficultés de vente à bas prix, l'embarquement difficile, et finalement le droit d'exportation va forcément être abandonné.

Ce qui, tout compte fait (la récapitulation économique d'une simplicité extrême) donne deux seuls produits, dont l'un qui est l'élevage est presque nécessaire, et l'autre, le véritable, le coprah [1]. Ces deux seuls produits sont frappés d'un droit d'exportation payable d'avance.

(...) [Les prestations] impôt excessif [2] (outre qu'il

1. Le coprah est l'amande de la noix de coco qui, moulue, donne de l'huile comestible.
2. Impôt affecté en théorie à l'entretien des chemins vicinaux et payable en argent ou en nature (prestation de travail). Gauguin tantôt demandait à l'administration de retarder la date où les autochtones marquisiens auraient à accomplir leurs prestations, afin de leur permettre de faire, au préalable, leur récolte nourricière, tantôt il versait lui-même en espèces les prestations dues par son « domestique indi-

n'a pas sa raison d'être puisqu'il n'y a à vrai dire que des chemins muletiers jamais entretenus) a cet inconvénient qu'il coûte plus qu'il ne rapporte, sa perception nécessitant une nombreuse gendarmerie avec grande paperasserie, là où un seul gendarme serait suffisant pour les actes d'état civil. Quant à ce qui est de la criminalité, insignifiante en ces îles où l'indigène est le plus doux et le plus timide qui existe, point n'est besoin de force armée.

Depuis septembre 1901, aucun juge n'est venu à Atuona rendre la justice, ce qui, il faut l'avouer, ne pourrait être compté comme dépense. En viendrait-il, ce ne serait que pour juger quelques délits ridicules, tels que le bain sans feuille de vigne dans les endroits reculés de la rivière.

A quoi donc peut servir cette énorme somme que le contribuable des Marquises paie en octrois, dîmes, etc.?

(...) — Mais il n'y a pas d'argent! Comment? Avec les formidables contributions que nous payons en échange de rien, vous n'avez pas d'argent!

(...) Et si cela vous importe peu, Monsieur le gouverneur, il nous importe à nous les colons, la seule vitalité d'une colonie. Il nous importe aussi, indignés d'un pareil traitement, d'élever la voix. Et je viens, Monsieur Édouard Petit, protester énergiquement ici et en France là où on sait écouter. Peut-être qu'un plus puissant que vous vous dira comme Mac-Mahon : « Il faut vous soumettre ou vous démettre. »

(*Novembre 1902, Hivaoa, îles Marquises.*)

---

gène », en vain d'ailleurs, car le gendarme cita ce dernier devant le juge « comme prévenu d'avoir refusé de faire ses prestations ». Dans une ultime lettre à son avocat de Tahiti, Me Léonce Brault, en date du 27 avril 1903, Gauguin s'indignera de ce que le gendarme veuille faire faire aux indigènes le coprah « de force ».

A MESSIEURS LES INSPECTEURS
DES COLONIES, DE PASSAGE AUX MARQUISES

(...) Je veux simplement vous prier d'examiner par
vous-mêmes quels sont les indigènes ici dans notre
colonie des Marquises, et le fonctionnement des gendarmes à leur égard ; et en voici la raison. C'est que la
justice, pour raisons d'économie, nous est envoyée tous
les dix-huit mois environ. Le juge arrive donc pressé
de juger, ne connaissant rien, rien de ce que peut être
l'indigène ; voyant devant lui un visage tatoué, il se
dit : « Voilà un brigand cannibale », surtout quand le
gendarme intéressé le lui affirme.

(...) Le juge arrive donc, et, de par sa volonté, s'ins-
talle à la gendarmerie, y prend ses repas, ne voyant
personne autre que le brigadier qui lui présente les
dossiers avec ses appréciations : « Un tel, un tel, tous
des brigands, etc. Voyez-vous, monsieur le Juge, si
l'on n'est pas sévère avec ces gens-là, nous serons tous
assassinés. » Et le juge est persuadé.

(...) A l'audience, l'accusé est interrogé de par l'intermédiaire d'un interprète qui ne connaît aucune des
nuances de la langue et surtout de la langue des magistrats, langage très difficile à interpréter dans cette langue
primitive, sinon avec beaucoup de périphrases.

Ainsi, par exemple, on demande à un indigène accusé
s'il a bu. Il répond non et l'interprète dit : « Il dit qu'il
n'a jamais bu. » Et le juge s'écrie : « Mais il a déjà été
condamné pour ivresse ! »

L'indigène très timide de par sa nature devant l'Européen qui lui paraît plus savant et son supérieur, se
souvenant aussi du canon d'autrefois, paraît, devant le
tribunal, terrifié par le gendarme, par les juges précé-
dents, etc., et préfère avouer, même quand il est innocent,

sachant que la négation entraînera une punition beaucoup plus forte. Le régime de la terreur.

(...) En regard de ces indigènes nous avons des gendarmes dans des postes ayant un pouvoir absolu, dont
la parole fait foi en justice, n'ayant aucun contrôle
immédiat, intéressés à faire fortune, à vivre sur le dos
des indigènes généreux, quoique pauvres. Le gendarme
fronce le sourcil et l'indigène donne poules, œufs,
cochons, etc., sinon gare la contravention.

(...) Ici le gendarme est grossier, ignorant, vénal et
féroce dans l'exercice de ses fonctions, très habile
cependant à se couvrir. Ainsi, s'il reçoit un pot-de-vin,
vous pouvez être sûr qu'il possède en mains des factures.

(...) La population est très douce en général, il ne
reste donc uniquement que les contraventions [pour]
délits de boisson. Les naturels n'ayant rien, rien pour
se distraire, ont en tout et pour tout recours à la boisson fournie gratis par la nature, c'est-à-dire le jus
d'oranges, de fleurs de coco, bananes, etc., fermenté quelques jours et qui sont moins nuisibles que nos alcools
en Europe.

Depuis cette défense de boire qui est toute récente
et qui supprime un commerce rémunérateur pour les
colons, l'indigène ne pense plus qu'à une chose, c'est
de boire et pour cela il fuit les centres pour aller se
cacher ailleurs, et de là l'impossibilité de trouver des
travailleurs. Autant leur dire de retourner à la sauvagerie.

(...) Le gendarme se trouve à son affaire. La chasse à
l'homme.

(...) Si, d'une part, vous faites des lois spéciales qui
les empêchent de boire, tandis que les Européens et
les nègres peuvent le faire, si, d'autre part, leurs paroles,
leurs affirmations en justice deviennent nulles, il est
inconcevable qu'on leur dise qu'ils sont électeurs fran-

çais, qu'on leur impose des écoles et autres balivernes
religieuses.

Singulière ironie de cette considération hypocrite de
Liberté, Égalité, Fraternité, sous un drapeau français
en regard de ce dégoûtant spectacle d'hommes qui ne
sont plus que de la chair à contributions de toutes sortes,
et à l'arbitraire gendarme. Et cependant on les oblige
à crier : « Vive monsieur le gouverneur, vive la République! »

(*Sans date, fin 1902, Hivaoa, îles Marquises.*)

LETTRE A L'ADMINISTRATEUR [1]

(...) Ayant examiné mon dossier, il se trouve que le
gendarme Guichenay a envoyé à son lieutenant copie
de la lettre que je vous ai envoyée et au sujet de laquelle
vous me répondez en date du 17 mars 1903. Cette lettre
a été jugée par le lieutenant avec approbation du gouverneur comme diffamatoire.

(...) Je fais appel du jugement prononcé contre moi
qui, à tous les points de vue, paraît bizarre : entre autres
cette loi de juillet 1881 étant une loi sur la presse ou
paroles dites en public et non pour des écrits particuliers sinon secrets.

(*31 mars 1903, Hivaoa, îles Marquises.*)

---

1. L'administrateur des Marquises à Taiohae (île de Nukuhiva),
François Picquenot, avait écrit à Gauguin pour lui exprimer sa surprise que le gendarme Claverie l' « ait menacé de poursuites au vu
d'une lettre qui passait accidentellement dans ses mains ».

A MONSIEUR LÉONCE BRAULT
Avocat, Papeete, Tahiti

(...) Dites-moi donc bien par retour du courrier ce que je dois faire et si je dois m'embarquer de suite. Je suis très malade et je ne tiens pas à faire un long séjour à Papeete. (...)

(*Avril 1903, Hivaoa, îles Marquises.*)

A MONSIEUR LE LIEUTENANT
DE GENDARMERIE
Papeete

Il existe de cette lettre deux versions, un brouillon et la lettre définitive. Le premier paragraphe du brouillon donné par Jean Loize dans Les amitiés de Monfreid, *1951, sous le n° 344, ne se retrouve pas dans la lettre définitive. Dans le deuxième paragraphe Gauguin a ajouté au brouillon les quelques mots après « malheur ». Le troisième paragraphe de la lettre définitive s'arrête avant « qui viennent dire bonjour » et le mot « Européens » est remplacé par « personnes ». Les paragraphes suivants ne figurent pas dans le brouillon. Loize résume ainsi le début du brouillon : « Gauguin convient qu'il a été reconnu tout de suite ici pour un* Monsieur *récalcitrant, tel qu'on n'en avait jamais vu aux Marquises. »*

(...) J'ai fait aussi animé d'un esprit de justice très honorable une série de réclamations toutes justifiées, passant sous silence tant de choses pour lesquelles je n'avais que des preuves morales cependant évidentes pour tout le monde ici.

(...) Dans le cas actuel, les indigènes ne sont pas révoltés — ils sont beaucoup trop doux et trop timorés pour cela — mais consternés, découragés, se demandant

chaque jour où le gendarme va les mener, s'attendant
chaque jour aussi à un nouveau malheur car ce sont des
natures qui se frappent facilement.

(...) Mon existence aux Marquises est celle d'un solitaire loin de la route, infirme et travaillant à son art,
ne parlant pas un mot de la langue marquisienne et ne
voyant que très rarement quelques Européens qui
viennent dire bonjour. Souvent, il est vrai, les femmes
viennent me voir un instant, mais par curiosité des photographies et dessins pendus sur les murs et surtout
pour essayer de jouer sur mon harmonium.

(...) La vie pour moi infirme devient intolérable, une
lutte du genre de celle décrite par Balzac dans *Les
Paysans*.

(...) Il est heureux que je sois le défenseur des indigènes. (...) On veut m'incriminer d'être le défenseur de
malheureux sans défense! Il y a bien cependant une
Société protectrice des animaux.

(...) Je tiens à vous dire que j'irai à Tahiti pour me
défendre et que mon défenseur aura beaucoup à dire (...)
et que même condamné à de la prison, ce que je con-
sidère pour moi (dans notre famille nous ne sommes pas
habitués à cela) comme déshonorant, je marcherai
toujours la tête haute, fier de ma réputation justement
acquise. (...)

(*Fin avril 1903, Hivaoa, îles Marquises.*)

A CHARLES MORICE

(...) Comme un fait prévu dans le travail sur la gendarmerie des Marquises que je t'ai envoyé, je viens d'être
pris dans un traquenard de cette gendarmerie, et j'ai
été condamné quand même. C'est ma ruine et peut-être

en appel ce sera la même chose. Il faut en tout cas tout prévoir et prendre les devants. (...)

Tu vois combien j'avais raison de te dire dans ma lettre précédente : agis vite et énergiquement. Si nous sommes vainqueurs la lutte aura été belle et j'aurai fait une grande œuvre aux Marquises. Beaucoup d'iniquités seront abolies, et cela vaut la peine de souffrir pour cela.

Je suis par terre, mais pas encore vaincu. L'Indien qui sourit dans le supplice est-il vaincu ? Décidément le sauvage est meilleur que nous. Tu t'es trompé un jour en disant que j'avais tort de dire que je suis un sauvage. Cela est cependant vrai : je suis un sauvage. Et les civilisés le pressentent : car dans mes œuvres il n'y a rien qui surprenne, déroute, si ce n'est ce « malgré-moi-de-sauvage ». C'est pourquoi c'est inimitable.

(...) Nous venons de subir en art une très grande période d'égarement causée par la physique, chimie mécanique et étude de la nature. Les artistes ayant perdu tout de leur sauvagerie, n'ayant plus d'instinct, on pourrait dire d'imagination, se sont égarés dans tous les sentiers pour trouver des éléments producteurs qu'ils n'avaient pas la force de créer, et, par suite, n'agissent plus qu'en foules désordonnées, se sentant peureux, comme perdus lorsqu'ils sont seuls. C'est pourquoi il ne faut pas conseiller à tout le monde la solitude, car il faut être de force pour la supporter et agir seul. Tout ce que j'ai appris des autres m'a gêné. Je peux donc dire : personne ne m'a rien appris ; il est vrai que je sais si peu de choses ! Mais je préfère ce peu de choses qui est de moi-même. Et qui sait si ce peu de choses, exploité par d'autres, ne deviendra pas une grande chose ? (...)

(*Avril 1903, Atuona, îles Marquises.*)

A MONFREID [1]

(...) Je viens d'être victime d'un traquenard épouvantable. Après des faits aux Marquises scandaleux,
j'avais écrit à l'administrateur pour lui demander de
faire une enquête à ce sujet. Je n'avais pas pensé que
les gendarmes sont tous de connivence, que l'administrateur est du parti du gouverneur, etc. Toujours est-il
que le lieutenant a demandé les poursuites et qu'un juge
bandit, aux ordres du gouverneur et du petit procureur
que j'avais malmené, m'a condamné (loi [de] juillet
[18]81 sur la presse) pour une lettre particulière, à
trois mois de prison et 1 000 francs d'amende. Il me
faut aller en appel à Tahiti. Voyage, séjour, et surtout
frais d'avocat, combien cela va-t-il me coûter ? C'est
ma ruine et la destruction complète de ma santé.

(...) Toutes ces préoccupations me tuent.

(Avril 1903, Atuona, îles Marquises.)

---

1. Quand le destinataire reçut cette dernière lettre, Gauguin était
déjà mort, subitement, le 8 mai 1903. Monfreid n'en fut avisé que le
23 août.

L'empire de la Mort[1]

(...) Pas plus tard que cette nuit j'ai rêvé que j'étais mort et chose curieuse, c'était le moment vrai où je vivais heureux.

(...) Je suis amené à penser, rêver plutôt, à ce moment où tout était absorbé, endormi, anéanti, dans le sommeil du premier âge, en germes. Principes invisibles, indéterminés, inobservables alors, tous, par l'inertie première de leur virtualité, sans un acte perceptible ou percevant, sans réalité active ou passive, sans cohésion par là même, [qui] n'offraient évidemment qu'un caractère, celui de la nature entière sans vie, sans expression, dissoute, réduite à rien, engloutie dans l'immensité de l'espace qui, sans forme aucune et comme vide et pénétrée par la nuit et le silence dans toutes ses profondeurs, devait être comme un abîme sans nom. C'était le chaos, le néant primordial, non de l'Être, mais de la Vie, qu'après on appelle l'empire de la Mort, quand la vie qui s'en était produite y revient.

(...) Et dans mon rêve un ange aux ailes blanches vient à moi souriant. Derrière lui un vieillard tenant dans sa main un sablier :

1. Nous avons emprunté le titre à une phrase de ce fragment de Gauguin.

— Inutile de m'interroger, me dit-il, je connais ta
pensée. (...) Demande au vieillard de te conduire à
l'infini plus tard et tu verras ce que Dieu veut faire de
toi et tu trouveras qu'aujourd'hui tu es singulièrement
inachevé. Que serait l'œuvre du Créateur si elle était
d'un jour? Dieu ne se repose jamais.

Le vieillard disparut et réveillé, levant les yeux au
ciel, j'aperçus l'ange aux ailes blanches qui montait
vers les étoiles. Sa longue chevelure blonde laissait
dans le firmament comme une traînée de lumière.

(Avant et Après, *janvier-février 1903.*)

LEXIQUE

ANQUETIN (Louis), 1861-1932, peintre ami de Toulouse-Lautrec et surtout d'Émile Bernard avec lequel il avait créé, en 1887-1888, un style dit « cloisonnisme ».

AUBÉ (Jean-Paul), 1837-1920, sculpteur, céramiste et orfèvre qui, logeant Gauguin, fut portraituré par lui en 1882.

AURIER (G. Albert), 1865-1892, critique d'art symboliste, emporté jeune par une fièvre typhoïde, un des fondateurs du *Mercure de France* où il fit l'éloge de Gauguin en 1891.

BAMBOCHE (Pierre Van Laer dit le), 1592-1645, peintre de scènes populaires (« bambochades »).

BARBEY d'AUREVILLY (Jules), 1808-1889, dit le « Connétable des Lettres », écrivain brillant alliant la foi catholique au goût du démon.

BERNARD (Émile), 1868-1942, peintre ami, émule puis rival de Gauguin, du groupe de Pont-Aven, écrivain et poète.

BERRICHON (Paterne), auteur d'une *Vie de Jean-Arthur Rimbaud* (Mercure de France, 1897).

BIANCHI (Francesco), 1447-1510 (?), peintre italien étudié par Huysmans.

BJÖRNSON (Björnstierne), 1832-1910, poète, romancier, auteur dramatique et homme politique norvégien.

BONNAT (Léon), 1833-1922, portraitiste officiel, directeur de l'École des Beaux-Arts en 1905.

BOUGUEREAU (William-Adolphe), 1825-1905, peintre officiel au coloris fade.

BOUILLOT (Ernest), sculpteur sur marbre, voisin de Gauguin en 1877. Lui apprit l'art de la taille.

BRACQUEMOND (Félix), 1833-1914, peintre et graveur aquafortiste.

BRANDÈS (Georges), 1842-1927, critique littéraire danois, beau-frère de Gauguin.

BRAULT (Léonce), 1858-1933, avocat de Gauguin en 1903.

BRUNETIÈRE (Ferdinand), 1849-1906, critique dogmatique et réactionnaire, directeur de *La Revue des Deux Mondes*.

CABANEL (Alexandre), 1823-1889, peintre officiel : histoire et portrait.

CABANER, mort en 1888, pseudonyme de François Auguste Matt, auteur d'opérettes et chansons populaires.

CAILLEBOTTE (Gustave), 1848-1894, peintre réaliste qui légua aux Musées nationaux sa collection impressionniste.

CAROLUS-DURAN, 1837-1917, peintre d'abord réaliste devenu portraitiste à la mode, tomba dans le conventionnel.

CARRIÈRE (Eugène), 1849-1906, peintre et lithographe enveloppant ses sujets dans une pénombre d'où ils se détachent lumineusement.

CARRIÈS (Jean-Joseph-Marie), 1855-1894, sculpteur et céramiste au talent imaginatif auquel on doit des poteries et grès de couleur.

CHAPLET (Ernest), 1835-1909, céramiste, auteur de porcelaines flammées, dans l'atelier duquel Gauguin exécuta la cuisson de ses céramiques.

CHAPLIN (Charles-Josuah), 1825-1891, peintre douceâtre de la Parisienne élégante et du nu décoratif.

CHARLIER (Édouard), 1864-1937, nommé procureur de la République à Tahiti en 1897.

CHAUDET (Georges-Alfred), mort en 1899, peintre paysagiste et marchand de tableaux sur les subsides duquel comptait Gauguin.

CHESSÉ (Isidore), ancien gouverneur des Établissements français d'Océanie, commissaire général en mission diplomatique à Tahiti et Raiatea en 1895.

CHEVREUL (Eugène), 1786-1889, chimiste.

CIMABUE (Cenno di Pepe, dit), mort après 1303, peintre florentin du XIIIᵉ siècle.

CLOUET (Jean II), mort en 1540, auteur de portraits de petites dimensions.

CLOUET (François), 1522-1572, fils du précédent, portraitiste et crayonniste raffiné.

COURIER (Paul-Louis), 1772-1825, célèbre pamphlétaire politique, écrivain raffiné et helléniste.

DALPAYRAT (Adrien-Pierre), né en 1844, médiocre céra...

DAUBIGNY (Charles-François), 1817-1878, paysagiste d'avant l'impressionnisme.

DELAHERCHE (Auguste), 1857-1940, potier et céramiste d'art (vases « gréco-japonais »).

DELAROCHE (Achille), critique d'art, laudateur de Gauguin.

DENIS (Maurice), 1870-1943, peintre et écrivain d'art catholique, l'un des fondateurs du groupe Nabi.

DÉROULÈDE (Paul), 1846-1914, poète tricolore, nationaliste et conspirateur d'extrême droite.

DESBORDES-VALMORE (Marceline), 1786-1859, poète amie de Flora Tristan, aux vers élégiaques et tendres.

DOLENT (Jean), 1835-1909, écrivain raffiné et critique d'art.

DURAND-RUEL (Paul), 1831-1922, marchand de tableaux, lança les impressionnistes.

ECHENIQUE (général Don José Rufino), président de la République du Pérou de 1851 à 1854.

FALGUIÈRE (Jean-Alexandre-Joseph), 1831-1900, sculpteur officiel.

FÉNÉON (Félix), 1861-1944, critique d'art, défenseur des impressionnistes, d'opinions anarchistes.

FILIGER (Charles), 1863-1928, peintre de l'école de Pont-Aven ; imagier religieux.

FLANDRIN (Hippolyte), 1809-1864, élève médiocre d'Ingres (peinture religieuse et portrait).

FONTAINAS (André), 1865-1948, poète symboliste et critique d'art.

FORAIN (Jean-Louis), 1852-1931, caricaturiste mordant en même temps que peintre et dessinateur.

FOUQUIER (Henry), 1838-1901, homme politique et brillant journaliste

GALLET (Gustave), né en 1850, gouverneur des Établissements français d'Océanie (1895-1901).

GAUGUIN (Mette, née Gad), 1850-1920, épouse danoise de l'artiste.

GAUGUIN (Clovis), 1814-1849, journaliste, père de l'artiste.

GAUGUIN (Clovis), 1879-1900, fils de l'artiste.

GAVARNI, 1804-1866, caricaturiste mordant de la société bourgeoise sous Louis-Philippe, collaborateur du *Charivari*.

GÉRÔME (Jean-Léon), 1824-1904, peintre officiel de style « néo-pompéien » et sculpteur.

GERVEX (Henri), 1852-1929, peintre officiel réaliste.

GIRAUDIN, critique d'art.

GOGH (Théodore dit Théo van), 1857-1891, frère de Vincent, directeur à la Galerie Boussod et Valadon ; y lutta contre ses employeurs pour imposer la nouvelle peinture ; devenu fou après son frère il fut interné en 1890.

GOUPIL (Adolphe), né en 1806, créa en 1827 une galerie et imprimerie d'art, Boussod et Valadon successeurs en 1875, beau-père du peintre Gérôme.

GOUPIL (Auguste), 1847-1921, richissisme avocat et homme d'affaires, à Tahiti.

GOURMONT (Rémy de), 1858-1915, essayiste et critique littéraire, au style riche et raffiné.

GROS (Antoine-Jean, baron), 1771-1835, précurseur de Delacroix et de la peinture romantique.

GUILLAUMIN (Armand), 1841-1927, paysagiste de la lumière.

HARCOURT (Eugène d'), 1860-1918, compositeur, chef d'orchestre, critique musical au *Figaro*.

HENRY (Charles), 1859-1926, auteur d'une Esthétique scientifique et de travaux sur l'optique, l'acoustique, la peinture et la musique.

HOKUSAI, 1760-1849, dessinateur et graveur japonais, alliant l'audace à la vie et à l'humour.

HUSS (Jean), 1369-1415, précurseur tchèque de la Réforme, brûlé vif sur décision du concile de Constance.

HUYSMANS (Joris-Karl), 1848-1907, romancier réaliste, puis catholique et, à l'occasion, critique d'art.

JARRY (Alfred), 1873-1907, créateur d'*Ubu*, caricature énorme et facétieuse de la société bourgeoise ; écrivit trois poèmes sur des toiles de Gauguin.

JÉRÔME DE PRAGUE, 1360-1416 (?), disciple de Jean Huss, brûlé vif comme lui sur décision du concile de Constance.

JOBBÉ-DUVAL (Félix), 1821-1889, élève d'Ingres dont Gauguin fut le sous-locataire, à Paris, en 1880.

KITCHENER (Herbert), 1850-1916, chef anglais de l'armée égyptienne, participa à la plupart des expéditions coloniales de l'Empire britannique.

LACASCADE (Dr Étienne), Guadeloupéen, gouverneur des Établissements français d'Océanie de 1886 à 1893.

La Caze (Louis), 1799-1869, légua sa collection au Musée du Louvre.

La Tour (Maurice Quentin de), 1704-1788, célèbre portraitiste au pastel.

Loti (Pierre), 1850-1923, pseudonyme de Julien Viaud, officier de marine qui séjourna à Tahiti en 1872, fit connaître l'île au grand public français de son temps par le roman *Rarahu* (1879), devenu *le Mariage de Loti*.

Mac-Mahon (Patrice de), 1808-1893, maréchal de France, guerroya en Crimée, en Italie, en Algérie, commandant en chef des Versaillais contre la Commune de 1871, président de la République dont le coup d'État monarchiste échoua le 16 mai 1876.

Makonnen, 1862-1906, ras (chef politique) d'Éthiopie.

Manzi (Maurice), 1849-1915, directeur des impressions d'art Goupil, créa en 1893 avec Maurice Joyant une galerie de tableaux sous leurs deux noms.

Marchal (Charles), 1825-1877, peintre officiel, féru de scènes alsaciennes.

Marchand (Jean-Baptiste), 1863-1934, aventurier militaire qui occupa, en 1898, la ville soudanaise de Fachoda, sur la rive droite du Nil, et dut battre en retraite, l'Angleterre ayant montré les dents.

Marrast (Armand), 1801-1852, journaliste républicain, successivement membre du gouvernement provisoire de 1848, maire de Paris et président de l'Assemblée nationale.

Massey (Gerald), 1828-1907, poète anglais d'origine ouvrière, socialiste chrétien, auteur d'ouvrages de véhémente critique religieuse.

Mauclair (Camille), 1872-1945, poète, romancier, critique et historien d'art, bête noire de Gauguin.

Meissonier (Ernest), 1815-1891, peintre officiel des batailles napoléoniennes.

Mek (le Grand), sultan des Shillouks du Soudan égyptien, signa, en 1898, avec Marchand, un traité (éphémère) le plaçant sous le protectorat de la France.

Ménélik II, négus (empereur) d'Éthiopie, 1842-1913, sur le trône depuis 1889.

Molard (William), 1862-1936, compositeur de musique d'avant-garde, voisin et ami de Gauguin au 6, rue Vercingétorix en 1894-1895.

Monfreid (Georges-Daniel de), 1856-1929, peintre et navigateur, l'ami le plus fidèle de Gauguin, veilla ensuite sur sa mémoire.

Monticelli (Adolphe-Joseph Thomas), 1824-1886, Marseillais, coloriste exubérant de la Provence, mort fou.

MOREAU (Gustave), 1826-1898, peintre symboliste, à la poésie étrange et au coloris éclatant.

MORICE (Charles), 1861-1919, écrivain poète symboliste et critique d'art, ami de Gauguin.

NICOT (Jean), 1530-1600, fut ambassadeur à Lisbonne et importa le tabac en France, qui fut d'abord utilisé comme remède (nicotine).

NITTIS (Giuseppe de), 1846-1884, peintre et graveur italien, auteur de paysages d'Italie et des environs de Paris.

O'CONOR (Roderic), 1860-1940, peintre et collectionneur irlandais ayant exposé au Salon des Indépendants, se lia d'amitié avec Gauguin à Pont-Aven en 1894.

PAPINAUD (Pierre-Louis-Clovis), né en 1846, gouverneur des Établissements français d'Océanie de 1894 à 1896, tenta d'écraser militairement la révolte des Iles-sous-le-Vent en 1895.

PÉLADAN (Joseph-Aimé), (*alias* Joséphin, puis « le Sar »), 1858-1928, animateur du mouvement mystique Rose-Croix.

PICQUENOT (François), 1861-1907, résident par intérim aux îles Marquises en 1902-1903.

POINCARÉ (Raymond), 1860-1934, le futur président de la République, ministre de l'Instruction publique en 1895.

POMARÉ V, 1839-1891, dernier roi de Tahiti avant la colonisation totale de l'île, fils de la reine Pomaré (1813-1877) qui avait régné un demi-siècle.

PROUST (Antonin), 1832-1905, journaliste et homme politique, ministre des Beaux-Arts en 1881-1882, commissaire à l'Exposition universelle de 1889.

RACHILDE, 1860-1953, femme d'Alfred Vallette, directeur du *Mercure de France*, audacieuse romancière de l'école naturaliste.

RAFFAELLI (Jean-François), 1850-1924, peignit des paysages de la banlieue parisienne et des scènes de mœurs petites-bourgeoises.

REDON (Odilon), 1840-1916, l'un des peintres symbolistes les plus originaux.

RÉGNIER (Henri de), 1864-1936, poète qui fut un des chefs de l'école symboliste.

RENAN (Ary), 1858-1900, fils d'Ernest, peintre disciple de Puvis de Chavannes.

RICTUS (Jehan), 1867-1933, auteur des *Soliloques du pauvre*.

Rochefort (Henri), 1830-1913, journaliste et pamphlétaire explosif.

Rood, savant qui étudia la couleur.

Rouart (Henri), 1833-1912, peintre et surtout collectionneur, possédait une galerie de peinture aux choix très sûrs.

Roujon (Henri), 1853-1914, directeur des Beaux-Arts, puis secrétaire perpétuel de l'Académie des Beaux-Arts et membre de l'Académie française.

Rousseau (Théodore), 1812-1867, peintre réaliste et coloriste de la forêt de Fontainebleau.

Saint-Victor (Paul de), 1827-1881, critique littéraire et, à l'occasion, critique d'art réactionnaire.

Schuffenecker (Émile), 1851-1934, peintre impressionniste, l'un des fondateurs du Salon des Indépendants, fidèle ami de Gauguin.

Sérusier (Paul), 1863-1927, peintre breton et théoricien d'art. Baptisa *Nabis* un rameau de l'école de Pont-Aven (de l'hébreu *nebiim*, prophète), propageant un nouvel « évangile » artistique.

Seurat (Georges), 1859-1891, créateur du pointillisme et l'un des pères du cubisme.

Signac (Paul), 1863-1935, peintre pointilliste au temps de Gauguin, ami et disciple de Seurat.

Soury (Jules), 1842-1915, philosophe antireligieux.

Strindberg (August), 1849-1912, auteur dramatique et romancier suédois.

Taine (Hippolyte), 1828-1893, philosophe de l'art, historien et critique réactionnaire.

Thorvaldsen (Bertel), 1779-1844, sculpteur danois, un musée à Copenhague lui est consacré.

Tristan (Flora), 1803-1844, grand-mère de Gauguin, venue du Pérou en France toute jeune, précurseur du socialisme ouvrier, publia *les Pérégrinations d'un paria* (1838), *les Promenades dans Londres* (1840), *L'Union ouvrière* (1843), *le Tour de France 1843-1844*, journal inédit exhumé en 1973, également divers écrits sur l'art.

Tristan Moscoso (Don Pio de), 1769-1856, arrière-grand-oncle de Gauguin, participa à la guerre pour l'indépendance du Pérou dont il fut vice-roi par intérim.

Turner (Joseph), 1775-1851, peintre anglais tantôt s'inspirant de la mythologie, tantôt paysagiste aux beaux effets de lumière.

Vallette (Alfred), 1858-1935, directeur du *Mercure de France* depuis sa fondation en 1889, influent sur les écrivains symbolistes.

VEENE (Théophile van der), 1843-1885, de Papeete ; avait donné à Paris en 1884 une conférence sur Tahiti à la Société des Études coloniales et maritimes.

VEUILLOT (Louis), 1813-1883, catholique réactionnaire, écrivain et journaliste.

VIÉLÉ-GRIFFIN (Francis), 1864-1937, poète symboliste et critique littéraire.

VILLEMESSANT (Auguste Cartier de), 1812-1879, fondateur du journal *Le Figaro*.

VOLLARD (Ambroise), 1868-1939, le célèbre marchand de tableaux qui, guidé par son flair, fit fortune avec Gauguin, Cézanne et autres.

VUILLARD (Édouard), 1868-1940, peintre post-impressionniste et intimiste, au coloris délicat.

WILLUMSEN (Jens-Ferdinand), 1863-1958, peintre symboliste danois.

WOLFF (Albert), 1835-1891, journaliste et critique d'art, bête noire de Gauguin.

ZIEM (Félix), 1821-1911, peintre de Venise et de l'Orient, haut en couleur mais conventionnel.

N. B. Nous ne faisons figurer ici que les écrits de Gauguin et quatre lettres importantes de lui, à l'exception de très nombreux extraits de sa correspondance intercalés chronologiquement dans le cours du recueil.

Impression Bussière à Saint-Amand (Cher),
le 6 septembre 1990.
Dépôt légal : septembre 1990.
1er dépôt légal dans la collection : février 1989.
Numéro d'imprimeur : 2322.
ISBN 2-07-032533-4./Imprimé en France.